# RÉPERTOIRE

## DE LÉGISLATION, DE DOCTRINE ET DE JURISPRUDENCE

### EN MATIÈRE DE

# MARQUES DE FABRIQUE

## NOMS, ENSEIGNES ET DÉSIGNATIONS,

### CONCURRENCE DÉLOYALE

et

### DIVULGATION DE SECRETS DE FABRIQUE

PAR

### Adrien HUARD,

Avocat à la Cour impériale de Paris

---

# PARIS

IMPRIMERIE ET LIBRAIRIE GÉNÉRALE DE JURISPRUDENCE

**COSSE, MARCHAL** et C<sup>ie</sup>, IMPRIMEURS-ÉDITEURS,

LIBRAIRES DE LA COUR DE CASSATION,

**Place Dauphine, 27**

1865

# RÉPERTOIRE

### DE LÉGISLATION, DE DOCTRINE ET DE JURISPRUDENCE

en matière de

# MARQUES DE FABRIQUE

Paris. — Imprimerie de Cosse et J. Dumaine, rue Christine, 2.

# RÉPERTOIRE

### DE LÉGISLATION, DE DOCTRINE ET DE JURISPRUDENCE

EN MATIÈRE DE

# MARQUES DE FABRIQUE

### NOMS, ENSEIGNES ET DÉSIGNATIONS,

### CONCURRENCE DÉLOYALE

et

### DIVULGATION DE SECRETS DE FABRIQUE,

PAR

## Adrien HUARD,

Avocat à la Cour impériale de Paris.

* * *

# PARIS

## IMPRIMERIE ET LIBRAIRIE GÉNÉRALE DE JURISPRUDENCE.

## COSSE, MARCHAL ET C<sup>ie</sup>, IMPRIMEURS-ÉDITEURS,

LIBRAIRES DE LA COUR DE CASSATION,

**Place Dauphine, 27.**

—

## 1865

# INTRODUCTION.

L'ouvrage que nous publions aujourd'hui est la suite de notre *Répertoire de législation et de jurisprudence en matière de Brevets d'invention.* C'est un recueil des actes législatifs et des décisions judiciaires, en ce qui concerne les *Marques de fabrique,* la propriété des *Noms,* des *Enseignes* et *Désignations de marchandises,* la *Concurrence déloyale* et la *Divulgation des secrets de fabrique.*

Nous avons exposé, dans la préface de notre précédent Répertoire, les motifs qui nous ont déterminé à entreprendre un travail de ce genre. Nous n'y reviendrons pas. Mais nous croyons utile de signaler à l'attention de nos lecteurs quelques améliorations que nous avons introduites dans l'ensemble comme dans les détails de notre œuvre, et qui nous ont paru mieux répondre au but que nous nous proposions.

Tandis que nous avions, en traitant la matière des brevets d'invention, placé les documents législatifs avant les documents judiciaires, nous avons ici, au contraire, mis en tête de notre volume la jurisprudence et relégué à la fin les *Exposés des motifs*, les *Rapports* et les *Discussions* devant les Chambres. C'est un ordre moins logique, assurément, mais plus commode. En effet, ce qu'on se propose, presque toujours, quand on ouvre un répertoire, c'est d'y trouver les solutions que les tribunaux ont données à telle ou telle question, et il est bien plus rare que l'on recherche quelle a été la pensée du législateur. Dans un ouvrage essentiellement pratique, il fallait tenir compte de ce fait et donner la première place à la partie principalement consultée.

Nous ne nous sommes pas contenté de faire connaître tous les jugements et arrêts que nous avons pu recueillir sur cette branche du droit industriel; nous avons, en outre, enregistré avec soin les opinions des auteurs qui ont écrit sur la matière. Nous offrons donc au public un résumé, non-seulement de la législation et de la jurisprudence, mais encore de la doctrine.

Autant que possible, nous avons indiqué les sources auxquelles il faut puiser pour trouver le texte des décisions dont nous donnons l'extrait, mais il ne nous a pas été permis de le faire pour toutes celles que nous avons citées, attendu que malheureusement un très-grand nombre n'a jamais été publié.

Enfin, pour faciliter les recherches, nous avons augmenté l'étendue de notre *Table alphabétique*, et nous nous sommes efforcé de la rendre assez complète pour que toutes les questions agitées et résolues par la jurisprudence y soient au moins mentionnées.

Telles sont les modifications que nous avons apportées à notre travail. La plupart sont dues aux bienveillantes observations de quelques-uns de nos confrères, et nous saisissons avec empressement l'occasion de les remercier.

ADRIEN HUARD.

1er juillet 1865.

# PREMIÈRE PARTIE.

# DES MARQUES DE FABRIQUE.

# LOI

sur les

## MARQUES DE FABRIQUE ET DE COMMERCE.

### ( DU 23 JUIN 1857. )

—

## TITRE I<sup>er</sup>.

### DU DROIT DE PROPRIÉTÉ DES MARQUES.

ART. 1<sup>er</sup>. La marque de fabrique ou de commerce est facultative.

Toutefois, des décrets, rendus en la forme des règlements d'administration publique, peuvent exceptionnellement la déclarer obligatoire pour les produits qu'ils déterminent.

Sont considérés comme marques de fabrique et de commerce les noms sous une forme distinctive, les dénominations, emblèmes, empreintes, timbres, cachets, vignettes, reliefs, lettres, chiffres, enveloppes et tous autres signes servant à distinguer les produits d'une fabrique ou les objets d'un commerce.

2. Nul ne peut revendiquer la propriété exclusive d'une marque, s'il n'a déposé deux exemplaires du modèle de cette marque au greffe du tribunal de commerce de son domicile.

3. Le dépôt n'a d'effet que pour quinze années.

La propriété de la marque peut toujours être conservée

pour un nouveau terme de quinze années au moyen d'un nouveau dépôt.

4. Il est perçu un droit fixe d'un franc pour la rédaction du procès-verbal de dépôt de chaque marque et pour le coût de l'expédition, non compris les frais de timbre et d'enregistrement.

## TITRE II.

### DISPOSITIONS RELATIVES AUX ÉTRANGERS.

5. Les étrangers qui possèdent en France des établissements d'industrie ou de commerce jouissent, pour les produits de leurs établissements, du bénéfice de la présente loi, en remplissant les formalités qu'elle prescrit.

6. Les étrangers et les Français dont les établissements sont situés hors de France jouissent également du bénéfice de la présente loi, pour les produits de ces établissements, si, dans les pays où ils sont situés, des conventions diplomatiques ont établi la réciprocité pour les marques françaises.

Dans ce cas, le dépôt des marques étrangères a lieu au greffe du tribunal de commerce du département de la Seine.

## TITRE III.

### PÉNALITÉS.

7. Sont punis d'une amende de cinquante francs à trois mille francs et d'un emprisonnement de trois mois à trois ans, ou de l'une de ces peines seulement :

1° Ceux qui ont contrefait une marque ou fait usage d'une marque contrefaite;

2° Ceux qui ont frauduleusement apposé sur leurs produits ou les objets de leur commerce une marque appartenant à autrui ;

3° Ceux qui ont sciemment vendu ou mis en vente un ou plusieurs produits revêtus d'une marque contrefaite ou frauduleusement apposée.

8. Sont punis d'une amende de cinquante francs à deux mille francs et d'un emprisonnement d'un mois à un an, ou de l'une de ces peines seulement :

1° Ceux qui, sans contrefaire une marque, en ont fait une imitation frauduleuse de nature à tromper l'acheteur, ou ont fait usage d'une marque frauduleusement imitée ;

2° Ceux qui ont fait usage d'une marque portant des indications propres à tromper l'acheteur sur la nature du produit ;

3° Ceux qui ont sciemment vendu ou mis en vente un ou plusieurs produits revêtus d'une marque frauduleusement imitée ou portant des indications propres à tromper l'acheteur sur la nature du produit.

9. Sont punis d'une amende de cinquante francs à mille francs et d'un emprisonnement de quinze jours à six mois, ou de l'une de ces peines seulement :

1° Ceux qui n'ont pas apposé sur leurs produits une marque déclarée obligatoire ;

2° Ceux qui ont vendu ou mis en vente un ou plusieurs produits ne portant pas la marque déclarée obligatoire pour cette espèce de produits ;

3° Ceux qui ont contrevenu aux dispositions des décrets rendus en exécution de l'article 1er de la présente loi.

10. Les peines établies par la présente loi ne peuvent être cumulées.

La peine la plus forte est seule prononcée pour tous les faits antérieurs au premier acte de poursuite.

11. Les peines portées aux art. 7, 8 et 9 peuvent être élevées au double en cas de récidive.

Il y a récidive lorsqu'il a été prononcé contre le prévenu, dans les cinq années antérieures, une condamnation pour un des délits prévus par la présente loi.

12. L'art. 463 du Code pénal peut être appliqué aux délits prévus par la présente loi.

13. Les délinquants peuvent, en outre, être privés du droit de participer aux élections des tribunaux et des chambres de commerce, des chambres consultatives des arts et manufactures, et des conseils de prud'hommes, pendant un temps qui n'excédera pas dix ans.

Le tribunal peut ordonner l'affiche du jugement dans les lieux qu'il détermine, et son insertion intégrale ou par extrait dans les journaux qu'il désigne, le tout aux frais du condamné.

14. La confiscation des produits dont la marque serait reconnue contraire aux dispositions des art. 7 et 8 peut, même en cas d'acquittement, être prononcée par le tribunal, ainsi que celle des instruments et ustensiles ayant spécialement servi à commettre le délit.

Le tribunal peut ordonner que les produits confisqués soient remis au propriétaire de la marque contrefaite ou frauduleusement apposée ou imitée, indépendamment de plus amples dommages-intérêts, s'il y a lieu.

Il prescrit, dans tous les cas, la destruction des marques reconnues contraires aux dispositions des art. 7 et 8.

15. Dans le cas prévu par les deux premiers paragraphes

de l'article 9, le tribunal prescrit toujours que les marques déclarées obligatoires soient apposées sur les produits qui y sont assujettis.

Le tribunal peut prononcer la confiscation des produits, si le prévenu a encouru, dans les cinq années antérieures, une condamnation pour un des délits prévus par les deux premiers paragraphes de l'art. 9.

## TITRE IV.

### JURIDICTIONS.

16. Les actions civiles relatives aux marques sont portées devant les tribunaux civils et jugées comme matières sommaires.

En cas d'action intentée par la voie correctionnelle, si le prévenu soulève pour sa défense des questions relatives à la propriété de la marque, le tribunal de police correctionnelle statue sur l'exception.

17. Le propriétaire d'une marque peut faire procéder par tous huissiers à la description détaillée, avec ou sans saisie, des produits qu'il prétend marqués à son préjudice en contravention aux dispositions de la présente loi, en vertu d'une ordonnance du président du tribunal civil de première instance, ou du juge de paix du canton, à défaut de tribunal dans le lieu où se trouvent les produits à décrire ou à saisir.

L'ordonnance est rendue sur simple requête et sur la présentation du procès-verbal constatant le dépôt de la marque. Elle contient, s'il y a lieu, la nomination d'un expert, pour aider l'huissier dans sa description.

Lorsque la saisie est requise, le juge peut exiger du requérant un cautionnement, qu'il est tenu de consigner avant de faire procéder à la saisie.

Il est laissé copie, aux détenteurs des objets décrits ou saisis, de l'ordonnance et de l'acte constatant le dépôt du cautionnement, le cas échéant ; le tout à peine de nullité et de dommages-intérêts contre l'huissier.

18. A défaut par le requérant de s'être pourvu, soit par la voie civile, soit par la voie correctionnelle, dans le délai de quinzaine, outre un jour par cinq myriamètres de distance entre le lieu où se trouvent les objets décrits ou saisis et le domicile de la partie contre laquelle l'action doit être dirigée, la description ou saisie est nulle de plein droit, sans préjudice des dommages-intérêts qui peuvent être réclamés, s'il y a lieu.

## TITRE V.

### DISPOSITIONS GÉNÉRALES OU TRANSITOIRES.

19. Tous produits étrangers portant soit la marque, soit le nom d'un fabricant résidant en France, soit l'indication du nom ou du lieu d'une fabrique française, sont prohibés à l'entrée et exclus du transit et de l'entrepôt, et peuvent être saisis, en quelque lieu que ce soit, soit à la diligence de l'administration des douanes, soit à la requête du ministère public ou de la partie lésée.

Dans le cas où la saisie est faite à la diligence de l'administration des douanes, le procès-verbal de saisie est immédiatement adressé au ministère public.

Le délai dans lequel l'action prévue par l'art. 18 devra être intentée, sous peine de nullité de la saisie, soit par la partie lésée, soit par le ministère public, est porté à deux mois.

Les dispositions de l'art. 14 sont applicables aux produits saisis en vertu du présent article.

20. Toutes les dispositions de la présente loi sont applicables aux vins, eaux-de-vie et autres boissons, aux bestiaux, grains, farines, et généralement à tous les produits de l'agriculture.

21. Tout dépôt de marques opéré au greffe du tribunal de commerce antérieurement à la présente loi aura effet pour quinze années, à dater de l'époque où ladite loi sera exécutoire.

22. La présente loi ne sera exécutoire que six mois après sa promulgation. Un règlement d'administration publique déterminera les formalités à remplir pour le dépôt et la publicité des marques, et toutes les autres mesures nécessaires pour l'exécution de la loi.

23. Il n'est pas dérogé aux dispositions antérieures qui n'ont rien de contraire à la présente loi.

1.

# JURISPRUDENCE.

## ARTICLE PREMIER.

La marque de fabrique ou de commerce est facultative.

Toutefois, des décrets, rendus en la forme des règlements d'administration publique, peuvent exceptionnellement la déclarer obligatoire pour les produits qu'ils déterminent.

Sont considérés comme marques de fabrique et de commerce les noms sous une forme distinctive, les dénominations, emblèmes, empreintes, timbres, cachets, vignettes, reliefs, lettres, chiffres, enveloppes et tous autres signes servant à distinguer les produits d'une fabrique ou les objets d'un commerce.

### SOMMAIRE.



1. Il n'est pas nécessaire que les emblèmes adoptés comme

marques soient nouveaux ; il faut et il suffit que leur application soit nouvelle.—31 mars 1841, Tr. comm. de la Seine, aff. Robertson c. Langlois (*Le Droit*, 9 avril 1841). — *Id.*, 13 oct. 1847, Tr. comm. de la Seine, aff. Sevin c. Prevost (*Le Droit*, 14 oct. 1847).

2. Peu importe que celui qui choisit une marque l'ait inventée ou qu'il l'ait seulement empruntée à une industrie différente; il suffit qu'il en ait la possession première dans l'industrie à laquelle il appartient. — 22 nov. 1852, C. de Riom, aff. Bru c. Larbaud (Sirey, 1852.2.36).

3. S'il l'a empruntée à une industrie analogue, il faut que cette industrie y ait renoncé.—31 mars 1841, Tr. comm. de la Seine, aff. Robertson c. Langlois (*Le Droit*, 9 avr. 1841).—*Id.*, 19 janv. 1852, C. de Paris, aff. Briet c. Riche (Dalloz, 1852.2. 266). — *Id.*, 7 juin 1853, Tr. comm. de la Seine, aff. Foubet c. Marquetti.

4. Il n'est pas nécessaire, pour qu'une marque de fabrique soit protégée par la loi, que le signe ou emblème dont elle se compose soit accompagné soit du nom, soit des initiales du fabricant.—30 nov. 1840, C. de Rouen, aff. Lelarge c. Bresson (*Jurispr. de la C. de Rouen*, 1840, vol. iii, p. 526).

5. Il n'est pas nécessaire que la marque soit adhérente au produit.—*Sic*, Rendu, *Marques*, p. 12.

6. Enfin il n'est pas nécessaire que la marque soit apparente.

Il faut, à ce sujet, tenir compte des usages du commerce.

Ainsi la marque d'un fabricant de vin de Champagne, bien qu'apposée sur la partie du bouchon qui entre dans la bouteille, n'en doit pas moins être protégée. —12 juillet 1845, Cass., aff. Besnard (Sirey, 1845.1.842).—*Sic*, Rendu, *Marques*, p. 13.

7. On ne saurait mettre en doute que des noms propres autres que ceux des fabricants puissent être employés à l'égal de tout autre signe, comme marques distinctives de produits industriels.

Les noms ainsi employés deviennent une véritable propriété, non plus comme titres ou modes d'appellation personnelle, mais comme marques commerciales. — 2 août 1860, Tr. Joigny, aff. Dalbanne c. Cortet (*Propriété Industrielle*, n° 169).

8. Il n'est pas moins incontestable que l'application de ces mêmes noms à des produits similaires peut être considérée

comme un acte d'usurpation préjudiciable en soi et passible de dommages-intérêts, indépendamment de toute intention dolosive. — Même jugement.

9. La loi du 23 juin 1857 permet de prendre un nom pour marque, mais à la condition que ce nom ait une forme particulière.

En conséquence le nom d'une localité inscrit sur des carreaux, sans aucune forme distinctive, ne constitue pas une marque de fabrique. — 11 juin 1858, Tr. civ. de la Seine, aff. Bisson c. Aragon (*La Propriété Industrielle*, n° 48).

10. Le nom du lieu de fabrication peut servir au fabricant de marque de fabrique ; mais ce nom ne devient sa propriété exclusive qu'autant qu'il revêt une forme spéciale, toujours la même. — 3 juin 1859, C. de Paris, aff. Bisson-Aragon c. Aragon (*La Propriété Industrielle*, n° 89).

11. L'indication d'un lieu de provenance ne peut constituer une propriété exclusive au profit de celui qui l'a adoptée comme marque qu'autant que ce lieu de provenance est lui-même sa propriété exclusive.

En conséquence les autres producteurs ou vendeurs de produits de la même contrée peuvent employer la même désignation à la condition, toutefois, de respecter la marque particulière de leur concurrent. — 3 juin 1859, Tr. civ. du Havre, aff. Levigoureux et Postel c. Lecomte (*Ann. de la Propriété Industrielle*, 1859, p. 280).

12. Il en est ainsi, alors même que cette désignation, quoique connue antérieurement, n'aurait acquis sa célébrité dans le commerce que par l'usage même qu'en aurait fait celui qui l'a introduite dans sa marque.—Même décision.

13. Rien ne s'oppose à ce que les fabricants d'une localité s'entendent pour marquer leurs produits de la même manière.

Dans ce cas, ceux de ces fabricants qui ont fait individuellement le dépôt régulier de cette marque commune ont une action contre les fabricants d'une autre localité qui ont adopté une marque pouvant faire confusion avec la leur. — 28 nov. 1861, C. de Paris, aff. Riques c. Forges (*Ann. de la Propriété Industrielle*, 1862, p. 25).

14. La loi de 1857 permet à tout industriel de prendre pour marque de fabrique tout dessin, tout emblème que bon lui semblerait, à la charge de respecter les droits acquis par

des tiers et de ne pas usurper les enseignes ou signes caractéristiques déjà pris par d'autres.

Si une cité qui a obtenu de la gracieuseté d'un souverain des armoiries, peut avec raison soutenir ou revendiquer la propriété de ces armoiries, ce ne peut être que contre ceux qui usurpent ces armoiries à titre honorifique ou comme privilége de blason ;

Mais un commerçant, né dans une ville et y continuant l'industrie de son père, a pu prendre pour marque de fabrique le dessin et l'emblème qui constituent les armoiries de sa ville natale dont le territoire renferme les pierres qu'il met en œuvre ;

Si cette idée peut être heureuse pour son commerce, il n'a fait qu'user d'un droit que la loi spéciale sur les marques est loin de lui interdire et dont il existe de nombreuses applications.

La ville est d'ailleurs sans intérêt à s'y opposer.—25 juill. 1860, Tr. civ. de Meaux, la ville de la Ferté-sous-Jouarre c. Gilquin (*Ann. de la Propriété Industrielle*, 1863, p. 75).

15. Les simples initiales rentrent dans la catégorie des marques et non dans celle des noms que régit la loi du 28 juillet 1824.—19 nov. 1850, C. de cass., aff. Mothes ;—12 juill. 1851, id., aff. Morel (*Gaz. des Trib.*, 13 juill.). — *Sic*, Rendu et Delorme, *Traité de droit industr.*, nᵒˢ 615, 645.—*Contrà*, Et. Blanc, *Contrefaçon*, p. 775.

16. Un fabricant peut prendre pour marque de fabrique deux simples lettres *initiales*.

Mais, dans ce cas, il ne pourra obtenir la répression d'une concurrence qui lui serait faite à l'aide de ces initiales placées dans un ordre différent.

Ainsi l'industriel qui a pour marque S. T. ne peut s'opposer à ce qu'un autre emploie la marque T. S. encore bien qu'il en résulte une confusion facile entre les deux établissements. — 21 déc. 1855, C. de cass., aff. Bricard (Sirey, 1856, 1.321).

17. Celui qui prend pour marque de fabrique les mêmes initiales qu'un concurrent est à l'abri de tout reproche, lorsque le caractère des initiales et leur disposition sont dissemblables ;

Alors surtout qu'il a ajouté à ses initiales le nom de sa femme. — 20 nov. 1860, C. de Lyon, aff. David c. Brossier (*Ann. de la Propriété Industrielle*, 1861, p. 119).

18. Le dépôt d'une marque relative à un produit naturel

ne saurait évidemment avoir pour effet d'attribuer à l'auteur du dépôt le privilége de la vente exclusive de ce produit naturel, mais il lui donne un droit exclusif à l'usage de cette dénomination.

En conséquence nul ne peut s'en servir postérieurement au dépôt.

Spécialement, la dénomination de *luciline* donnée à l'huile de pétrole par un industriel et déposée par lui au greffe du tribunal de commerce comme marque de ce produit, lui appartient exclusivement. — 28 nov. 1863, C. Imp. de Paris, aff. Cohen c. Morel et Maris (*La Propriété Industrielle*, n° 313).

19. Les désignations nécessaires ne peuvent pas constituer une propriété exclusive.

En conséquence, la qualification de *parfumé* donnée à un produit aromatique ne peut créer un droit privatif à celui qui l'a appliqué le premier, bien qu'il ait fait le dépôt de ses étiquettes au secrétariat du conseil des prud'hommes.—6 août 1858, Tr. de comm. de la Seine, aff. Thibierge c. Paton (*La Propriété Industrielle*, n° 55).

20. Le mot *encre* est une désignation nécessaire dont chacun peut se servir, mais nul autre que le premier possesseur ne peut employer les mots *encre de la petite vertu*. — 24 juill. 1835, C. de Paris, aff. Larenaudière c. Perine-Guyot.

21. La qualification de *gazogène* appartient à celui qui, le premier, l'a appliquée à un appareil propre à fabriquer instantanément l'eau de Seltz, bien que cette dénomination fût déjà employée pour désigner un appareil produisant le gaz d'éclairage ; en effet ce n'est plus une désignation nécessaire dès qu'elle est appliquée à un appareil ayant une désignation différente. — 19 janv. 1852, C. de Paris, aff. Briet c. Riche (Dalloz, 1852.2.266).

22. De ce qu'un produit se vend, de temps immémorial, dans un petit pot, ces mots : *au petit pot*, ne constituent pas pour cela une désignation nécessaire, et partant celui qui, le premier, l'a adoptée a le droit incontestable d'en revendiquer l'usage exclusif.—8 fév. 1854, Tr. de comm. de la Seine, aff. Raffy c. Gérard.

23. Décidé dans le même sens pour les mots *siccatif brillant*; cette expression, quoique indiquant un fait vrai, n'est pas néanmoins une désignation nécessaire.— 5 oct. 1843, Tr. de comm. de Paris, aff. Raphanel (*Gaz. des Trib.*, 6 oct. 1843).

**24.** Le nom du *Mont-Carmel* appliqué à une liqueur n'est pas un nom générique appartenant au commerce ; c'est un nom de fantaisie emprunté à une provenance imaginaire qui est la propriété exclusive du premier qui l'a employé comme marque et déposé. — 18 mars 1862, Tr. civ. de la Seine, aff. Faivre c. Duquaire (*Ann. de la Propriété Industrielle*, 1862, p. 238).

**25.** Ne peut constituer une marque de fabrique la dénomination qui n'est autre que le nom commun que porte un produit dans le langage usuel, sans désignation spéciale et sans addition d'aucun signe distinctif ;

Alors même que le nom commun est traduit dans une langue étrangère.

Lorsque à ce nom commun du produit est ajoutée l'indication d'une provenance étrangère, reconnue fausse, il y a tromperie sur la nature de la substance vendue.

L'auteur de cette indication déloyale ne peut exercer une action en contrefaçon pour s'assurer la propriété d'une marque de fabrique mensongère. — 26 fév. 1864, C. de Paris, aff. Mauprivez c. Bouchet et Wenck (*Le Droit*, 6 mars 1864).— *Voir*, à la 3ᵉ partie de cet ouvrage, les différents exemples de *désignations nécessaires* et de *désignations arbitraires*.

**26.** La *vignette* adoptée et déposée par un fabricant comme marque de ses produits constitue une propriété exclusive, alors même qu'elle représenterait un établissement public appartenant à l'Etat, ou qu'elle aurait été placée antérieurement sur des publications scientifiques. — 23 nov. 1852, Riom, aff Bru c. Larbaud (Sirey, 1853.2.36).

**27.** Si la *vignette* revendiquée consiste en un dessin, l'usurpation de ce dessin pourra constituer le délit de contrefaçon prévu par la loi de 1793 sur les œuvres d'art. — 7 avril 1843, Paris, aff. Raoux c. Dauthuille. — 31 déc. 1852, Tr. Seine, aff. Richroch c. Fouré (Sirey, 54.2.710). — 2 août 1854, C. de cass., aff. Vivaux c. Morel (Sirey, 54.1.549). — *Sic*, Gastambide, *Traité des Contrefaçons*, n° 278.—Rendu, *Marques*, p. 33.

**28.** Jugé que, dans ce cas, c'est la loi du 18 mars 1806, sur les dessins de fabrique, qui est applicable. — 3 août 1854, C. de Paris, aff. Fouré c. Richroch (Sirey, 54.2.710). — *Voir*, sur l'application de la loi de 1793 ou de la loi de 1806, la *Propriété Industrielle*, n°ˢ 346 et s.

**29.** Une simple étiquette déposée par son propriétaire

constitue une marque de fabrique. — 2 mars 1854, C. de Paris, aff. Heidsik c. Leblanc. — 23 nov. 1852, Riom, aff. Bru c. Larbaud (Sirey, 1852.2.36). — 22 mars 1854, Tr. comm. de Rouen, aff. Labbé c. Houssard (*Gaz. des Tr.*), 5 av. 1854).

30. Les plaques, vignettes, étiquettes, les boîtes, bouteilles, futailles, etc., sont des marques de fabrique dès qu'elles ont été déposées. — 28 mai 1822, C. de cass., aff. Forest c. Guérin (Devill., *Coll. nouv.*, à la date).

31. Le mode d'empaquetage, les signes extérieurs d'une enveloppe, dessins, couleurs, etc., peuvent constituer une propriété exclusive. — 20 juill. 1859, Tr. civ. de Valenciennes, aff. Vœlcker c. Cazin (*La Propriété Industrielle*, n° 99).

32. Un liséré rouge, ménagé le long de la lisière d'une pièce de coutil, peut constituer une marque de fabrique. — 28 nov. 1861, C. de Paris, aff. Ricque c. Forges (*Ann. de la Propriété Industrielle*, 1862, p. 25).

33. La forme et la couleur du papier des *enveloppes* appartiennent exclusivement au premier possesseur. — 2 juin 1854, C. de Paris, aff. Menier c. Besnier. — 17 janv. 1851, id., aff. Lecoq c. Walker. — 4 avr. 1856, Tr. comm. de la Seine, aff. Poupier c. Laurençon (*Ann. de la Propriété Industrielle*, 1856, p. 363). — 13 août 1857, Tr. comm. de la Seine, aff. Fumouze c. Raquin. — 10 déc. 1856, C. de Paris, aff. Guillout c. Richard (*Le Droit*, 5 janv. 1857). — 11 janv. 1855, Tr. comm. de Paris, aff. Menier c. Dubreuil. — 23 nov. 1852, C. de Riom, aff. Bru c. Larbaud (Sirey, 1853.2.36).

34. Il en est de même de la forme, de la couleur et de la disposition des détails typographiques dont se compose une étiquette.

Peu importe que chacun des détails, pris isolément, ait été employé dans la même industrie. — 28 juill. 1853. C. de Paris, aff. Menier c. Pelletier. — 16 janv. 1852, C. de Lyon, aff. Lecocq c. Boudin (Sirey, 53.2.37). — 31 mars 1841, Tr. comm. de la Seine, aff. Robertson c. Langlois (*Le Droit*, 9 av.). — 15 fév. 1854, Tr. comm. de la Seine, aff. Menier c. Abraham (*Gaz. des Tr.*, 19 fév. 1854).

35. De même pour les *factures, estampilles*, etc. — 7 juill. 1855, C. de Nancy, aff. Robert-Verly c. Ulrich et Hussenot.

36. Ainsi jugé pour la forme et la couleur des *boîtes, vases* ou *flacons*. — 5 sept. 1854, Tr. comm. de la Seine, aff.

Lamouroux-Pujol c. Rayaut. — 19 juillet 1849, *idem*, aff. Vallet c. Villet. — 12 août 1846, *idem*, aff. Vallet c. Jouay et Faure. — 12 oct. 1847, *idem*, Sevin c. Prevot (*Le Droit*, 14 oct.). — 13 mai 1846, *idem*, aff. Brunet c. Piver.

37... Pour la forme spéciale donnée à un produit, pourvu que cette forme ne soit pas commandée par la nature même de l'objet. — 17 fév. 1852, Tr. comm. de la Seine, aff. Aubineau c. Guillemot. — *Sic*, Rendu, *Marques*, p. 41.

38... Pour la couleur de la cire employée à cacheter les bouteilles contenant un produit naturel ou fabriqué. — 21 août 1851, C. de Lyon, aff. Badoit c. André.

39. Cependant il a été décidé que les capsules de zinc, adoptées pour la fermeture des bouteilles de cirage, peuvent être employées par un rival d'industrie, parce qu'elles appartiennent au domaine public et ne peuvent, dès lors, être considérées comme une invention. — 30 avril 1851, Tr. comm. de la Seine, aff. Daniel-Houtret c. Lepage. — *Contrà*, Et. Blanc (*Traité de la Contrefaçon*, p. 709). — Rendu, *Marques*, p. 32.

40. Une marque ne peut devenir l'objet d'un droit privatif qu'autant que ses caractères sont en eux-mêmes susceptibles d'appropriation, et ne sont pas, de leur nature, dans le domaine public.

Si la matière employée pour recevoir une empreinte ou pour sceller des produits peut être un des éléments de la marque, ce ne peut être qu'autant que cette matière n'est pas un produit naturel, dont l'usage et l'emploi appartiennent à tout le monde comme moyen de scellement.

Spécialement, l'application d'un signe distinctif sur une matière du domaine public (plomb) par une personne, ne peut empêcher une autre personne d'appliquer sur cette même matière un autre signe distinctif. — 29 nov. 1859, Tr. civ. de la Seine, aff. Bruzon c. Allain (*La Propriété Industrielle*, n° 105).

41. La forme donnée à un produit constitue une marque de fabrique. — 14 juillet 1858, Tr. civil de la Seine, aff. Boilley c. Wuy (*La Propriété Industrielle*, n° 41). — 14 mai 1857, C. de Lyon, aff. Boilley c. Jollivet (*Ann. de la Propriété Industrielle*, 1857, p. 253). — *Sic*, Rendu, *Marques*, p. 41. — *Contrà*, Calmels, *des Noms et des Marques*, p. 24; — Pataille et Huguet (*Annales*, 1857, p. 256).

**42.** Toutefois il ne faut pas que ce soit la forme inhérente au produit.

Ainsi, la forme carrée d'un flacon ne peut constituer une marque. — 6 fév. 1855, Tr. de comm. de la Seine, aff. Tissier c. Lecampion (*Gaz. des Tr.*, 9 fév. 1855).

**43.** Il faut aussi que cette forme soit nouvelle et spéciale. — 10 mars 1858, Tr. corr. de la Seine, aff. Bleuze c. Blech (*Ann. de la Propriété Industrielle*, 1858, p. 219).

**44.** La *forme* donnée à un produit, par exemple la forme d'une pipe, ne peut être assimilée à une marque de fabrique.

Ce n'est qu'une simple désignation de marchandises protégée par l'art. 1382 du C. N. — 25 mars 1844, Tr. de Morlaix, aff. Fiolet c. Duval.

**45.** Un pharmacien qui, pour les toiles vésicantes sortant de son officine, a adopté une couleur avec une division métrique formant de petits carrés, a droit de s'opposer à la fabrication de toute toile vésicante, de même couleur, portant une division analogue. — 21 janv. 1850, C. de Paris, aff. Leperdriel c. Devallée (Dalloz, 51.2.123).

**46.** Jugé toutefois que des lignes droites, tracées parallèlement sur les faces d'un morceau de savon, ne constituent pas une désignation commerciale digne de la protection de la justice. — 28 fév. 1844, Tr. comm. de la Seine, aff. Dimilly c. Droux. — *Contrà*, Blanc, *de la Contrefaçon*, p. 708. — Rendu, *Marques*, p. 35.

**47.** Il est des signes qui, distincts en eux-mêmes, ne peuvent servir de marques, parce qu'ils peuvent amener des confusions, même sans mauvaise foi, de la part de celui qui les emploie.

Ainsi, un fabricant de coutellerie ne peut prendre pour marque le n° 132 quand un autre fabricant a déjà choisi le n° 32. — 14 fév. 1834, C. de Riom, aff. Dumas c. Bernard.

**48.** Un manufacturier français qui, pour faciliter le débit des produits de sa fabrique dans un pays étranger, y appose la marque d'une manufacture de ce pays, n'acquerrait pas la propriété de cette marque ; c'est en vain qu'il en ferait le dépôt. — 26 mars 1822, C. de Paris, aff. Benoit, Merat c. Trotry (Devill., *Collect. nouv.*, à la date).

**49.** Jugé au contraire que le Français qui, ayant une communauté d'intérêts avec un étranger, a été formellement autorisé par lui à employer sa marque de fabrique, a pu, par cela même, en faire le dépôt régulier en France et qu'il puise dans ce dépôt le droit personnel d'exercer des poursuites contre les contrefacteurs, même étrangers. — 30 nov. 1861, C. de Besançon, aff. Lorimier et Bovet c. Dubois (*Ann. de la Propriété Industrielle*, 1862, p. 297).

## ARTICLE 2.

Nul ne peut revendiquer la propriété exclusive d'une marque, s'il n'a déposé deux exemplaires du modèle de cette marque au greffe du tribunal de commerce de son domicile.

### SOMMAIRE.

| | |
|---|---|
| Antériorité, 8, 11, 13. | Fraude, 8, 10. |
| Assignation, 14 | Législation antérieure, 1 et s. |
| Boîte scellée, 2. | Marque complexe, 13. |
| Bonne foi, 8, 10. | Nullité, 8, 10. |
| Concurrence déloyale, 9 et s. | Présomption, 5. |
| Dépôt au ministère, 18. | Preuve, 17. |
| Domaine public, 5. | Priorité, 8, 11, 13. |
| Dommages-intérêts, 9 et s. | Propriété, 4, 9, 11, 18. |
| Ensemble, 13. | Saisie, 9. |
| Enveloppe, 3. | Tolérance, 6. |
| Etiquette, 18. | Usage antérieur, 6 et s., 11, 12, |
| Exemplaire unique, 1. | 14, 16. |

1. Un industriel est recevable à poursuivre les contrefacteurs de sa marque de fabrique, bien qu'il n'ait fait qu'un dépôt au greffe du Tribunal de commerce, sans en faire un autre au conseil des prud'hommes et bien qu'il n'ait déposé qu'un seul exemplaire au lieu d'en déposer deux, si ce dépôt remontant à une époque antérieure à la loi a été fait conformément à la législation qui régissait alors la matière.—15 fév. 1860, Tr. corr. de la Seine, aff. Frère et Valet c. Mauchien (*La Propriété Industrielle*, n° 113).

2. Le dépôt d'une marque de fabrique effectué au Tribunal de commerce et au bureau du conseil des prud'hommes, non point à découvert, mais dans des boîtes cachetées et

scellées, est valable, s'il a été effectué sous l'empire de la loi du 22 germinal an XI et du décret du 7 juin 1809.

En effet ces loi et décret n'indiquaient point, comme l'ont fait plus tard la loi du 23 juin 1857 et le décret du 28 juillet 1858, les formalités et le mode du dépôt des modèles de marque de fabrique.

Un dépôt dans une boîte fermée était, sous l'ancienne législation, conforme à l'usage suivi et par conséquent valable. —21 fév. 1860, C. de Paris, aff. Terrier c. Gallien (*La Propriété Industrielle*, n° 115).

3. Bien qu'une marque, formée de certaines indications et notamment d'un papier vert, ait été, après son dépôt, enveloppée dans des papiers de différentes couleurs, ce fait, qui est celui du greffier du Tribunal de commerce et qui a pour but de préserver le dépôt contre toute altération au greffe, est sans influence sur la couleur protégée par le dépôt, qui est la couleur verte.—15 fév. 1860, Tr. corr. de la Seine, aff. Frère et Vallet c. Mauchien (*La Propriété Industrielle*, n° 113).

*Voir* sur cette question la *Propriété Industrielle*, n° 114.

4. Ce n'est pas par la formalité du dépôt qu'on acquiert la propriété de la marque; le dépôt n'est exigé que comme condition préalable de l'action en contrefaçon.—28 mai 1822, Cass., aff. Forest c. Guérin (Devill., *Coll. nouv.*, à la date). — 14 janv. 1828, *idem.*, aff. Guiraud (Devill., *Coll. nouv.*, à la date). 17 mai 1843, *idem*, aff. Delon c. Coumert (Sirey, 1843.1.702). 6 août 1847, *idem*, aff. Braquenié c. Roussel (*Le Droit* du 29 sept. 1847). — 27 juin 1862, C. de Montpellier, aff. Bardou c. Blanchard (*Ann. de la Propriété Industrielle*, 1862, p. 273). — *Sic*, Gastambide, n° 413.—Blanc, p. 767.—Calmels, *des Noms et des Marques*, p. 35.—Rendu, *Marques*, p. 49.

5. Si le dépôt d'une marque de fabrique établit une présomption de propriété au profit de celui qui l'a effectué, cette présomption peut être détruite par toute preuve tendant à établir que cette marque était dans le domaine public antérieurement au dépôt.

Spécialement un fabricant ne saurait, par un dépôt, s'approprier une marque qui était d'un usage général dans une certaine industrie. — 31 déc. 1861, C. de Metz, aff. Somborn c. Menser (*Ann. de la Propriété Industrielle*, 1862, p. 79).

6. Quand le propriétaire d'une marque de fabrique en a toléré l'usage par des tiers, sans exercer contre eux aucune poursuite, cette tolérance, même antérieure à la loi de 1857,

le rend non recevable à faire un dépôt valable de sa marque en vertu de cette dernière loi.—23 juill. 1863, C. Imp. de Paris, app. corr., aff. Leroy c. Calmel (*La Propriété Industrielle*, n° 301). —10 mars 1864, Rej., même affaire (*Le Droit*, 11 mars).

7. Sous l'empire de la loi de 1857, le dépôt d'une marque, pour être valable, doit être effectué avant qu'il en soit fait usage. — 7 mars 1861, C. de Paris, aff. Abadie c. Verdavoine (*La Propriété Industrielle*, n° 172).

8. D'après la loi de 1857, la propriété d'une marque est bien acquise à celui qui le premier en a fait usage, mais elle ne lui appartient d'une manière exclusive qu'autant qu'il a manifesté l'intention d'en rester seul possesseur, en en déposant le modèle en double exemplaire au greffe du Tribunal de commerce de son domicile.

D'où il suit que la mise en circulation d'une marque nouvelle, avant le dépôt régulièrement effectué, entraîne déchéance de la possession exclusive ; la marque non déposée est censée appartenir au domaine public, et son adoption par une industrie rivale n'est plus légalement répréhensible, sauf le cas d'abus ou de fraude.—2 août 1860, Tr. civ. de Joigny, aff. Dalbanne c. Cortet (*La Propriété Industrielle*, n° 169).

9. Le dépôt d'une marque de fabrique au greffe du Tribunal de commerce, fait postérieurement à la saisie des marchandises, portant la marque usurpée, ne peut servir de base à une poursuite fondée sur des faits antérieurs au dépôt.

Mais la non-recevabilité de la demande en revendication de propriété exclusive d'une marque de fabrique n'est pas un obstacle à la demande en dommages-intérêts fondés sur des faits d'imitation frauduleuse, accomplis dans le dessein de nuire à autrui et constituant une concurrence déloyale.— 3 mai 1860, Tr. civ. de Lyon, aff. Baboin c. Péju (*La Propriété Industrielle*, n° 161); — *Id.*, 24 déc. 1855, Cass., aff. Bricard c. Tessier (Sirey, 56,1.321). — *Sic*, Rendu, *Marques*, p. 52.

10. Lorsqu'un dépôt est nul ou irrégulier, le déposant ne peut se plaindre de ce qu'un concurrent emploie la désignation qu'il avait adoptée.

Non-seulement, dans ce cas, il n'a pas l'action fondée sur la loi de 1857, mais il n'a pas l'action en dommages-intérêts fondée sur l'article 1382, si le concurrent n'a eu recours à aucun moyen frauduleux pour tromper le public et s'il s'est borné à l'emploi de la même désignation pour un produit similaire. — 13 nov. 1861, C. de Paris, aff. Dalbanne c. Colleille (*Ann. de la Propriété Industrielle*, 1861, p. 415).—*Contrà*, Pataille (*Ann., loc. cit.*).

**11.** Le dépôt exigé par la loi de 1857 n'a pas pour effet d'attribuer au déposant la propriété d'une marque au préjudice de celui qui la possédait antérieurement.—8 avril 1860, Rej.; Bardou c. Blanchard (*La Propriété Industrielle*, n° 124).

**12.** Le fabricant qui n'a fait le dépôt de sa marque qu'après en avoir fait usage pendant un temps plus ou moins long, est non recevable dans son action en contrefaçon contre un autre fabricant qui justifie qu'avant le dépôt il faisait usage des principaux éléments de cette marque.—Même arrêt.

**13.** Dans ce cas, si la marque est complexe, le défaut d'action pour l'ensemble rend pareillement le déposant non recevable pour ses diverses parties, encore bien que l'exception d'antériorité ne serait pas établie pour tous ses éléments. — *Idem*.

**14.** Sous l'empire de la loi de 1806, aussi bien qu'aux termes de la loi de 1857, le dépôt d'une marque, pour être valable, doit être effectué avant d'en faire usage.

Dans tous les cas, sous l'empire de la loi de 1857, le dépôt doit être effectué avant l'assignation contenant la demande en revendication de la marque. — 11 mars 1859, Tr. civ. de la Seine, aff. Abadie c. Verdavoine (*La Propriété Industrielle*, n° 68).

**15.** Le dépôt exigé par la loi doit s'entendre des marques appliquées sur les enveloppes de la marchandise, comme de celles qui sont directement apposées sur l'objet fabriqué. — Et. Blanc (*Traité de la contref.*, p. 767).

Toutefois le contraire a été jugé par arrêt. — 22 janv. 1807, Cass., aff. Laboulie c. Mira.

**16.** La formalité du dépôt une fois remplie, le contrefacteur se défendra vainement en prouvant qu'il a cessé, depuis le dépôt, de se servir de la marque usurpée; il devra être condamné même pour les faits antérieurs au dépôt.—7 août 1832, C. de Paris, aff. Schmidt, Born, c. Abat et Cie — *Sic*, Rendu, *Marques*, p. 51.—*Contrà* Duvergier, *Coll. des lois*, 1857, p. 188.

**17.** Mais il se défendra utilement en prouvant que nonobstant le dépôt opéré par son adversaire, c'est lui qui est vraiment propriétaire de la marque parce qu'il en avait le premier fait usage. — 5 sept. 1841, Tr. comm. de la Seine, aff. Dubochet c. Curmer (Dall. 42.3.31).

**18.** L'imprimeur-lithographe qui compose et vend des étiquettes pour pharmaciens et liquoristes ne saurait revendiquer la propriété de ces étiquettes comme constituant une marque de fabrique protégée par la loi de 1857.

C'est la loi de 1793 qui seule peut protéger ces étiquettes.

En conséquence le dépôt opéré par l'imprimeur au conseil des prud'hommes est sans efficacité; il n'y a que le dépôt opéré au ministère de l'intérieur qui eût pu satisfaire au vœu de la loi.—7 juin 1859, C. de Paris, aff. Lalande et Liot c. Appel et autres (*Ann. de la Propriété Industrielle,* n° 1859, 248). — *Voir* art. 1ᵉʳ, nᵒˢ 27 et 88.

## ARTICLE 3.

Le dépôt n'a d'effet que pour quinze années.

La propriété de la marque peut toujours être conservée pour un nouveau terme de quinze années au moyen d'un nouveau dépôt.

Le fabricant ou commerçant qui n'a pas renouvelé le dépôt de sa marque, périmé aux termes de l'art. 3 de la loi de 1857, ne peut plus invoquer le bénéfice de cette loi ; mais il a contre ceux qui se servent de sa marque une action en dommages-intérêts résultant de l'art. 1382 du C. Nap. — *Sic,* Rendu, *Marques,* p. 63, et Calmels, *Des Noms et Marques de fabrique,* p. 36.—*Contrà,* A. Beaume (*La Propriété Industrielle,* n° 51).

## ARTICLE 4.

Il est perçu un droit fixe d'un franc pour la rédaction du procès-verbal de dépôt de chaque marque et pour le coût de l'expédition, non compris les frais de timbre et d'enregistrement.

## ARTICLE 5.

Les étrangers qui possèdent en France des établis-

sements d'industrie ou de commerce jouissent, pour
les produits de leurs établissements, du bénéfice de
la présente loi, en remplissant les formalités qu'elle
prescrit.

V. l'article 6.

## ARTICLE 6.

Les étrangers et les Français dont les établissements sont situés hors de France jouissent également
du bénéfice de la présente loi, pour les produits de
ces établissements, si, dans les pays où ils sont situés, des conventions diplomatiques ont établi la réciprocité pour les marques françaises.

Dans ce cas, le dépôt des marques étrangères a
lieu au greffe du tribunal de commerce du département de la Seine.

### SOMMAIRE.

Action en domm.-intérêts, 5 et s.　Ministère public, 6.
Compétence, 7.　Ministre, 7.
Domaine public, 1 et s.　Nom, 1 et s.
Dommages-intérêts, 5 et s.　Nullité, 6 et s.
Effet rétroactif, 2.　Possession, 1 et s.
Etranger, 1 et s.　Tromperie, 6.
Intervention, 6.　Usage antérieur, 1 et s.
Législation antérieure, 1 et s.

1. L'impunité accordée en France, avant la loi de 1857,
à l'usurpation du nom et de la marque des étrangers, n'a
pas eu pour effet de faire tomber ce nom et cette marque
dans le domaine public.

En conséquence, l'étranger peut, en vertu de la loi de
1857, poursuivre ceux qui continuent à se servir de son
nom et de sa marque, sans toutefois qu'il puisse incriminer
l'usage qu'ils en auraient fait antérieurement à la promulgation de la loi.—26 janv. 1864, Tr. corr. de la Seine. aff. Stubs
c. Astier (*La Propriété Industrielle*, n° 322). — *Sic*, E. Pouillet
(*La Propriété Industrielle*, n° 323).

2. Mais ce jugement a été infirmé par la Cour de Paris, qui a décidé que le fabricant étranger, dont le nom a été employé par l'industrie française, avant la loi de 1857, pour désigner un certain genre de produits, ne peut, en vertu de cette loi, et sous peine de lui donner un effet rétroactif, poursuivre en contrefaçon ceux qui se servent ainsi de son nom.—29 avril 1864, C. de Paris (*La Propriété Industrielle*, n° 356).

3. Jugé, dans le même sens, que l'art. 12 du traité de commerce passé le 10 mars 1860 entre la France et l'Angleterre, qui accorde à l'étranger le droit de déposer et de revendiquer en France sa marque de fabrique, ne lui permet cependant pas de reprendre à l'industrie française la marque dont elle avait la possession légitime avant le traité.— 16 déc. 1863, C. de Paris, app. corr., aff. Spencer c. Peigney (*La Propriété Industrielle*, n° 320).

4. Les étrangers non autorisés à établir leur domicile en France n'ont acquis, conformément aux dispositions de l'art. 6 de la loi du 23 juin 1857, le droit d'effectuer le dépôt d'une marque de fabrique qu'à partir du moment où un traité passé entre la France et la nation à laquelle ils appartiennent leur a formellement concédé ce droit.

Ils n'ont pu, même à partir de cette époque, en effectuant le dépôt prescrit par la loi, s'assurer la propriété exclusive d'une marque tombée dans le domaine public en France, par suite d'un long usage de la part de l'industrie française.

Lorsque le nom d'un fabricant se confond et fait corps avec la marque destinée à désigner le produit, le droit de se servir de ce nom ainsi incorporé à la marque appartient à toute personne qui peut faire usage de cette marque elle-même.

Sont souveraines et échappent à la censure de la Cour de cassation les déclarations des premiers juges : que telle marque est depuis cinquante années adoptée par l'industrie française, qui lui a donné une juste célébrité ; que tel nom fait corps avec cette marque et que cette marque constate, non pas l'origine, mais la nature même de la fabrication.— 30 avril 1864, C. de cass., ch. crim., aff. Spencer c. Peigney (*La Propriété Industrielle*, n° 349, et *Le Droit*, 1ᵉʳ mai 1864).

5. L'action en dommages-intérêts n'appartient pas plus que l'action en contrefaçon aux étrangers qui ne satisfont pas aux conditions de la loi.—16 nov. 1857, C. de cass., aff. Warton c. Klug (*Ann. de la Propriété Industrielle*, 1857, p. 361).

6. Jugé, toutefois, que l'étranger, alors même qu'il ne satisfait pas aux conditions exigées par la loi pour pouvoir exercer en France des poursuites, peut néanmoins intervenir sur les poursuites du ministère public, à raison de tromperie sur la nature de la marchandise vendue et obtenir des dommages-intérêts. — 28 juin 1853, Tr. de la Seine, aff. Spencer c. Dequenne (*Gaz. des Tr.*, 30 juin).—28 janv. 1846, C. de cass., aff. Spencer c. Meunier (Dev. et Carr., 48.1.426). —20 juin 1853, C. de Bordeaux, et 12 avril 1854, C. de cass., aff. Kirby-Beard c. Neuss (*Gaz. des Tr.*, 1854, 13 avril). — *Sic*, Calmels, *des Noms et des Marques*, p. 146.

7. Lorsqu'un étranger n'a pas en France d'établissement de commerce et d'industrie et qu'il n'existe pas entre son pays et la France de traité de réciprocité pour la protection des marques de fabrique, son correspondant français ne peut prendre, en France, pour marque de commerce le nom du fabricant étranger et les emblèmes dont ce dernier se sert pour distinguer ses produits. — (*La Propriété Industrielle*, n° 75).

8. Mais le ministre de l'agriculture et du commerce n'est pas compétent pour annuler le dépôt d'une semblable marque. —(*La Propriété Industrielle*, n° 77).

9. Bien que, d'après la législation belge, le dépôt des marques de fabrique doive être fait tant au conseil des prud'hommes qu'au greffe du Tribunal de commerce, il résulte du traité passé entre la France et la Belgique que le fabricant français n'a besoin, pour se réserver la propriété de sa marque en Belgique, que d'en faire le dépôt en double exemplaire, au greffe du Tribunal de commerce de Bruxelles. —25 avril 1863, C. de Liége, aff. Laudon c. Lemercier (*Ann. de la Propriété Industrielle*, 1863, p. 324).

10. La loi n'a prescrit aucune forme particulière pour le dépôt ; en conséquence le dépôt fait sous enveloppe cachetée et accompagné d'une description écrite, est valable. — Même décision.


## ARTICLE 7.


Sont punis d'une amende de cinquante francs à trois mille francs et d'un emprisonnement de trois

mois à trois ans, ou de l'une de ces peines seule‑
ment :

1° Ceux qui ont contrefait une marque ou fait
usage d'une marque contrefaite ;

2° Ceux qui ont frauduleusement apposé sur leurs
produits ou les objets de leur commerce une marque
appartenant à autrui ;

3° Ceux qui ont sciemment vendu ou mis en vente
un ou plusieurs produits revêtus d'une marque con‑
trefaite ou frauduleusement apposée.

## SOMMAIRE.

Action publique, 19, 42.
Amende, 35 et s.
Annonce, 12.
Associé, 36.
Auteur principal, 10.
Bonne foi, 4 et s., 25 et s.
Chose jugée, 19 et s.
Commande, 7 et s.
Complice, 10, 33, 35.
Débitant, 26, 28 et s.
Délit successif, 38 et s.
Etranger, 25 et s.
Expertise, 24.
Faux, 22 et s.
Fin de non-recevoir, 19 et s.
Imitation, 1 et s.
Imprimeur, 25.
Maître, 8.
Mandataire, 7.
Mise en vente, 31, 40
Nom, 16.
Non-lieu, 19.
Ouvrier, 8 et s.
Prescription, 37 et s.
Preuve, 5 et s., 26.
Prospectus, 12 et s.
Provocation, 29 et s.
Quasi-délit, 25.
Recel, 35.
Similitude, 1 et s.
Solidarité, 35.
Tolérance, 17 et s.
Tromperie, 11.
Usage personnel, 32.

1. La similitude de forme, de couleur, de dessin et de ca‑
chet, adoptée pour des cahiers de papier à cigarettes, ne
constitue pas le délit de contrefaçon prévu par l'art. 7, § 3,
mais seulement le délit d'imitation frauduleuse de ladite mar‑
que prévu par l'art. 8, § 3. — 7 déc. 1858, Tr. corr. de la
Seine, aff. Abadie C. Foucault (*La Propriété Industrielle*, n° 61).

2. Il résulte de la discussion de la loi, comme du rappro‑
chement des textes, que, en fait de marques de fabrique, il
ne faut considérer comme contrefaçon, délit prévu et puni
par l'art. 7, que la reproduction entière du signe déposé.
L'imitation plus ou moins déguisée constitue un autre délit
prévu et puni par l'art. 8. — Rendu, *Marques*, p. 88.

3. En conséquence, les tribunaux, pour peu qu'ils recon‑

naissent quelque dissemblance entre la marque déposée et la marque du concurrent, doivent, à peine d'encourir la censure de la Cour de cassation, appliquer l'art. 8 au lieu de l'art. 7.—*Id.*, p. 89.

4. La fabrication ou l'emploi d'une marque fausse suffit pour entraîner l'application de la peine, par la raison que, pour les marques, comme pour les brevets, le fabricant est toujours coupable au moins de négligence, s'il n'a pas vérifié dans les dépôts publics l'existence antérieure d'objets analogues à ceux qu'il exploite.—Rendu, *Marques*, p. 90. — *Contra*, Calmels, *des Noms et Marques de fabrique*, p. 45. — A. Beaume, *La Propriété Industrielle*, n° 51.

5. Mais suivant ce dernier la preuve de la bonne foi incombe au prévenu.—(*Loc. cit.*).

6. Jugé, dans ce sens, que la bonne foi ne se présume pas et que la preuve de cette bonne foi exclusive de toute intention frauduleuse reste à la charge du prévenu. — 24 mai 1855, C. de cass., aff. Thoisnier-Desplaces (Sirey, 1855.1.392). — Voir sur cette question Pataille, *Ann. de la Propriété Industrielle*, 1857, p. 297, et dans le journal *La Propriété Industrielle*, les n°s 153, 157, 158 et 325.

7. Peu importe que l'auteur d'une usurpation de marque prétende n'avoir agi que comme *mandataire* d'un tiers. S'il a agi sciemment, il est coupable, et, dans le cas contraire, il n'en doit pas moins la réparation du préjudice qu'il a causé par son fait. — 9 fév. 1852, C. de Bordeaux, aff. Cahuzac c. Rousse (Sirey, 1852.2.322). — *Id.*, 30 juin 1853, C. de Paris, aff. Thomas-Laurens c. Dubroca.

8. Le maître est responsable, non-seulement de son fait personnel, mais du fait de ceux qu'il emploie, quel que soit celui qui a donné la commande. — 26 fév. 1858, C. de cass., aff. Vallée c. Goujy (*Gaz. des Trib.*, 19 mars 1858).

9. A moins qu'il ne prouve qu'il a complétement ignoré les faits délictueux accomplis chez lui par ses ouvriers.—18 juillet 1851, C. de cass., aff. Bosette.—38 mars 1853, *Id.*, aff. Guérin (Sirey, 1853.1.264).

10. Le graveur qui reproduit sur la commande d'un commerçant une marque de fabrique appartenant à autrui est l'auteur principal de la contrefaçon ; c'est le commerçant sur l'ordre duquel il a agi qui est le complice. — 27 nov. 1861, C. de Lyon, aff. Clave c. Célard et Bavoux (*Ann.*

*2.

*de la Propriété Industrielle*, 1862, p. 259). — *Contrà*, Pataille (*Annales, loc. cit.*, en note).

11. Il y a usurpation de marque, alors même qu'elle n'est apposée que sur une partie non apparente du produit, ou de son contenant, par exemple sur l'intérieur des liéges qui bouchent les bouteilles de vin de Champagne.

Ce fait peut constituer en outre le délit de tromperie envers l'acheteur. — 12 juill. 1845, C. de cass., aff. Clicquot c. Bernard et autres (Sirey, 1844.1.842). — *Sic*, Rendu, *Marques*, p. 13.

12. L'annonce dans des prospectus de la fabrication et de la mise en vente de produits sous la marque d'autrui ne constitue pas de délit, s'il n'y a eu en réalité ni fabrication ni vente. — 2 déc. 1808, C. de cass., et conclusions conformes de Merlin. — *Sic*, Rendu et Delorme, *du Droit industriel*, n° 823. — *Contrà*, Chauveau et Hélie, *Théorie du C. pénal* (3<sup>e</sup> édit., sur l'art. 426).

13. Pour qu'il y ait contrefaçon de marque, il faut que la désignation ou le signe usurpé aient été appliqués sur le produit mis en vente.

En conséquence, le fait d'employer, mais seulement dans un prospectus, la qualité de *perles d'éther*, laquelle a été déposée conformément à la loi, ne constitue pas le délit de contrefaçon de marque. — 15 janv. 1860, Tr. corr. de la Seine, aff. Lavalle et Clertan c. Mauchien (*La Propriété Industrielle*, n° 116).

14. Il n'y a pas délit de contrefaçon lorsque les marques ont été fabriquées isolément du produit et lorsqu'on n'a saisi que des marques non apposées sur le produit.—18 fév. 1852, C. de Paris, aff. Barbier (*eau de Botot*). — *Id.*, 9 juill. 1852, Rejet, même aff. (Dalloz, 1852.1.269).

15. La solution contraire doit être admise sous l'empire de la loi de 1857, si la destination des marques était bien de s'appliquer à des produits analogues à ceux du propriétaire de la marque.—*Sic*, Rendu, *Marques*, p. 102.

16. La différence du nom ajouté à une marque ne justifie pas l'usurpation de la marque qui est, le plus souvent, déterminante pour l'acheteur qui retient ordinairement moins le nom du fabricant que la forme ou l'aspect du produit. — 11 mai 1857, C. de Lyon, aff. Bailley c. Napollier (*La Propriété Industrielle*, n° du 14 janv. 1858).

17. L'usurpation d'une marque ou d'un nom ne peut être légitimée par l'usage même le plus ancien.

Le propriétaire de ce nom ou de cette marque est toujours libre d'exercer ses poursuites quand et contre qui il lui plaît de les exercer. — 24 juill. 1846, Tr. d'Amiens, aff. Raoult c. Audicq (*Vinaigres d'Orléans*).—*Id.*, 31 déc. 1852, C. de Grenoble, aff. P. Garnier c. Rivoire (*Liqueurs de la Grande Chartreuse*). — *Id.*, 24 août 1854, C. de Paris, aff. Chrétien c. Balmont (*vin de Lunel de la côte du Mazet*).

18. Lorsque le propriétaire d'une marque la laisse usurper pendant plusieurs années sans se plaindre, il n'en conserve pas moins le droit d'en demander la suppression, mais l'indemnité ne doit pas être proportionnée à la durée de l'usurpation. — 25 mai 1853, Grenoble, aff. Garnier c. Rivoire (*Liqueurs de la Grande Chartreuse*). — V. sur les effets de la tolérance, les décisions relatées aux noms et aux enseignes.

19. Une ordonnance de non-lieu de la chambre du conseil qui se borne à décider que le fait imputé au prévenu ne constitue ni crime ni délit, ne statue que sur l'action publique; l'action civile demeure entière et peut être portée devant le juge compétent, non plus comme résultant d'un délit, mais d'un fait simplement dommageable. — 9 février 1852, C. de Bordeaux, aff. Cahuzac c. Rousse (Sirey, 1852.2. 332).

20. Il n'y a pas fin de non-recevoir contre une action civile en dommages-intérêts dans l'arrêt correctionnel qui a décidé que la marque imitée ne constituait pas une contrefaçon. — 5 mai 1851, C. de Bordeaux, aff. Castillon c. Castillon. — V. sur la *chose jugée* les décisions mentionnées à l'art. 16.

21. Le juge saisi de la question de savoir si une marque de fabrique a été contrefaite, n'est pas obligé de recourir à une expertise pour s'éclairer, si déjà sa conviction est formée sur le fait de contrefaçon. — 24 juill. 1844, C. de cass., aff. Buisson c. Martin.

22. Les art. 15 et 17 de la loi du 28 juill. 1824, 1 et 7 de la loi du 23 juin 1857, n'ont abrogé les dispositions de l'art. 142 du C. pénal qu'en ce qui concerne la contrefaçon et l'usage des marques particulières, dans une intention de concurrence déloyale.

Mais cet art. 142 reste en vigueur à l'égard de toutes contrefaçons non comprises dans les dispositions spéciales des lois précitées. — 8 janv. 1859, Cass., le ministère public c. Gachet (*La Propriété Industrielle*, n° 82).

23. C'est l'art. 142 du C. pénal, et non la loi du 23 juin 1857, qui est applicable à la contrefaçon des marques de fabrique, lorsque cette contrefaçon a eu pour but et pour effet de consommer des détournements de marchandises. — 27 janv. 1859, C. de Besançon, le ministère public c. Gachet (*La Propriété Industrielle*, n° 82).

24. La loi du 23 juin 1857, relative à la contrefaçon des marques de fabrique, n'a abrogé l'art. 142 du C. pénal qu'en ce qui concerne la contrefaçon et l'usage de ces marques opérés dans l'intention de faire à un négociant ou fabricant une concurrence déloyale.

Mais cette loi a maintenu en vigueur l'art. 142 précité, en ce qui concerne toutes les autres contrefaçons non comprises dans ses dispositions spéciales et notamment le fait par un marchand de bois qui, ayant vendu des bois à une compagnie de chemin de fer, contrefait les marques de cette compagnie et les appose sur des bois inférieurs à ceux vendus et marqués par elle, dans le but de faire un bénéfice illégitime sur la livraison de ces bois.

Dans ce dernier cas, qui est celui de l'espèce, l'art. 142 du C. pénal reste applicable, et il n'y a pas lieu d'examiner l'influence que pourrait exercer la loi toute nouvelle du 13 mai 1863, cette dernière étant postérieure aux faits poursuivis et même à la condamnation. — 12 juin 1863, C. de cass., ch. crim., Rej., aff. Dulouis (*La Propriété Industrielle*, n° 286).

25. Le fait d'avoir imprimé et expédié à l'étranger des étiquettes portant le nom d'un négociant français, sans ordre de ce dernier, et à son insu, constitue, en dehors de tout délit de contrefaçon et de toute intention frauduleuse constatée, un quasi-délit qui expose soit l'expéditeur, soit l'imprimeur à des dommages-intérêts.—28 juin 1860, Tr. civ. de la Seine, aff. Jourdan-Brive c. Lehéricy (*La Propriété Industrielle*, n° 135).

26. Le commerçant français chez qui il a été saisi des produits étrangers, portant une marque française contrefaite, et qui soutient que ces produits lui proviennent de fabricants qu'il désigne, est tenu d'en faire la preuve.

Quand même il la ferait, il n'en résulterait pas qu'il fût de bonne foi et qu'il dût être renvoyé de la plainte, s'il est établi qu'il connaissait le propriétaire de la marque contrefaite et était en relations avec lui. — 20 nov. 1861, C. de Paris, aff. Renard c. Dubois (*Ann. de la Propriété Industrielle,* 1861, p. 420).

27. La bonne foi ne peut résulter légalement que de l'erreur de fait et non de l'erreur de droit. — 13 août 1852, C. de cass., aff. Delahausse c. Christofle (*Sirey,* 1853.1.388).— Sic, Rendu et Delorme, *Droit Industriel,* nº 511 ; Nouguier, *Brevets,* nºs 795, 796 ; Dalloz, vº *Brevets,* nº 313 ; Blanc, *Contrefaçon,* p. 671.

28. Le débitant qui vend un objet revêtu d'une fausse marque ne peut être responsable s'il a été trompé par la mention *déposé* et par les déclarations du fabricant, et s'il est, par conséquent, de bonne foi. — 18 mars 1862, Tr. de la Seine, aff. Faivre c. Duquaire (*Ann. de la Propriété Industrielle,* 1862, p. 238).

29. Le plaignant qui a provoqué lui-même la contrefaçon n'est pas recevable à poursuivre le contrefacteur. — 3 avr. 1858, C. de cass., aff. Popard c. Jesson (*La Propriété Industrielle,* nº 21) ; — aff. Vernier c. Prevost (*Ann. de la Propriété Industrielle,* 1862, p. 449). — 13 janv. 1864, C. de Paris, aff. Boucher c. Baillon (*idem,* 1864, p. 135).

30. Mais on ne peut dire qu'un plaignant en contrefaçon a encouragé la contrefaçon, parce qu'il a acheté lui-même chez divers fabricants des objets contrefaits.—28 mai 1857, Tr. civ. de la Seine, aff. Dubosc c. Jaudin (*La Propriété Industrielle,* nº 5).

31. Il suffit que l'objet se trouve dans la boutique ou dans les magasins du débitant et même que, saisi dans un endroit quelconque accessible aux acheteurs, il soit reconnu en fait destiné à être vendu, pour qu'il y ait lieu à l'application de la peine. — Sic, Rendu et Delorme, *du Droit industriel,* nº 1170.

32. La détention d'un objet contrefait, lorsqu'elle n'a pas pour but une spéculation commerciale, mais l'usage personnel du détenteur, ne constitue pas le délit de contrefaçon. — 12 juillet 1851, C. de cass., aff. Vachon c. Chauveau (Dalloz, 1851.5.56 ; S.V.52.1.145). — Id. 27 fév. 1858, C. de cass., aff. Vallée c. Gougy (*Gaz. des Trib.,* 19 mars 1858). — Id. 5 août 1851, C. de Douai, aff. Jérosme c. Gomel (S.-V.52.2. 516 ; Dalloz, 54.2.72). — Sic, Rendu, *du Droit industriel,* nº 507, et *des Marques,* p. 114 ; Renouard, nº 23, et Dalloz, vº *Brevets,* nº 311.

33. Les art. 59 et 60, C. pén., sur la complicité ne sont applicables aux délits prévus par une loi particulière qu'autant que cette loi n'a pas dérogé à leurs dispositions.

Cette dérogation peut être expresse ou résulter de l'ensemble des dispositions de la loi nouvelle.

S'il s'agit d'un droit régi par une loi spéciale et si le législateur a énuméré les cas de complicité, on ne peut étendre le cercle que cette loi spéciale a tracé à la pénalité en recourant aux dispositions générales des art. 59 et 60, C. pén.— 24 mars 1848, C. de cass., aff. Cristofle c. Crignon (S.-V.48.1. 579).' — 26 juill. 1850, C. de cass., aff. Gibus c. Duchesne (Dalloz, 1851.5.54).—21 nov. 1851, id., aff. Duchesne c. Galibert ibid., 55).

34. Ainsi le simple intermédiaire entre l'acheteur et l'auteur de la contrefaçon ne peut être réputé complice. — Mêmes arrêts. — Sic, Rendu, Droit industriel, n° 506, et Traité des Marques, p. 113.

35. Le recel, la vente ou l'exposition en vente d'objets contrefaits ne constituent pas un délit distinct du délit de contrefaçon ; ils en forment au contraire une partie intégrante, et sont dès lors une véritable complicité de ce délit.

En conséquence, l'art. 55, C. pén., est applicable, et la condamnation à l'amende, aux dommages-intérêts, et aux frais doit être prononcée solidairement contre le coupable de recel, vente ou exposition en vente d'objets contrefaits et contre le contrefacteur. — 4 août 1859, C. de Rouen, aff. Milliet c. Leroy et Saintard (La Propriété Industrielle, n° 94).— Id. 26 mars 1841, C. de Paris, aff. Dutertre c. Tixier et autres (La Propriété Industrielle, n° 191). — Id. 11 juin 1863, Tr. corr. de Besançon, aff. Goutard c. Delavaud (La Propriété Industrielle, n° 328). — Contrà, 14 déc. 1861, C. d'Amiens, aff. Dutertre c. Fourreau (La Propriété Industrielle, n° 214).

36. Lorsque des objets contrefaits sont saisis dans les magasins d'une maison de commerce exploitée par deux associés, il doit être prononcé une amende distincte contre chacun des associés. — 4 août 1859, C. de Rouen, aff. Milliet c. Leroy et Saintard (La Propriété Industrielle, n° 94).

37. Le délit de contrefaçon est régi par les art. 637 et 638, C. d'inst. crim., et se prescrit par trois ans à partir du fait accompli. — 24 août 1859, C. de Paris, aff. Sax c. Besson (La Propriété Industrielle, n° 94).—V. sur la prescription, Et. Blanc, p. 673; Nouguier, n° 1080; Renouard, n° 266; Dal-

loz, v° *Brevets*, n° 397 ; Rendu et Delorme, *du Droit industriel*
n° 571 ; Gouget et Merger, v° *Contrefaçon*, n° 222 ; Lejeune
*Brevets*, n° 374.

38. La fabrication d'un objet contrefait, même continue
et répétée, ne constitue pas un délit successif, mais une série
de délits qui se succèdent. — 8 août 1857, Cass., aff. Sax c.
Gautrot (Sir., 1857.1.625).

39. Il en est de même pour le délit de débit d'objets con-
trefaits. — 28 juin 1844, C. de cass., aff. Mansson c. Lamy
(Sir. 44.1.794.) — 28 mai 1852, C. de Paris, aff. Lacordaire c.
Lapayrère (*Gaz. des Tr.*, 13 juin 1852). — *Sic*, Gastambide,
*des Contrefaçons*, n° 694 ; Lejeune, n° 374 ; Et. Blanc, p. 673 ;
Renouard, n° 266.

40. Mais il en est autrement pour la mise ou exposition
en vente. C'est un délit successif dont la prescription ne
commence à courir que du jour où l'exposition a cessé. —
21 fév. 1845, C. de cass., c. Minist. publ. c. Fremont. — 1er juin
1853, C. de Besançon, aff. Thomas Laurens c. Bouchot. — V.
Et. Blanc, p. 673 ; Nouguier, n°s 1084 et 1085.

41. Bien qu'un des délits soit prescrit, on peut encore
poursuivre les autres. — 26 juill. 1828, C. de Paris, aff. Boc
Saint-Hilaire (Dalloz, 1828.2.149).

42. La prescription peut être opposée, aussi bien dans le
cas où l'action civile s'exerce seule et devant les tribunaux
civils, que dans le cas où l'action civile se produit simultanément avec l'action publique et devant la même juridiction.

C'est ce qui résulte de la combinaison des art. 2, 3, 637 et
638, C. instr. crim. — 24 fév. 1855, C. de Paris, aff. Vatel
c. Ragani. (*Pal.* 1855.2.326 et *Gaz. des Trib.*, 25 fév.).

43. Jugé, en matière de propriété littéraire, que la prescription de l'action en contrefaçon fait tomber l'œuvre dans
le domaine public.— 24 fév. 1855, aff. Vatel c. Ragani (*Gaz.
des Trib.*, 25 fév. et *Pal.* 1855.2.326). — *Contrà*, Renouard,
*des Droits d'auteurs*, t. 2, n°s 267 et 268 ; Gastambide, *des Contrefaçons*, n° 194. V. le n° 333 de *La Propriété Industrielle*.

44. Malgré la prescription de l'action en contrefaçon de
marque, la marque ne tombe pas dans le domaine public.—
Rendu, *Marques*, p. 211.

45. La prescription est un moyen d'ordre public qui doit
être appliqué même d'office par le juge.—24 fév. 1855, C. de

Paris, aff. Vatel c. Ragani (*Gaz. des Trib.*, 25 fév. et *Pal.*, 1855.
2.326).

46. Elle peut être appliquée, même après un premier jugement qui, ayant reconnu la contrefaçon, avait ordonné
que des dommages-intérêts seraient fournis par état. —
31 août 1855, C. de Paris, aff. Frezon c. Meissonnier (*Ann. de
la Propriété Industrielle*, 1855, p. 203).

V. art. 8, vᵒ *Peine.*

ARTICLE 8.

Sont punis d'une amende de cinquante francs à
deux mille francs et d'un emprisonnement d'un mois
à un an, ou de l'une de ces peines seulement :

1ᵒ Ceux qui, sans contrefaire une marque, en ont
fait une imitation frauduleuse de nature à tromper
l'acheteur, ou ont fait usage d'une marque frauduleusement imitée;

2ᵒ Ceux qui ont fait usage d'une marque portant
des indications propres à tromper l'acheteur sur la
nature du produit;

3ᵒ Ceux qui ont sciemment vendu ou mis en vente
un ou plusieurs produits revêtus d'une marque frauduleusement imitée ou portant des indications propres à tromper l'acheteur sur la nature du produit.

SOMMAIRE.

| | |
|---|---|
| Bonne foi, 11 et s. | Étranger, 4. |
| Cachet, 1. | Forme, 5. |
| Commissionnaire, 11. | Imitation, 1 et s. |
| Complice, 11. | Lettre, 1. |
| Confusion, 3 et s. | Localité, 6, 20 et s. |
| Couleur, 1, 5. | Nom, 4, 7, 24. |
| Disposition, 1, 5, 7. | Peine, 23 et s. |
| Dommages-intérêts, 4, 12. | Provenance, 20 et s. |
| Emblème, 2, 5. | Solidarité, 4. |
| Empaquetage, 1. | Tromperie, 13 et s., 23. |
| Enveloppe, 1, 5. | Usage, 8. |

1. La loi du 3 juin 1857, dans sa sagesse prévoyante, n'a

pas voulu seulement punir la reproduction brutale et complète de la marque de fabrique appartenant à autrui, mais empêcher et réprimer aussi l'imitation frauduleuse de la marque d'autrui, de quelque manière qu'elle se produise, pourvu qu'elle soit de nature à tromper l'acheteur.

Ainsi doit être déclaré coupable et puni des peines édictées par la loi de 1857, celui qui a imité le mode d'empaquetage d'un concurrent, les couleurs des enveloppes, le choix des sujets, leur disposition, celles des cachets et lettres y inscrites.—20 juillet 1859, Tr. civ. de Valenciennes, aff. Voelker c. Cazin (*La Propriété Industrielle* n° 99).

2. Dans ce cas, la propriété de ces emblèmes peut résulter de la notoriété commerciale établie. — Même jugement.

3. Ce n'est pas seulement la confusion certaine et inévitable que la loi prescrit, mais encore la confusion possible. — 18 fév. 1834, C. de Riom, aff. Dumas c. Bernard.

4. Il y a imitation frauduleuse d'une marque de fabrique déposée au greffe du Tribunal de commerce dans le fait d'un négociant qui reproduit les étiquettes d'un de ses concurrents en changeant seulement le nom du fabricant, alors surtout que ce nom est placé de manière à être facilement enlevé à l'aide de ciseaux, et à laisser ainsi une identité parfaite entre les deux marques.

Le fabricant, même étranger, qui se prête à cette imitation ne peut pas ignorer qu'il se fait ainsi l'instrument du contrefacteur, et il doit par cela même être condamné solidairement avec ce dernier aux dommages-intérêts prononcés en faveur du fabricant dont la marque a été imitée. — 19 fév. 1864, Tr. civ. de la Seine, aff. Neveux c. Mayer (*La Propriété Industrielle*, n° 355, et *Le Droit* du 7 avril 1864).

5. L'étiquette portant les énonciations suivantes : *à la belle Jardinière, savon aromatique, admis à l'exposition universelle de 1855*, signé *Mignot*, peut être considérée comme une imitation frauduleuse de l'étiquette ainsi conçue : *A la corbeille de violettes, savon botanique aux plantes aromatiques*, signé *Maria*, quand il y a d'ailleurs similitude complète dans la forme, dans la couleur du papier d'enveloppe, dans les dimensions de la bande étiquette, et dans la disposition symétrique des lignes, des caractères d'écriture et de la signature. — 16 fév. 1864, Tr. corr. de la Seine, aff. Lecornu c. Marie (*La Propriété Industrielle*, n° 323).

6. Il n'y a pas usurpation de la marque de fabrique *Massy*, par ces mots adoptés par un autre fabricant : *pré Massy*.—3 juin 1859, C. Paris; aff. Bisson.-Aragon c. Aragon (*La Propriété Industrielle* n° 89). — *Voir* à la loi de 1824, les indications de *provenance*.

7. C'est dans l'imitation des marques elles-mêmes, et non pas dans l'imitation de leurs dispositions, qu'il peut exister un fait susceptible de donner lieu à des dommages-intérêts, lorsque d'ailleurs le nom des fabricants est indiqué sur les produits livrés au commerce.—23 juillet 1851, Paris, aff. Péchiney c. Cottiaux (*Gaz. des Trib.* du 26 oct. 1851).—*Sic*, Calmels, *Propriété et contrefaçon*, n° 177.—*Contrà*, Blanc, *de la Contrefaçon*, n° 773, et Rendu, *Marques*, p. 124.

8. Celui qui a fait fabriquer des étiquettes qui sont l'imitation de la marque d'un commerçant, mais sans en avoir fait usage, ne tombe pas sous le coup de la loi du 28 juillet 1824; il est puni par la loi du 27 juin 1857.—14 janv. 1860, Tr. corr. du Havre; aff. Mumm et Cie c. Staempfli (*La Propriété Industrielle*, n° 117).

9. Celui qui appose sur ses produits les mots *système de* ou *façon de*, suivis de la marque d'un autre fabricant, se rend coupable du délit de contrefaçon.—24 déc. 1855, Cass. aff. Bricard c. Tessier (Dalloz, 1856.1.66).

10. Ce sont les peines édictées par la loi de 1857 qui sont applicables dans ce cas. — *Sic*, Calmels, *des Noms et Marques de fabrique*, p. 48.

11. Les commissionnaires, chargés de l'expédition d'étiquettes qui sont l'imitation de la marque d'un fabricant, ne peuvent être considérés comme complices qu'autant qu'il est démontré qu'ils ont agi sciemment.—14 janv. 1860, Tr. corr. du Havre; aff. Mumm et Cie c. Staempfli (*La Propriété Industrielle*, n° 117).

12. En cas de ressemblance involontaire entre deux marques, les juges, tout en écartant les peines relatives au délit de contrefaçon, devront toujours ordonner la suppression ou le changement de marques et même, s'il y a lieu, condamner à des dommages-intérêts pour la réparation du préjudice causé. — 18 fév. 1834, C. de Riom, aff. Dumas c. Bernard.

13. Se rend coupable de tromperie sur la nature de la marchandise vendue, le fabricant de vin mousseux artifi-

ciel qui appose sur les bouteilles contenant son produit la marque d'une maison qui vend du vin de Champagne naturel. — 12 juill. 1845, C. de cass., aff. Cliquot c. Chapat, Bernard et autres. — *Sic*, Rendu, *Marques*, p. 130, et Blanc, *de la Contrefaçon*, p. 773.

14. ..... Celui qui vend une montre de cuivre argenté pour une montre d'argent. — 11 juin 1830, C. de cass., aff. Bonnemaison.

15. ..... Celui qui vend pour un cachemire un châle français. — 19 fév. 1847, C. de Paris, aff. Lepeltier c. Biétry.

16. ..... Celui qui vend du tulle étranger pour du tulle français. — 2 août 1844, C. de Paris, aff. Lange c. Barrault.

17. ..... Celui qui, sous le nom de *gluten*, vend tout simplement de la pâte de froment granulée. — 15 fév. 1851, C. de cass., aff. Véron c. Manchion.

18. ..... Celui qui mélange des parties terreuses dans du guano, en quantité suffisante pour annihiler les effets du guano. — 15 fév. 1848, C. d'Angers, min. pub. c. D. — *Id.*, 2 avril 1851, C. d'Orléans, aff. Pavie (Sirey, 51.2.283).

19. Mais celui-là ne commet pas le délit de tromperie sur la nature de la marchandise vendue qui vend un engrais mélangé pour un engrais pur ; il commet le délit sur la qualité de la marchandise vendue. — 6 août 1857, C. de cass., aff. Delva (Dalloz, 57.1.416). — V. sur cette question, Million, *Traité des Fraudes*, p. 31 et suiv.

20. Celui qui appose sur ses produits une marque indiquant mensongèrement une origine étrangère commet le délit de tromperie sur la nature de la marchandise.

Ainsi jugé pour des fabricants d'eau de cologne qui avaient indiqué faussement sur leurs flacons la ville de Cologne comme le lieu de fabrication. — 5 mars 1829, Tr. de la Seine, aff. Farina c. Durand (*Gaz. des Trib.*, 6 mars). — *Id.*, 7 août 1832, C. de Paris, aff. Schmidt c. Abat (*Gaz. des Tr.*, 15 août 1832). — *Id.*, 28 juin 1853. Tr. de la Seine, aff. Stubs et Spencer (*Ann. de la Propriété Industrielle*, 1855, p. 39). — *Sic*, Pataille, *Annales*, 1855, p. 39 ; Gastambide, *des Contrefaçons*, nos 424 et 457 ; Faustin Hélie, *Théorie du Code pénal*, sur l'art. 423 ; Rendu, *Marques*, p. 135.

21. Ces derniers toutefois ne sont de cet avis qu'autant que la tromperie sur l'origine de la marchandise entraîne en réalité avec elle une tromperie sur la nature de la marchandise vendue.

**22.** Jugé, au contraire que l'apposition, d'une marque indiquant faussement une origine étrangère, ne constitue pas le délit de tromperie sur la nature de la marchandise.— 9 juill. 1835, Tr. de la Seine, min. pub. c. X... (Gastambide, n° 461).—*Sic*, Dalloz, *Nouveau Répertoire*, v° *Industrie*, 355.— V. sur la question, le journal *La Propriété Industrielle*, n° 161.

**23.** Dans le cas où par suite de tromperie à l'aide de fausse marque, l'art. 423, C. pén., la loi du 27 mars 1851 sur les falsifications et enfin la loi du 23 juin 1857 sur les marques seraient applicables, c'est cette dernière qu'il faut appliquer, qu'elle soit plus rigoureuse ou moins sévère, d'après la règle : *Specialia generalibus derogant.* — *Sic*, Rendu, *Marques*, p. 139.

**24.** Lorsqu'il y a eu à la fois usurpation de nom et de marque de fabrique, il y a lieu d'appliquer une seule peine.
C'est, aux termes de l'art. 365, C. d'inst. crim., la peine la plus forte qui doit seule être prononcée.—26 janv. 1864, Tr. corr. de la Seine, aff. Stubs, c. Astier (*La Propriété Industrielle*, n° 322).
—V. art. 7, *Annonce, Amende, Associé, Commande, Bonne foi, Prescription, Tolérance.*


## ARTICLE 9.


Sont punis d'une amende de cinquante francs à mille francs et d'un emprisonnement de quinze jours à six mois, ou de l'une de ces peines seulement :
1° Ceux qui n'ont pas apposé sur leurs produits une marque déclarée obligatoire ;
2° Ceux qui ont vendu ou mis en vente un ou plusieurs produits ne portant pas la marque déclarée obligatoire pour cette espèce de produits ;
3° Ceux qui ont contrevenu aux dispositions des décrets rendus en exécution de l'article 1er de la présente loi.


Le prévenu du délit de l'art. 9 est-il admissible à invoquer sa bonne foi ? *Oui.* — Rendu, *Marques*. p. 144. — Morin, *Répert.*, v° *Contrefaçon*, n°ˢ 41 et 61. — *Contrà, La Propriété Industrielle*, n° 157.

## ARTICLE 10.

Les peines établies par la présente loi ne peuvent être cumulées.

La peine la plus forte est seule prononcée pour tous les faits antérieurs au premier acte de poursuite.

1. Le non-cumul des peines doit être entendu en ce sens que, lorsque les faits donnent lieu à plusieurs poursuites et à plusieurs condamnations différentes, si tous ces faits sont antérieurs à la première poursuite, le jugement de condamnation doit, sous peine de cassation, déclarer que la peine prononcée la dernière se confondra avec les peines précédemment prononcées. — 28 fév. 1857, C. de cass., aff. Pouettre (Dall.1857.5.48).

2. Doit être cassé l'arrêt qui, au lieu de prescrire la confusion des peines, déclare qu'elles ne se confondent pas, alors que le législateur en a interdit le cumul. — 13 juin 1857, C. de cass., aff. Petit (*Bull. crim.* à la date).

V. art. 8, n°ˢ 23 et 24.

## ARTICLE 11.

Les peines portées aux articles 7, 8 et 9 peuvent être élevées au double en cas de récidive.

Il y a récidive lorsqu'il a été prononcé contre le prévenu, dans les cinq années antérieures, une condamnation pour un des délits prévus par la présente loi.

1. Est en état de récidive celui qui a déjà été condamné pour contrefaçon depuis moins de 5 ans. — 27 mars 1860, Tr. corr. de la Seine, aff. Pannelier c. Goubert et Magnier (*La Propriété Industrielle*, n° 121).

2. Peu importe que la deuxième contrefaçon ait été commise au mépris des droits d'un autre déposant que la première ; il y a récidive, même dans ce cas. — *Sic*, Rendu, *du Droit industriel*, n° 554, et *Marques*, n° 150 ; Nouguier, *des Brevets*, n° 1004 ; Dalloz, v° *Brevets*, n° 368 ; Loiseau et Vergé, *Loi de 1844*, p. 165.

3. Mais il faut, pour qu'il y ait récidive, que la décision antérieure soit définitive. — 13 juin 1857, C. de cass., aff. Petit (*Bull. crim.*, à la date).

4. Elle n'est pas réputée définitive, même après un arrêt contradictoire d'une Cour impériale, quand le délai pour se pourvoir en cassation n'est pas expiré. — 2 août 1856, C. de cass., aff. Drevelle (*Bull. crim.*, à la date).

5. Lorsqu'un prévenu de contrefaçon, cité devant la juridiction correctionnelle, a été précédemment déclaré contrefacteur par la juridiction civile, il ne saurait être considéré comme se trouvant en état de récidive, puisque aucune peine n'a été prononcée contre lui par les tribunaux civils. — 13 fév. 1862, C. de Paris, app. corr., aff. Rouget de Lisle c. Nicolle et autres (*La Propriété Industrielle*, n° 218).

## ARTICLE 12.

L'article 463 du Code pénal peut être appliqué aux délits prévus par la présente loi.

## ARTICLE 13.

Les délinquants peuvent, en outre, être privés du droit de participer aux élections des tribunaux et des chambres de commerce, des chambres consultatives des arts et manufactures, et des conseils de prud'hommes, pendant un temps qui n'excédera pas dix ans.

Le tribunal peut ordonner l'affiche du jugement dans les lieux qu'il détermine, et son insertion intégrale ou par extrait dans les journaux qu'il désigne, le tout aux frais du condamné.

1. Jugé, en matière de contrefaçon de brevets d'invention, que l'insertion et l'affiche sont, à proprement parler, une indemnité, une réparation accordée à la partie civile, et qu'en conséquence la disposition qui les ordonne ne peut être attaquée par le ministère public. — 24 mars 1839, C. de cass., aff. Lagarde C. le min. pub. (*Journal du Palais*, 1839.2.389).— 23 juill. 1846, Tr. de la Seine, aff. Porret C. Divers (*Le Droit*, 1er août 1846). — 12 déc. 1856, C. de cass. , aff. Raspail c. Popelin-Ducarre.

2. Mais il en est autrement en matière de marques de fabrique. L'insertion et l'affiche ont, d'après la loi de 1857, un caractère pénal. — Rendu, *Marques*, p. 155.

3. Lorsque le tribunal a ordonné l'affiche ou l'insertion du jugement dans les journaux, cela doit s'entendre non-seulement du dispositif, mais du jugement dans son entier, ainsi qu'il est défini par l'art. 141 du Code de procédure et tel qu'il est contenu dans l'expédition que délivre le greffier. — 21 janv. 1841 , C. de Paris, aff. Ganilh c. Appert (Dalloz, v° *Brevet d'invention*, n° 381 en note). — 9 avril 1844, Tr. civ. de la Seine, aff. Canquoin c. Beauvoisin.

4. L'arrêt qui, tout en confirmant un jugement au chef par lequel il prescrivait son insertion dans les journaux et son affiche , n'adopte cependant qu'une partie des motifs et du dispositif de ce jugement, doit être entendu en ce sens que c'est du jugement, tel qu'il est modifié par l'arrêt, que l'insertion et l'affiche sont ordonnées. — 7 juill. 1855, C. de cass., aff. Frezon c. Messonnier (*Ann. de la Propriété Industrielle*, 1855, p. 110).

5. La partie qui a obtenu un jugement prononçant l'insertion dans certains journaux aux frais du condamné conserve le droit de le faire insérer, à ses propres frais, dans d'autres journaux.

Cette insertion ne peut donner lieu à des dommages-intérêts que dans le cas où elle aurait été faite avec intention de nuire. — 6 fév. 1857, C. d'Aix, aff. Vermare c. Barlatier.

6. Jugé, au contraire, que la partie civile ne peut publier le jugement qu'autant que cette mesure est expressément or-

donnée. — 23 févr. 1839, C. de Paris, aff. Pouet c. Leroux-Dufié (Dall.1839.2.85).

7. Jugé également que le plaignant qui fait apposer ou qui distribue un nombre d'affiches supérieur à celui qui a été fixé par le jugement, ou qui fait insérer ce jugement dans un plus grand nombre de journaux que'ceux indiqués, peut être poursuivi en réparation du préjudice causé par cette publicité.

Toutefois, cet excès de publicité ne peut être considéré comme une diffamation. — 6 juin 1844, Tr. corr. de la Seine, aff. Demarson c. Bourbonne (Dalloz, v° *Brevet d'invention*, n° 383).

8. La partie civile n'a pas le droit, après le procès, de répandre un mémoire contenant copie du jugement qui lui a donné gain de cause. — 1<sup>er</sup> juin 1831, C. de Paris, aff. Dumont (Sirey,1831.2.205).

9. Il est permis néanmoins de faire connaître au public l'existence du procès et la solution qui lui a été donnée par les magistrats, en indiquant seulement cette solution sans donner le texte de la solution. — 20 août 1857, Tr. de comm. de la Seine, aff. Mongin c. Mongin (*Gaz. des Tribunaux*, 28 août 1857).

10. Lorsque le tribunal a ordonné l'insertion de son jugement dans les journaux, aux frais du condamné, le prix de ces insertions peut être réduit s'il est démontré que le plaignant a augmenté les frais en employant pour l'insertion des caractères trop forts, ou qu'il a multiplié les alinéa. — 19 sept. 1844, Tr. civ. de la Seine, aff. Desertine c. Dolivier (Dalloz, v° *Brevet d'invention*, n° 384).

11. Celui-là abuse du droit d'afficher qui convertit l'une des affiches ordonnées en tableau permanent. — 21 janv. 1841, C. roy. de Paris, aff. Ganilh c. Appert (Dalloz, v° *Brevet d'invention*, n° 381, en note, et *Gaz. des Trib.*, 22 janv. 1841). —*Sic*, Dalloz, v° *Brevets*, n<sup>os</sup> 384.—*Contrà*, 25 oct. 1837, Tr. de la Seine, aff. Mottard-Demilly c. Souchet et Doudeuil (*Le Droit*, 26 oct. 1837). — V. dans ce dernier sens, Rendu, *Marques*, p. 160; Nouguier, *des Brevets*, n° 1049; Renouard, *des Brevets*, n° 262; Goujet et Merger, v° *Contrefaçon*, n° 203.

## ARTICLE 14.

La confiscation des produits dont la marque serait reconnue contraire aux dispositions des articles 7 et 8 peut, même en cas d'acquittement, être prononcée par le tribunal, ainsi que celle des instruments et ustensiles ayant spécialement servi à commettre le délit.

Le tribunal peut ordonner que les produits confisqués soient remis au propriétaire de la marque contrefaite ou frauduleusement apposée ou imitée, indépendamment de plus amples dommages-intérêts, s'il y a lieu.

Il prescrit, dans tous les cas, la destruction des marques reconnues contraires aux dispositions des articles 7 et 8.

### SOMMAIRE.

| | |
|---|---|
| Amende, 3. | Loyer, 9 et s. |
| Appel, 19, 28, 32. | Marchandise, 7 et s. |
| Bénéfice, 11 et s. | Partie civile, 27. |
| Chose jugée, 21 et s. | Peine, 1 et s., 23. |
| Compétence, 1 et s., 23 et s. | Préjudice, 11 et s. |
| Confiscation, 1 et s. | Propriétaire, 9 et s. |
| Contrainte par corps, 29. | Provision, 32. |
| Destruction, 2. | Réparation, 1 et s., 11 et s. |
| Dommages-intérêts, 11 et s. | Réserve, 20. |
| Etat, 23. | Saisie, 33. |
| Etiquette, 7 et s. | Solidarité, 31. |
| Gage, 9 et s. | Usage personnel, 4. |
| Juridiction, 1, 21 et s. | |

1. Les tribunaux civils peuvent, aussi bien que les tribunaux correctionnels, prononcer la confiscation des objets contrefaits, attendu que cette confiscation, différente en cela de celle dont parle l'art. 11 du C. pén., n'est pas une peine, mais une réparation du préjudice causé. — 17 mars 1843, C. de Rouen, aff. Fouquet c. Barbet (S. V. 43.2.405). — 24 janv.

1845, C. de Paris, aff. Demy-Doineau c. Roussel (*Le Droit,* 7 fév. 1845). — 9 mai 1859, rej., aff. Villard c. Dess (*La Propriété Industrielle,* n° 85). — *Contrà,* 30 juin 1828, C. de Colmar, aff. Mœglin c. Zuber (S.-V.29.2.333).— 4 mars 1841, C. de Rouen, aff. Péthion contre Rowcliffe (D.P.41.2.102).

2. La destruction de la marque contrefaite doit toujours être prononcée, mais la confiscation des produits est facultative. — Calmels, *des Noms et des Marques,* p. 50. Rendu, *Marques,* p. 162.

3. Le prévenu de contrefaçon, acquitté en première instance, peut, sur l'appel de la partie civile *seule,* être condamné à la confiscation s'il est déclaré contrefacteur, la confiscation étant moins une peine qu'un mode de réparation civile du préjudice causé. Mais il ne peut être condamné à l'amende.

L'arrêt qui prononce cette peine doit donc être cassé; toutefois la cassation ne doit être prononcée que par simple voie de retranchement et sans renvoi, l'appel de la partie civile ayant été régulièrement vidé par l'arrêt qui a prononcé la confiscation au profit du plaignant. — 22 juin 1860, C. de cass., aff. Juhel c. Stichter (*La Propriété Industrielle,* n° 156).

4. Jugé en matière de brevets que si le prévenu ne possède l'objet contrefait que pour son usage personnel, et est acquitté pour ce motif, il n'y a pas lieu, dans ce cas, de prononcer la confiscation, — 24 mars 1848, C. de cass., aff. Christofle c. Crignon (Sir.48.1.579).—*Id.* 12 juill. 1851, C. de cass., aff. Vachon c. Chauveau (Sir.52.1.145).

5. Mais cette jurisprudence, combattue par Blanc, p. 677, Lesenne, *Brevets,* n° 349, ne doit pas être suivie en matière de marques. — Rendu, *Marques,* p. 166.

6. Si les étiquettes peuvent être supprimées, sans altération du produit, on ne doit pas prononcer la confiscation du produit lui-même.—3 déc. 1828, Tr. comm. de la Seine, aff. Farina c. Guélaud.— *Sic,* Calmels, *des Noms et Marques,* p. 52.

7. Jugé au contraire que, dans le cas où des bouteilles de vin de Champagne ont été revêtues de marques contrefaites, il y a lieu d'ordonner la confiscation des étiquettes, des bouteilles et de leur contenu. — 2 mars 1854, C. de Paris, aff. Heidsick c. Leblanc (*Gaz. des Trib.,* 7 avril 1854).

8. Si la marque est apposée sur les marchandises elles-

mêmes, la *confiscation* portera sur les marchandises. —
14 juill. 1854, Paris, Gaupillat c. Morin. — 7 déc. 1854, C. de
cass. (Dalloz, 1854.1.819).

9. Le droit du propriétaire sur les objets qui garnissent
les lieux loués ne fait pas obstacle à la confiscation des objets contrefaits.

En effet, cette peine place les objets, au regard de l'inventeur, hors du commerce, puisqu'ils ne peuvent être vendus
que par lui, qu'ils doivent lui être remis et qu'il aurait
même le droit de les détruire ; d'où il suit qu'ils ne peuvent
être un gage des loyers du propriétaire. — 18 juin 1850, référé, ordonnance de M. le président du Tr. de la Seine, aff. Pré-
lard c. Boucherie.

10. La confiscation qui frappe les objets contrefaits
a pour effet de placer lesdits objets hors du commerce.

En conséquence, ils ne peuvent servir de gage au propriétaire dans la maison duquel ils se trouvent et doivent
être remis par lui au plaignant. — 3 avril 1861, Tr. civ. de
la Seine, aff. Visseau c. Rapin et Mathieu (*La Propriété Industrielle*, n° 200).

11. L'indemnité doit être calculée d'après le préjudice
causé au plaignant et non d'après le bénéfice qu'a pu faire
le contrefacteur. — 20 mars 1827, G. de Nancy, aff. Germain
c. Sevène (Sirey,30.1.365). — *Sic*, Renouard, *Brevets*, n° 261 ;
Dalloz, v° *Brevets*, n° 377 ; Calmels, *Propriété et Contrefaçon*,
n° 663 ; Rendu, *Marques*, p. 167.

12. Jugé, au contraire, qu'en principe général, les contrefacteurs doivent restituer aux plaignants, dont ils ont usurpé
la propriété, tous les bénéfices illégitimes qu'ils ont réalisés
à l'aide de leurs pratiques frauduleuses ; ils doivent aussi
leur tenir compte du gain dont ils les ont frustrés ; ils doivent pareillement réparer le tort qu'ils leur ont causé par la
baisse du prix des marchandises fabriquées et la hausse du
prix des matières premières, conséquence habituelle et presque nécessaire d'une concurrence déloyale ; ils doivent enfin les indemniser largement de tout ce qu'ils ont souffert
dans leur crédit, des sacrifices de toute nature qu'ils ont été
obligés de subir et de tous les frais qu'ils ont été obligés
d'avancer pour soutenir leurs droits et les faire consacrer.

A ces conditions seulement, les grandes industries dont
s'honore le pays, et qui ont trop souvent à lutter contre les

manœuvres coupables de la contrefaçon, peuvent se maintenir et se défendre. — 8 août 1851, Tr. corr. de la Seine, aff. Masse Tribouillet c. Monnier, Jaillon et Poisat. — *Sic*, Blanc, *de la Contrefaçon*, p. 682.

13. Le chiffre de dommages-intérêts dus par un contrefacteur à un breveté doit se calculer sur la quantité d'objets contrefaits et le bénéfice que le breveté eût réalisé si la contrefaçon n'avait pas eu lieu. — 22 janv. 1858, Tr. corr. de la Seine, aff. Jouvin c. Delauzanne (*La Propriété Industrielle*, n° 6).

14. Les tribunaux ne peuvent pas prononcer, contre un contrefacteur, des dommages-intérêts pour les faits de contrefaçon dont il se rendra coupable dans l'avenir. — 14 déc. 1844, C. de Paris, aff. Larenaudière c. Béranger-Guyot.

15. Le juge peut ordonner que la somme totale allouée comme dommages-intérêts sera productive d'intérêts à partir du jour de la demande et même à compter du fait qui a causé le préjudice. — 31 août 1855, C. de Paris, aff. Frezon c. Pommier (*Ann. de la Propriété Industrielle*, 1855, p. 203). — *Id.* 1ʳᵉ mai 1857, C. de cass., aff. Drumeau-Gendarme c. Thomas et Laurent.

16. Le tribunal correctionnel peut comprendre, dans la fixation des dommages-intérêts, les actes de contrefaçon postérieurs à l'introduction de l'instance, lorsque le plaignant, dans ses conclusions devant lui, a signalé ces faits postérieurs et a compris dans le montant des dommages-intérêts qu'il réclamait le préjudice à lui causé par ces nouveaux actes. — 8 août 1857, C. de cass., aff. Sax c. Gautrot.

17. Chaque fait de contrefaçon pouvant donner lieu à des poursuites séparées, le juge d'appel ne peut, sans violer la règle des deux degrés de juridiction, ordonner que les dommages-intérêts qu'il prononcera, après le rapport des experts, auront pour base tant les faits de contrefaçon commis avant le jugement de première instance que ceux commis depuis ce jugement jusqu'au jour de son arrêt. — 21 août 1858, C. de cass., aff. Sax c. Gautrot (*La Propriété Industrielle*, n° 51).

18. Ne sont pas recevables devant la Cour, comme constituant une demande nouvelle, les conclusions par lesquelles la partie envers laquelle le contrefacteur a été condamné par les juges correctionnels à des dommages-intérêts pour cause

de contrefaçon, demande l'augmentation des dommages-intérêts pour le préjudice causé depuis le jugement. — 14 déc. 1860, C. de Paris, aff. Lejeune c. Vallas (*La Propriété Industrielle*, n° 162).

19. L'intimé, en matière correctionnelle, ne peut conclure à des dommages-intérêts plus élevés que ceux alloués en première instance qu'autant qu'il a lui-même interjeté appel du jugement. — 2 fév. 1858, C. de Nancy, aff. Aubry-Febvrel c. Charlot (*La Propriété Industrielle*, n° 14).

20. La partie civile qui, devant le juge correctionnel, s'est bornée à demander acte des réserves qu'elle faisait de ses droits à des réparations civiles, acte que le juge lui a concédé, a, au procès, la position qu'elle s'est faite elle-même ; il lui appartiendra de poursuivre ultérieurement, comme elle le jugera convenable, les réserves qu'elle a faites ; mais ce mode de procéder, auquel il ne pouvait être suppléé d'aucune façon par le juge, ne fait pas grief au prévenu, qui ne saurait y fonder un moyen utile devant la Cour de cassation. — 12 fév. 1858, Rej. ; aff. Daniel c. Villard (*La Propriété Industrielle*, n°s 8 et 27).

21. Le jugement ou l'arrêt qui, sur une plainte en contrefaçon, décide que les faits imputés au prévenu ne constituent pas le délit de contrefaçon, ne peut statuer sur l'action civile poursuivie accessoirement à cette plainte. En conséquence, alors même que les motifs de ces jugement et arrêt contiendraient l'énonciation qu'il n'existe aucun préjudice pour le plaignant, ils ne peuvent être considérés comme l'expression de la chose jugée à l'égard de l'action civile, et le plaignant a toujours le droit de former une demande pour les mêmes faits devant la juridiction civile. — 30 juill. 1857, C. de Paris, aff. Thoisnier-Desplaces c. Duckett.

22. La chose jugée en police correctionnelle, sur une plainte en contrefaçon, ne fait pas obstacle à l'action en dommages-intérêts devant la juridiction commerciale pour cause de concurrence déloyale. — 4 août 1857, Tr. de comm. de la Seine, aff. Boucher-Lemaître c. Wittersheim.

23. Malgré les art. 161 et 189 du C. d'instruct. crim., qui prescrivent aux tribunaux de simple police et de police correctionnelle de statuer par le même jugement sur la peine et sur les dommages-intérêts, les tribunaux correctionne's peuvent, aussi bien que les tribunaux civils, ordonner que

les dommages-intérêts reconnus dus par le jugement qui statue sur la plainte seront fournis par état. — 7 juill. 1855, C. de cass., aff. Frezon c. Messonnier (*Ann. de la Propriété Industrielle*, 1855, p. 203).

24. Le tribunal correctionnel qui a condamné un prévenu de contrefaçon à des dommages-intérêts à donner par état, est compétent pour statuer sur l'allocation de ces dommages. — 8 août 1851, Tr. corr. de la Seine, aff. Masse-Tribouillet c. Monnier, Jaillon et Poisat.

25. L'arrêt qui statue sur le chiffre des dommages-intérêts ne peut se baser que sur les faits reconnus par le jugement de condamnation qui a posé le principe et non d'autres faits qui se seraient accomplis ultérieurement et qui n'auraient pas été l'objet du premier débat. — 6 juin 1856, C. de cass., aff. Cavaillon c. Laming (*Le Droit*, 7 juin 1856).

26. Mais il n'en saurait être ainsi par cela seulement que, dans l'un de ses motifs, le deuxième arrêt aurait énoncé le fait dommageable d'une manière incomplète, lorsqu'il résulte de l'ensemble de tous les motifs de l'arrêt que la fixation du chiffre des dommages a été faite en vue du fait reconnu illicite par le premier arrêt. — Même arrêt.

27. Le tribunal correctionnel qui renvoie le prévenu de la plainte en contrefaçon est compétent pour statuer sur les dommages-intérêts réclamés par lui contre le plaignant qui s'est porté partie civile. — 3 avril 1858, rej., aff. Popard c. Jesson (*La Propriété Industrielle*, n° 21).

28. Lorsqu'un prévenu n'a pas demandé reconventionnellement de dommages-intérêts en première instance, il ne peut en demander à la Cour pour le préjudice éprouvé antérieurement au jugement, mais il peut en demander pour le préjudice éprouvé depuis.—13 janv. 1864, C. de Paris, aff. Boucher c. Baillon (*Ann. de la Propriété Industrielle*, 1864, p. 135).

29. Les juges qui accordent à un prévenu reconventionnellement demandeur des dommages-intérêts pour le préjudice qu'il a éprouvé, sont maîtres de prononcer ou de refuser la contrainte par corps. — 13 janv. 1864, C. de Paris, aff. Boucher c. Baillon (*Ann. de la Propriété Industrielle*, 1864, p. 135).

30. Celui qui annonce aux clients d'un commerçant qu'il va le poursuivre en contrefaçon, sans d'ailleurs le tra-

duire en justice, cause à ce commerçant un préjudice dont il doit la réparation. — 15 juin 1864, Tr. civ. de la Seine, aff. Louchet c. Gervron (*La Propriété Industrielle*, n° 341).

31. La condamnation doit être prononcée solidairement contre les prévenus qui ont pris part au même délit.

Mais il faut pour cela qu'il y ait eu concert entre les prévenus et on ne pourrait condamner solidairement des prévenus, qui ont contrefait la même marque et qui ont été poursuivis ensemble pour ce fait, s'ils ont d'ailleurs agi isolément et sans s'être entendus entre eux. — 27 juill. 1850, C. de cass., aff. Rouget-Delisle c. Duchesne (Sir.51.1.78). — *Id.* 10 nov. 1855, C. de cass., aff. Thier c. Veilleux (*Ann. de la Propriété Industrielle*, 1856, p. 38).

32. En matière correctionnelle, spécialement en matière de contrefaçon, l'appel est suspensif, tant pour l'exécution des condamnations civiles que pour celle de la condamnation pénale.

En conséquence il ne peut être prononcé par le tribunal correctionnel aucune condamnation civile à titre de provision exécutoire, nonobstant l'appel.

L'art. 188 du Code d'instr. crim., qui autorise la provision dans un cas spécial, est limitatif; il ne peut être étendu au cas de jugement contradictoire. — 13 août 1856, C. de Paris, aff. Sax c. Gautrot.

33. La saisie conservatoire est une mesure spéciale au droit commercial et qui ne peut être exercée lorsqu'il s'agit du recouvrement d'une créance civile.

Spécialement est nulle la saisie conservatoire pratiquée en vertu d'un arrêt accordant, pour fait de contrefaçon, des dommages-intérêts à donner par état. — 11 mai 1859, Trib. civ. de la Seine, aff. Gautrot c. Sax (*La Propriété Industrielle*, n° 73).

## ARTICLE 15.

Dans le cas prévu par les deux premiers paragraphes de l'article 9, le tribunal prescrit toujours que les marques déclarées obligatoires soient apposées sur les produits qui y sont assujettis.

Le tribunal peut prononcer la confiscation des produits, si le prévenu a encouru, dans les cinq années antérieures, une condamnation pour un des délits prévus par les deux premiers paragraphes de l'article 9.

## ARTICLE 16.

Les actions civiles relatives aux marques sont portées devant les tribunaux civils et jugées comme matières sommaires.

En cas d'action intentée par la voie correctionnelle, si le prévenu soulève pour sa défense des questions relatives à la propriété de la marque, le tribunal de police correctionnelle statue sur l'exception.

### SOMMAIRE.

Appel, 42.
Associé, 18, 50.
Autorisation, 15 et s.
Cessionnaire, 16, 21.
Chose jugée, 22 et s.
Compétence, 1 et s.
Complice, 7, 9.
Concurrence déloyale, 33.
Décès, 45 et s.
Délit connexe, 6.
Désistement, 54 et s.
Domicile, 5 et s.
Etranger, 9 et s . 50.
Failli, 47 et s.
Fils, 14.
Frais, 61.
Garantie, 17, 35 et s.

Intervention, 39 et s., 48 et s.
Juridiction commerciale. 3.
Licence, 15 et s.
Litispendance, 59.
Militaire, 12.
Ministre, 1.
Ministère public, 13.
Nom, 4.
Nullité, 1 et s.
Opposition, 43 et s.
Partage, 34.
Plaignant, 13 et s.
Poursuite, 13 et s.
Recel, 6 et s.
Saisie, 57 et s.
Transit, 11.
Vente, 6 et s.

1. Le ministre de commerce ne peut, sans excéder ses pouvoirs, annuler le dépôt d'une marque de fabrique faite au tribunal de commerce conformément à l'art. 2 de la loi du 23 juin 1857. — 26 déc. 1862, Cons. d'Etat, aff. Raspail c. le ministre de commerce (*La Propriété Industrielle*, n° 269).

2. Les actions relatives à la propriété des marques de fa-

brique et de commerce sont de la compétence exclusive des tribunaux civils. — 21 mars 1861, C. de Paris, aff. Clertan et Lavalle c. Charpentier (*La Propriété Industrielle*, n° 173).

3. L'exception résultant de l'incompétence des tribunaux de commerce, doit être relevée d'office par le juge. — 21 mars 1861, C. de Paris, aff. Clertan et Lavalle c. Charpentier (*La Propriété Industrielle*, n° 173).

4. Lorsqu'une demande porte à la fois sur une contrefaçon de marques de fabrique et sur une usurpation de nom, le demandeur n'est pas lié, par la loi de 1857, à la compétence des tribunaux civils.

Il peut, en vertu de la loi de 1824 combinée avec l'article 1382 du C. Nap., s'adresser aux tribunaux de commerce. — 19 fév. 1859, C. de Paris s aff. Groult c. Groult (*La Propriété Industrielle*, n° 64).

5. En matière de contrefaçon, la compétence se détermine par l'art. 63 du C. d'instr. crim.

En conséquence, on ne peut citer le prévenu devant un tribunal autre que celui de son domicile, sous prétexte que le tribunal saisi de la plainte serait celui où l'objet contrefait aurait été livré par le contrefacteur et découvert.

Il en est du moins ainsi quand le plaignant n'a pas mis en cause le tiers chez lequel la saisie aurait été pratiquée. — 29 mars 1855, C. de Paris, aff. Fondeur c. Dubois.

6. La poursuite correctionnelle en contrefaçon peut être portée devant le tribunal soit du domicile du contrefacteur, soit du lieu où le délit a été commis.

Le plaignant peut citer le fabricant devant le tribunal du domicile de celui qui a recélé ou débité les objets contrefaits, car le délit de l'un est connexe au délit de l'autre, s'agissant des mêmes objets débités et recélés par l'un et fabriqués par l'autre. — 8 janv. 1852, C. de Paris, aff. Dupré c. Fau-Pujos. — Id., 29 août 1851, C. de cass., aff. Martin-Renou c. Cailly.

7. En matière de contrefaçon, le fait principal est celui de fabrication ; les faits de vente, de mise en vente ou de recel ne sont que des actes de complicité ; en conséquence, le fabricant ne peut être poursuivi à la fois pour fabrication et pour vente et traduit devant le tribunal correctionnel du lieu où il a vendu l'objet contrefait. — 13 juin 1864, Trib. corr. de Charleville, aff. Corneau c. Martinet (*La Propriété Industrielle*, n° 342).

8. On ne peut assigner le contrefacteur devant le tribunal du lieu où les objets contrefaits ont été saisis, s'il ne se joint à la présence desdits objets dans ce lieu l'un des faits constitutifs du délit de contrefaçon.

Ainsi, on ne peut assigner le fabricant devant le tribunal du domicile d'un entrepreneur de roulage chez qui l'objet argué de contrefaçon a été saisi, mais qui, en réalité, s'était borné à le recevoir d'un pays pour le diriger sur un autre. —22 mai 1835, C. de cass., aff. Chapsal c. Barbou (S.-V.35.1. 750).

9. Le négociant français qui a donné l'ordre à son fabricant, établi en Belgique, d'apposer une fausse marque , se rend complice du fait et en devient responsable. — 25 août 1858, Tr. civ. de la Seine , aff. Alexandre Muller c. Verdier (La Propriété Industrielle, n° 47).

10. Il peut être poursuivi devant les tribunaux français, alors même que les produits ont été fabriqués et faussement marqués en Belgique, et qu'ils n'ont été ni vendus en France ni même destinés à y être mis en vente. — Même jugement.

11. Lorsqu'un étranger fait fabriquer hors de France des étiquettes qui sont l'imitation d'une marque d'un commerçant français , les tribunaux français sont compétents pour connaître de l'affaire, si les étiquettes arguées de contrefaçon ont voyagé en France, même en transit, et y ont été saisies.— 14 janv. 1860, Tr. corr. du Havre, aff. Mumm et C^{ie} c. Staempfli (La Propriété Industrielle, n° 117).

12. Si un militaire, pendant qu'il est sous les drapeaux, se rend coupable de contrefaçon , il doit être poursuivi devant les tribunaux militaires, qui seuls pourront lui appliquer les peines portées par la loi contre les contrefacteurs. — 9 fév. 1827, C. de cass., aff. Muller c. Durfort (S.-V.1827. 1.335).

13. En matière de marques, l'exercice de l'action publique n'est pas, comme en matière de brevets d'invention, subordonné à la plainte de la partie lésée. — Rendu , Marques, p. 180.—Calmels, des Noms et des Marques, p. 68.

14. La poursuite en contrefaçon ne peut être intentée que par le propriétaire de la marque.

Le fils ne peut poursuivre , lorsque c'est son père qui est propriétaire. — 23 avril 1864, C. de Paris, app. corr., aff. Baumgartner c. Largaud (La Propriété Industrielle, n° 348).

15. Lorsque le propriétaire d'une marque a donné à un tiers l'autorisation ou licence de l'exploiter à son profit, ce tiers n'a pas qualité pour poursuivre en son nom les contrefacteurs. — 8 mars 1852, C. de cass., aff. Lebrun c. Böhmé (Sir.52.1.454).

16. Le cessionnaire n'a pas qualité de poursuivre, même dans le cas de cession du droit exclusif d'exploiter dans un lieu déterminé. — 1er mars 1855, C. de Paris, aff. Bletry c. Lamirelle. — Sic, Rendu, *Marques*, p. 183. — *Contrà*, Blanc, *de la Contrefaçon*, p. 640.

17. Le droit de poursuite ne saurait appartenir au contrefacteur qui, déjà condamné, prétendrait attaquer à son tour ceux auxquels il a commandé l'œuvre déclarée contrefaite.

En un mot, il n'y a pas d'action en garantie en matière de contrefaçon. — 21 août 1860, Tr. corr. de la Seine, aff. Pilastre et Chanson c. Testard et Wattier (*La Propriété Industrielle*, n° 143).

18. Le dépôt d'une marque a été valablement fait par celui qui ne figure pas à la poursuite comme plaignant, mais qui était, lors du dépôt, seul propriétaire de la marque et qui n'est plus que commanditaire dans la société qui est devenue propriétaire de ladite marque.

En conséquence, la poursuite en contrefaçon d'une marque est recevable lorsqu'elle est intentée au nom de l'associé de celui qui en a fait le dépôt. — 7 déc. 1858, Tr. corr. de la Seine, aff. Abadie c. Foucault (*La Propriété Industrielle*, n° 61).

19. Le prévenu est-il fondé à soutenir que la marque qu'invoque contre lui le déposant a été elle-même usurpée à autrui et que le plaignant n'y a aucun droit? *Non.* — Rendu, *Marques*, p. 187.

20. Jugé en ce sens, en matière de brevets, que le propriétaire de l'invention pourrait seul la revendiquer contre celui qui s'en est fait attribuer indûment le titre, mais que ce droit n'appartient pas aux tiers et notamment ne peut être exercé par le prévenu de contrefaçon. — 25 janv. 1856, C. de cass., aff. Marès c. Minié (Sir.1856.1.279; Dall.1856.1.141).

21. Mais le prévenu peut invoquer pour sa défense que le poursuivant s'est, avant la poursuite, dessaisi de la propriété au profit d'un tiers.

Dans ce cas, il suffit au prévenu d'apporter la preuve de

cette cession. — 27 mai 1842, C. de cass., ch. réunies, aff. Gros et Vallot c. Gavord (Sir.1842.1.385).

**22.** En matière de contrefaçon, les jugements et arrêts correctionnels qui ont statué sur des questions de propriété ne s'étendent pas au delà des faits incriminés.

En conséquence, en cas de nouvelles poursuites pour des faits postérieurs, ces jugements et arrêts ne sauraient être invoqués comme ayant l'autorité de la chose jugée. — 17 juin 1862, C. de Montpellier, aff. Bardou c. Blanchard et autres (*Le Droit* du 17 oct). — *Id.*, 1<sup>er</sup> fév. 1858, Tr. corr. de Lille, aff. Delaunay c. Sollet (*La Propriété Industrielle*, n° 14).

**23.** Jugé au contraire que le jugement correctionnel qui, à l'occasion d'une action en contrefaçon, a statué sur l'exception de nullité ou de propriété soulevée par le prévenu a l'autorité de la chose jugée sur ce point entre les mêmes parties, relativement à une seconde action correctionnelle intentée ultérieurement à raison de nouveaux faits de contrefaçon. — 17 avril 1857, C. de cass., aff. de Bergue c. Aubert et Girard (Sir.1857.1.627).

**24.** En matière de contrefaçon l'examen des exceptions soulevées par le prévenu comme moyen de défense à l'action intentée contre lui, peut donner lieu à une décision susceptible d'acquérir sur ces exceptions, dans une poursuite ultérieure, l'autorité de la chose jugée entre les parties en cause.

En effet, le juge de l'action a dans cette matière spéciale le droit de statuer par voie accessoire sur l'exception considérée comme question extrinsèque et en dehors du but déterminé de l'action.

Dans ce cas, la chose jugée résulte non-seulement des motifs du dispositif, mais même de ce que la condamnation a été prononcée, cette condamnation ne pouvant s'expliquer que par le rejet virtuel mais nécessaire des exceptions soulevées. — 6 mars 1856, C. de Douai, aff. Rohlfs-Seyrig c. Crespel-Delisse (D.P.1857.1.139 ; Sir.1857.1.630).

**25.** Mais cet arrêt a été cassé par la Cour suprême, qui a décidé que le jugement correctionnel qui a repoussé une action en contrefaçon, en accueillant l'exception opposée par le prévenu, ne peut être opposé comme ayant l'autorité de la chose jugée à l'action civile ultérieurement engagée entre les mêmes parties, à raison de faits postérieurs à ceux qui ont fait l'objet des poursuites correctionnelles.

En cette matière, comme en toute autre, le tribunal correctionnel n'est juge de l'exception que dans la mesure et les limites de l'action, c'est-à-dire au seul point de vue de la prévention. — 29 avril 1857, C. de cass., aff. Rohlfs-Seyrig c. Crespel-Delisse ( D.P.1857.1.137 ; Sir.1857.1.629 ). — 4 janv. 1858, C. de Paris, même aff. (*Gaz. des Trib.*, 5 janv. ; *La Propriété Industrielle*, n° 4). — 13 nov. 1858, *Id.*, aff. Ronseray c. Heudebert (*La Propriété Industrielle*, n° 53). — *Sic*, Nouguier, *Brevets*, n° 982 ; Rendu, *Marques*, p. 191 ; Faustin Hélie, *Instr. crim.*, t. 3, p. 592 ; Blanc, *de la Contrefaçon*, p. 593.

26. Jugé, toutefois, que les décisions rendues au criminel sont souveraines ; elles ont envers et contre tous l'autorité de la chose jugée, et il ne saurait être permis de remettre en question devant la juridiction civile les faits qu'elles affirment ou qu'elles nient.

En conséquence, le plaignant en contrefaçon, qui a été débouté de la demande devant le tribunal correctionnel, ne saurait être admis, lorsqu'il est assigné devant la juridiction civile en dommages-intérêts, à raison de sa poursuite indue, à soutenir de nouveau que sa plainte était fondée et que son adversaire était vraiment un contrefacteur. — 16 janv.1861, C. de Besançon, aff. Vernier-Roux c. Boilley frères (*La Propriété Industrielle*, n° 222). — 2 déc. 1861, rej., même aff. (*loc. cit.*).

27. Mais lorsque ces questions de propriété ont été jugées par la juridiction civile, elles ne peuvent plus faire de nouveau l'objet d'un débat devant la juridiction correctionnelle.

Il y a chose jugée à cet égard, alors même que de nouveaux moyens seraient apportés à l'appui de l'exception. — 18 juin 1852, C. de cass., aff. Guillaume et Vinger c. Piel (*Bull. des arr. crim.*, t. LVII, p. 374). — *Id.* 11 juill. 1853, C. de Rouen, aff. Bouillaud c. Collin-Royer. — *Id.*, 6 mars 1856, C. de Paris, aff. Journet (*Ann. de la Propriété Industrielle*, 1856, p. 140).

28. Les tribunaux civils sont la juridiction principale et de droit commun dont les décisions tranchent définitivement les questions de propriété et régissent sur ce point, entre les mêmes parties, les débats à venir, aussi bien au correctionnel qu'au civil. — 8 août 1857, C. de cass., aff. Gautrot c. Sax (Sir.1857.1.632). — 3 déc. 1857, C. de Paris, aff. Wanner c. Vandamme (*La Propriété Industrielle*, n° 11).

**29.** Les parties condamnées correctionnellement peuvent néanmoins s'adresser à la juridiction civile pour lui soumettre les mêmes questions relativement à la propriété.

On ne peut leur opposer ni la chose jugée, ni l'identité des griefs invoqués. — 10 juill. 1860, Tr. civ. de la Seine, aff. Daubier-Cantier c. Lallemand et Guyot (*La Propriété Industrielle*, n° 154).

**30.** Mais, dans le cas où les juges civils déclareraient qu'il n'y avait pas propriété, tandis que les juges correctionnels l'avaient consacrée au profit du plaignant, ce dernier ne peut être condamné par la juridiction civile à des dommages-intérêts à raison de l'exécution qu'il a faite du jugement correctionnel. — 21 fév. 1859, C. de cass., aff. de Villamil c. Journaux-Leblond (*La Propriété Industrielle*, n° 76).

**31.** Il n'y a pas chose jugée contre la veuve, et on ne peut lui opposer le jugement obtenu contre son mari, si ce jugement ne se rapporte pas à un fait pour lequel elle ait pu être réputée avoir été représentée dans l'instance par son mari. — 10 juill. 1846, C. de cass., aff. Duvelleroy c. Aubert et Vᵉ Petit (Dall.46.1.287).

**32.** Les faits successifs de contrefaçon ne peuvent jamais être considérés comme préjugés par les décisions précédemment intervenues sur des faits analogues.

En conséquence, sur des poursuites en contrefaçon portées devant le tribunal correctionnel, le plaignant ne peut opposer au prévenu que ce dernier aurait reconnu la validité de ses droits par une transaction intervenue sur un procès antérieurement engagé entre les mêmes parties devant le tribunal correctionnel. — 13 fév. 1862, C. de Paris, aff. Rouget de Lisle c. Nicolle et autres (*La Propriété Industrielle*, n° 218).

**33.** Le prévenu de contrefaçon, acquitté par le tribunal correctionnel, peut être valablement actionné devant le tribunal de commerce pour concurrence déloyale, sans qu'il y ait violation de l'art. 1351. — 23 juin 1859, C. de Paris, aff. Wittersheim c. Rousset-Boucher (*La Propriété Industrielle*, n° 93).

**34.** En cas de partage devant la juridiction correctionnelle sur les exceptions proposées par le prévenu, c'est l'avis favorable à ce dernier qui doit prévaloir, suivant les règles de cette juridiction. — 22 déc. 1849, C. de cass., aff. Bochorst c. Remy (Sir.50.1.68). — 6 avril 1858, *Id.* — (*Gaz. des Trib.*, 8 avril).

35. Est mal fondée la demande en garantie formée par un complice contre l'auteur principal du délit. — 22 fév. 1855, C. de Lyon, aff. Mallet c. Gastoud.

36. L'appel en garantie exercé par le défendeur n'est pas recevable en matière correctionnelle. — 21 juill. 1859, C. de Paris, aff. Farjon c. Dumas et Lecerf (*La Propriété Industrielle*, n°* 76 et 93).

37. En matière pénale, la loi n'autorise pas le recours en garantie exercé par un prévenu contre son coprévenu. — 4 mars 1862, Tr. corr. de la Seine, aff. Massard c. Liétard et Legouix (*La Propriété Industrielle*, n° 227).

38. La contrefaçon constituant une fraude, il serait contraire aux lois et aux bonnes mœurs d'accorder à celui qui l'a commise un recours contre celui qui y a participé. — 25 mai 1859, C. de Lyon, aff. Daubet et Dumarest c. Montagnat (*La Propriété Industrielle,* n° 89).

39. Est recevable l'intervention du cédant dans une instance intentée par le cessionnaire. — 18 mars 1856, C. de Bordeaux, aff. Bérard c. Bonnichon (*Ann. de la Propriété Industrielle,* 1856, p. 105).

40. N'est pas recevable l'intervention d'un tiers qui n'est pas assigné et qui veut venir en aide à la défense du prévenu en invoquant ses droits personnels. — 20 mars 1857, C. de cass., aff. Lanet et Leplay c. Villard (*Gaz. des Trib.,* 12 avril).

41. Mais il en est autrement du commettant qui, aux termes de l'art. 1384 du C. Nap., a la responsabilité des condamnations pécuniaires encourues par le prévenu qui n'a agi que par son ordre.

Il a intérêt à intervenir, et le prévenu a également intérêt à cette intervention qu'il lui appartient de provoquer au besoin comme un complément nécessaire de sa défense. — 8 nov. 1852, C. de cass., aff. de Ruzé (Sir. 1852.1.849).

42. Est recevable l'intervention, même en appel, de celui qui se prétend le véritable propriétaire, au lieu du titulaire dont il conteste la qualité. — 25 avril 1856, C. d'Amiens, aff. Manceaux c. Marès (*Le Droit,* 30 avril). — *Contrà,* 29 mars 1856, C. de Paris, mêmes parties (*Ann. de la Propriété Industrielle,* 1856, p. 137).

43. La partie plaignante qui a saisi le tribunal correctionnel par une citation directe a le droit de former opposition

au jugement rendu par défaut vis-à-vis d'elle et contradictoirement avec le ministère public. — 18 juill. 1845, C. de Paris, aff. Robert et Droux (Sir.45.2.477). — 19 mars 1855, *Id.*, aff. Lippert c. Maurice.

44. Lorsqu'un prévenu de contrefaçon a formé opposition à raison d'un jugement par défaut qui le condamnait personnellement pour deux faits distincts dont l'un lui était imputable à lui seul, et dont l'autre était imputable à la société dont il faisait partie, l'opposition formée au nom de la société vaut pour les deux faits, et on ne saurait opposer au prévenu que le jugement qui l'a condamné par défaut est devenu définitif, en ce qui touche le fait qui lui était personnellement imputable, faute d'avoir formé opposition en son nom personnel. — 13 fév. 1862, C. de Paris, aff. Rouget de Lisle c. Nicolle et autres (*La Propriété Industrielle*, n° 218).

45. Bien que le décès du prévenu soit survenu postérieurement au jugement frappé d'appel, il ne fait pas obstacle à l'appréciation des intérêts civils devant la juridiction correctionnelle. — 6 mars 1860, C. de Paris, aff. Sylvain Dupuis c. Sellier (*La Propriété Industrielle*, n° 130).

46. Lorsqu'un prévenu est décédé pendant l'instance et que, après son décès, ni sa veuve ni ses héritiers n'ont été mis en cause, il n'y a pas lieu de prononcer au profit du plaignant les réparations civiles qu'il demande. — 11 avril 1854, C. de Besançon, aff. Gaudet (*Ann. de la Propriété Industrielle*, 1857, p. 400).

47. Le failli peut poursuivre les contrefacteurs en son nom et sans le secours de ses syndics. — 5 sept. 1817, Tr. de la Seine, aff. Erard c. Plane. — *Contrà*, Rendu, *Marques*, p. 184 ; Renouard, *Brevets*, n° 100 ; Dalloz, v° *Brevets*, n° 99 ; Lesenne, *Brevets*, n° 305.

48. Le syndic ayant le droit de représenter le failli dans les contestations qu'il a engagées au point de vue civil, est recevable à intervenir dans le procès en contrefaçon intenté par le failli avant d'être mis en faillite. — 26 fév. 1862, Tr. corr. de la Seine, aff. Guérin c. Henrionnet et Simon (*La Propriété Industrielle*, n° 248).

49. Lorsqu'une saisie a été pratiquée chez des tiers comme détenteurs d'objets contrefaits, ils ont intérêt et droit à intervenir dans l'instance en contrefaçon, et leur intervention est recevable. — 5 janv. 1855, Tr. corr. de la Seine, aff. Rabiot c. Journet.

50. Lorsqu'un étranger a autorisé un Français son coïntéressé à faire usage de son nom comme marque de fabrique, il est recevable à intervenir, même en appel, dans l'instance introduite par le Français contre des contrefacteurs. — 30 nov. 1861, C. de Besançon, aff. Lorimier c. Dubois (*Ann. de la Propriété Industrielle*, 1862, p. 298).

51. Le plaignant ne peut arrêter la poursuite commencée. — 20 janv. 1852, C. de Paris, aff. Christoffle.

52. Bien qu'un plaignant se soit désisté du bénéfice du jugement qui a condamné un contrefacteur et de l'action civile qu'il avait dirigée contre ce contrefacteur, ce désistement n'élève pas une fin de non-recevoir contre l'action publique. — 20 janv. 1855, C. de Paris, aff. Laming c. Cavaillon (*Ann. de la Propriété Industrielle*, 1855, p. 13).

53. En matière de contrefaçon le déclinatoire peut être proposé par le ministère public, même dans le cas où il y a eu désistement de la part du plaignant. — 21 fév. 1856, C. d'Amiens, aff. Bessas-Lamégie c. Chem. de fer d'Orléans.

54. En matière de contrefaçon, dès que l'action publique a été mise en mouvement par la plainte de la partie civile, il n'appartient plus à personne de l'arrêter ou de la suspendre ; seulement, au cas d'acquittement soit par le tribunal de première instance, soit par le tribunal d'appel, l'action publique se trouve éteinte, si le ministère public n'a ni interjeté appel ni formé de pourvoi en cassation ; alors l'appel et le pourvoi de la partie civile seule ne peuvent avoir d'effet qu'au regard des intérêts civils, et, par suite, la Cour de renvoi, saisie par la Cour de cassation, est incompétente pour statuer sur tout déclinatoire proposé par le procureur général et ayant pour but l'exercice de l'action publique. — 9 mai 1856, C. de cass., aff. Bessas-Lamégie c. Chemin de fer d'Orléans (*Gaz des Trib.*, 10 mai 1856).

55. Le désistement donné à l'audience, à la fin des débats, est tardif et ne peut être accepté. — 19 janv. 1859, Tr. corr. de la Seine, aff. Labat c. divers (*La Propriété Industrielle*, n° 61).

56. La contrefaçon étant un délit donne ouverture à deux actions, l'une publique, l'autre civile.

L'action civile peut, en cette matière comme en toute autre, être poursuivie séparément. — 9 mai 1859, rej., aff. Villard c. Dess (*La Propriété Industrielle*, n° 85).

4

57. Le choix entre la juridiction civile et la juridiction correctionnelle appartient au plaignant.

Alors même que le défendeur à la contrefaçon aurait porté sa demande en mainlevée de la saisie devant la juridiction civile, le plaignant n'en conserve pas moins le droit d'engager l'action en contrefaçon devant le tribunal correctionnel.

Sinon il dépendrait du contrefacteur de se soustraire à la peine de son délit. — 24 mars 1852, Tr. corr. de la Seine, aff. Christoffle c. Lecomte.

58. La nullité de la saisie n'entraînant pas la nullité de la poursuite, celle-ci ne peut recevoir aucune atteinte des décisions à intervenir devant une autre juridiction sur la validité de la saisie.

En conséquence, il n'y a pas lieu de surseoir jusqu'à ce que la juridiction supérieure ait statué sur la nullité de la saisie fondée sur ce qu'un cautionnement ordonné par le président n'avait pas été fourni dans les délais. — 15 janv. 1862, Tr. corr. de la Seine, aff. Masse c. Rattier et Crapelet (*La Propriété Industrielle*, n° 217).

59. L'exception de litispendance est opposable au prévenu de contrefaçon qui, sans attendre la décision du tribunal correctionnel, demande devant le tribunal civil la nullité de la saisie. — 26 déc. 1860, Tr. civ. de la Seine, aff. Lory c. Thévenot (*La Propriété Industrielle*, n° 160).

60. Est suffisamment motivé le rejet de conclusions subsidiaires tendant à la revendication partielle d'une marque unique, alors que les motifs généraux donnés par le juge pour repousser l'action s'appliquent à une marque unique composée de plusieurs éléments ne formant qu'un seul et même ensemble.— 8 avril 1860, rej., aff. Bardou c. Blanchard (*La Propriété Industrielle*, n° 124).

61. Sur la taxe des frais, V. le n° 351 *de la Propriété Industrielle*.


## ARTICLE 17.


Le propriétaire d'une marque peut faire procéder par tous huissiers à la description détaillée, avec ou sans saisie, des produits qu'il prétend marqués à son préjudice en contravention aux dispositions de la présente loi, en vertu d'une ordonnance du président du tribunal civil de première instance, ou du juge de paix du canton, à défaut de tribunal dans le lieu où se trouvent les produits à décrire ou à saisir.

L'ordonnance est rendue sur simple requête et sur la présentation du procès-verbal constatant le dépôt de la marque. Elle contient, s'il y a lieu, la nomination d'un expert, pour aider l'huissier dans sa description.

Lorsque la saisie est requise, le juge peut exiger du requérant un cautionnement, qu'il est tenu de consigner avant de faire procéder à la saisie.

Il est laissé copie aux détenteurs des objets décrits ou saisis, de l'ordonnance et de l'acte constatant le dépôt du cautionnement, le cas échéant ; le tout à peine de nullité et de dommages-intérêts contre l'huissier.

**SOMMAIRE.**

| | |
|---|---|
| Acquittement, 26. | Greffe, 13. |
| Appel, 19 et s. | Instruction, 24. |
| Associé, 12. | Livres, 8. |
| Cautionnement, 15 et s. | Nullité, 1 et s., 12 et s. |
| Comptabilité, 8. | Ordonnance, 8 et s. |
| Confiscation, 5 et s. | Pourvoi, 22 et s. |
| Correspondance, 8. | Preuve testimoniale, 3. |
| Défense, 14, 17. | Saisie, 1 et s. |
| Dommages-intérêts, 5, 7, 22 et s. | Usage personnel, 7. |
| Etranger, 15 et s. | Violation de domicile, 25. |

1. Ni la saisie, ni la description des objets argués de contrefaçon, ne sont une condition substantielle de la validité de la poursuite. — 13 août 1853, C. de Paris, aff. Duchesne c. Hérot.

2. Un procès-verbal de constat n'est pas la base indispensable d'un procès en contrefaçon ; il est toujours loisible aux parties d'y suppléer par d'autres documents certains. — 2 fév. 1856, C. de Paris, aff. Vaucher de Strubing c. Chemin de fer du Nord.

3. La preuve testimoniale peut suppléer à la saisie. — 28 déc. 1860, C. d'app. d'Amiens, aff. Jérosme c. Gomel (S.-V. 51.2.107).—V. sur cette question, l'art. 18.

4. Le plaignant peut assister l'huissier dans sa saisie et diriger l'opération. — 27 avril 1847, référé, ordonnance du président du Tr. de la Seine, aff. Platard c. Séguin.—*Sic*, Et. Blanc *de la Contrefaçon*, p. 655.

5. Le saisi ne peut s'opposer à la saisie de la totalité des objets contrefaits, sous prétexte que quelques-uns suffiront pour établir le délit.

Cette prétention est entièrement en opposition avec le but de la loi, qui veut que non-seulement on puisse obtenir des pièces de conviction, mais aussi qu'il soit ménagé au breveté une indemnité par la confiscation des objets saisis.

D'ailleurs, si la saisie ne fait découvrir aucune contrefaçon, la loi a prévu les pertes que le saisi pourrait éprouver en ordonnant que le poursuivant devra en supporter les peines. — 22 sept. 1827, Tr. civ. de la Seine, aff. Houllet c. Blondel.

6. On peut saisir tous les objets sur lesquels peut porter la confiscation. — 31 déc. 1822, C. de cass., aff. Delarue c. Vermont (S.-V.23.1.225). — 2 mai 1832, *Id.*, aff. Fougerol c. Chadebois. — 20 janv. 1847, C. de Paris, aff. Jourdan c. Colomb et Lalan. — 20 août 1851, C. de cass., aff. Alcan et Pelligot c. Baccot et Cunin-Gridaine (S.-V.51.1.648).

7. Mais on ne peut, sans s'exposer à des dommages-intérêts, saisir les objets qui servent à l'usage personnel du détenteur. — 18 fév. 1844, Angers, aff. Perrier c. Hossard.

8. Quand une ordonnance du président du tribunal autorise la saisie d'objets argués de contrefaçon, et qu'il autorise en même temps à procéder à l'examen des livres du prétendu contrefacteur, on doit entendre par là non-seulement les livres de comptabilité, mais encore toute correspondance ayant un caractère commercial et se rapportant à l'objet de la saisie. — 28 août 1856, Tr. de la Seine, aff. Christoffle c. Chaudron.

9. La faculté de faire procéder à la désignation et description des objets prétendus contrefaits, en vertu d'une ordonnance délivrée par le président du tribunal, ne se peut entendre que d'une ordonnance spéciale à la contrefaçon désignée dans la requête.

Autrement la mesure prévue par cet article pourrait devenir un moyen de persécution, entre les mains des commerçants, contre les concurrents.

Donc quelque larges que soient les termes de l'ordonnance, ils ne peuvent s'entendre que de saisie ou description à faire à une époque contemporaine de sa date.

Toute saisie pratiquée à une époque plus éloignée et sur un individu non compris nommément dans l'ordonnance est nulle comme faite sans autorisation. — 13 août 1853, C. imp. de Paris, aff. Duchesne c. Hérot.

10. On peut, en vertu d'une seule et même ordonnance, faire pratiquer successivement plusieurs saisies chez le même individu. — 4 nov. 1859, Tr. de St.-Etienne, aff. Barbe et Trouilleux c. Revel (*La Propriété Industrielle*, n° 113).

11. Une nouvelle saisie peut être ordonnée par le président, alors même qu'il en a déjà ordonné une première, à la suite de laquelle, sur la plainte en contrefaçon, a été rendu un jugement frappé d'appel qui a reconnu les droits du plaignant. — 11 mars 1856, Tr. de la Seine, référé, aff. Hutchinson c. Soléliac.

12. Lorsque, sur une poursuite dirigée par le liquidateur d'une société, il a été décidé que les objets saisis n'étaient pas contrefaits, l'un des associés ne peut saisir de nouveau les mêmes objets comme entachés de contrefaçon.

Il y a lieu, dans ce cas, de rapporter l'ordonnance qui a autorisé la nouvelle saisie et d'annuler ladite saisie. — 6 déc. 1859, Tr. civ. de la Seine, aff. Cheri c. Demolay (*La Propriété Industrielle*, n° 108).

13. Quand la saisie d'un objet est déclarée nulle et qu'en l'absence de toute autre preuve, le prévenu de contrefaçon est renvoyé de la plainte, le même objet ne peut être de nouveau saisi au greffe, où il est déposé, et devenir la base d'une nouvelle action. —10 juin 1864, C. de Paris, app. corr., aff. Beckers c. Fauvel (*La Propriété Industrielle*, n° 349).

14. Les tribunaux ne peuvent statuer sur le droit de saisir et sur le mérite d'une saisie qu'autant qu'elle a été pratiquée.

Ainsi, celui qui est menacé d'une saisie ne peut assigner le breveté afin de faire prononcer contre lui des défenses ;

Alors même qu'il y aurait eu déjà une tentative d'exécution. — 18 avril 1844, Tr. civ. de la Seine, aff. Pellerin c. Debain (Dalloz, v° *Brevets*, n° 355).

4.

15. Le cautionnement est facultatif à l'égard des natio-naux, mais il doit toujours être imposé à l'étranger breveté qui requerra la saisie. — Rendu, *Marques*, p. 216.

16. Le cautionnement est entièrement distinct de la cau-tion *judicatum solvi*, que le défendeur a toujours le droit de réclamer conformément à l'art. 166 du C. de procédure civile. — 14 nov. 1860, Tr. civ. de la Seine , aff. Firnsthal c. Ohnimberger (*La Propriété Industrielle*, n° 155).

17. La caution *judicatum solvi* n'a pas besoin d'être re-quise avant la saisie , mais seulement devant le tribunal et avant toute défense au fond. — 4 mars 1847, Tr. corr., aff. Pinzold et Rolf c. Risler.

18. La caution *judicatum solvi* ne peut être exigée de l'étranger admis par le Gouvernement à résider en France. — 11 déc. 1852, C. de Paris, aff. Daud c. Barral.

19. L'appel n'est pas recevable contre l'ordonnance du président. — 2 août 1845, C. de Paris, aff. Jourdan c. Colomb-Lalan (*Gaz. des Trib.*, 3 sept. 1845). — 11 fév. 1846, *Id.*, aff. Caron c. Pinzoldt (D.P.46.5.46). — 27 juin 1853 , *Id.*, aff. Martineau c. Marchal. —30 août 1854, *Id.*, aff. Darlincourt c. David (*Gaz. des Trib.*, 1ᵉʳ sept. 1854).

20. Jugé au contraire que l'appel est recevable. — 9 juill. 1855, C. de Paris, aff. Mallet c. Cavaillon (*Ann. de la Propriété Industrielle*, 1855, p. 178).

21. L'ordonnance du président du tribunal qui ordonne la désignation ou description avec ou sans saisie des objets prétendus contrefaits, en y ajoutant d'autres mesures que la loi n'autorise pas, ne peut pas être attaquée, sous prétexte d'excès de pouvoir , par un pourvoi en cassation. Ce recours extraordinaire n'est autorisé que lorsqu'il n'en existe pas d'autre pour faire réformer l'acte par lequel le juge a excédé ses pouvoirs. — 16 mai 1860, rej., aff. Torillon c. Nicod et Cⁱᵉ.

22. Le plaignant en contrefaçon qui a fait saisir l'objet qu'il prétend contrefait, et qui a succombé dans sa plainte , ne peut, sous prétexte d'un pourvoi, maintenir la saisie jus-qu'après la décision de la Cour de cassation, si ce n'est à ses risques et périls et en s'exposant à des dommages – intérêts envers la partie saisie. — 16 avril 1856 , Tr. de la Seine , aff. Thoisnier-Desplaces c. Duckett (*Le Droit* du 27 avril).

23. La saisie d'objets, même reconnus contrefaits, ne peut

être autorisée par ordonnance du président, si l'arrêt qui les déclare contrefaits est frappé d'un pourvoi. — 5 fév. 1856, C. de Paris, aff. Mallet c. Cavaillon (*Ann. de la Propriété Indus- trielle*, 1856, p. 78).

24. Dans le cas où la saisie a été ordonnée par un juge d'instruction, la mainlevée ne peut en être ordonnée que par la chambre du conseil, ou, plus tard, par le tribunal correctionnel chargé de statuer sur le fond du procès. Ce serait donc vainement que le poursuivi, croyant avoir à se plaindre des lenteurs de l'instruction, s'adresserait aux tribunaux civils pour obtenir la mainlevée de la saisie.

La saisie est, dans ce cas, une mesure d'instruction sur laquelle les juges civils n'ont aucun droit de censure. — 5 janv. 1845, Tr. civ. de la Seine, aff. Elkington c. Simon (Dalloz, v° *Brevet d'invention*, n° 355).

25. Il n'y a point violation de domicile dans le fait d'un individu qui, en vertu d'une ordonnance judiciaire, se présente chez un fabricant, et, malgré l'opposition de ce dernier, pénètre dans l'intérieur de la fabrique dans le but de constater une prétendue contrefaçon.

Mais ce fait donne ouverture à une action en dommages-intérêts lorsque la contrefaçon n'est pas établie, quand même il sera reconnu que cet individu a agi sans intention coupable. — 12 déc. 1856, C. de Paris, aff. Laming c. Tissier (*Le Droit*, 13 déc. 1856).

26. En cas d'acquittement du prévenu, les saisies indûment faites donnent lieu à des dommages-intérêts, alors surtout qu'elles ont été faites avec une confusion regrettable et sans nécessité pour un certain nombre d'objets. — 27 déc. 1860, Tr. corr. de la Seine, aff. Quinet c. Mayer et Pierson (*La Propriété Industrielle*, n° 170).

## ARTICLE 18.

A défaut par le requérant de s'être pourvu, soit par la voie civile, soit par la voie correctionnelle, dans le délai de quinzaine, outre un jour par cinq myriamètres de distance entre le lieu où se trouvent les objets décrits ou saisis et le domicile de la partie contre laquelle l'action doit être dirigée, la description ou saisie est nulle de plein droit, sans préjudice des dommages-intérêts qui peuvent être réclamés, s'il y a lieu.

## SOMMAIRE.



1. Lorsqu'après une première saisie, suivie d'une assignation dans les délais, une seconde saisie est faite, alors que l'instance était pendante, le plaignant en contrefaçon ne peut voir son action repoussée en tant que fondée sur la seconde saisie, par le motif qu'il n'a pas assigné une seconde fois.

En effet, la seconde saisie n'était qu'un incident dans la même instance, devant apporter aux juges saisis de nouveaux et plus amples éléments d'appréciation ; une nouvelle assignation, dans cet état, n'eût eu pour objet que d'occasionner des frais frustratoires. — 8 mars 1860, C. de Paris, aff. Brossette c. Depron de la Maisonfort (*La Propriété Industrielle*, n° 144).

2. La nullité de la saisie n'entraîne pas la nullité de la poursuite.—28 déc. 1850, C. d'Amiens, aff. Jerosme c. Gosmel (S.-V. 51.2.107) ; — 5 août 1851, C. de Douai, mêmes parties (S.-V. 52.2.516 ; Dall. 54.2.72).

3. En effet, cette formalité est purement facultative.—27 mars 1835, C. de cass., aff. Hacquart c. Pistole et Ridolet (*Pal.* 26.1.564).—V. art. 17.

4. Mais si la poursuite n'a pas d'autre base que le procès-verbal de saisie, la poursuite tombe avec la saisie. — 3 mai 1855, C. de Paris, aff. Sax c. Gautrot (*Annales de la Propriété Industrielle*, 1856, p. 46).

5. Le breveté peut même faire procéder à une nouvelle constatation en vertu de la même ordonnance, car ce n'est pas l'ordonnance qui est anéantie, ni le droit de poursuite, mais seulement l'acte dressé par l'huissier. — 28 déc. 1850, C. d'Amiens, aff. Jerosme c. Gomel (S.-V. 51.2.107).

6. La seule conséquence de la nullité de la saisie est de rendre libres immédiatement les objets qui avaient été saisis.

— 3 juill. 1861, Tr. corr. de la Seine, aff. Delaporte c. Fleury (*La Propriété Industrielle*, n° 188).

7. C'est aussi d'empêcher le juge de prononcer la confiscation des objets saisis et leur attribution au plaignant. — 15 janv. 1862, Tr. corr. de la Seine, aff. Masse c. Rattier et Crapelet (*La Propriété Industrielle*, n° 217).

8. Lorsque la saisie ou la description n'ont pas été suivies d'une poursuite en contrefaçon dans le délai fixé par la loi, le saisi ne peut s'adresser qu'aux tribunaux civils pour obtenir la mainlevée de la saisie et la réparation du préjudice qui lui a été causé.—23 août 1842, Tr. corr. de la Seine, aff. Guilloteaux c. Delisle (Dalloz, v° *Brevet d'invention*, n° 355).

## ARTICLE 19.

Tous les produits étrangers portant soit la marque, soit le nom d'un fabricant résidant en France, soit l'indication du nom ou du lieu d'une fabrique française, sont prohibés à l'entrée et exclus du transit et de l'entrepôt, et peuvent être saisis, en quelque lieu que ce soit, soit à la diligence de l'administration des douanes, soit à la requête du ministère public ou de la partie lésée.

Dans le cas où la saisie est faite à la diligence de l'administration des douanes, le procès-verbal de saisie est immédiatement adressé au ministère public.

Le délai dans lequel l'action prévue par l'article 18 devra être intentée, sous peine de nullité de la saisie, soit par la partie lésée, soit par le ministère public, est porté à deux mois.

Les dispositions de l'article 14 sont applicables aux produits saisis en vertu du présent article.

### SOMMAIRE.

Administration, 9.
Bonne foi, 4 et s.
Commande, 1, 6 et s.
Commissionnaire, 4.
Confiscation, 9.
Consentement, 7 et s.
Douane, 9.

Etiquette, 2 et s.
Etranger, 1 et s., 6 et s.
Fraude, 4 et s.
Nom, 3.
Saisie, 2 et s.
Traité, 1.
Transit, 2 et 7.

1. Le fabricant étranger qui, sur la commande d'un fabricant français, lui expédie des marchandises constituant des contrefaçons de marques de fabriques françaises qu'il a fabriquées dans son pays, et qui, envoyées en France, y ont été saisies, n'a point d'action en France pour le paiement de ces marchandises.

Il y a, dans ces faits, un délit qui vicie le contrat et le rend sans effet aux yeux de la loi française.

Peu importe que le fait de contrefaire des marques de fabrique étrangère dans le pays où les marchandises ont été fabriquées ne soit défendu ni par la loi du pays, ni par un traité international. — 16 juill. 1856, C. de Paris, aff. Braun c. Glaenzer.

2. Les objets revêtus de fausse marque, qui ont été fabriqués et marqués en pays étranger, peuvent être saisis en France même lorsqu'ils n'y circulent qu'en transit et à destination d'un autre pays.—7 déc. 1854, C. de cass., aff. Goupillat c. Morin (Dalloz, 1854.1.819);—28 nov. 1854, Tr. Havre, aff. de Montebello c. Jebens;—14 janv. 1860, *idem*, aff. Mumm c. Staempfli (*Annales*, 1860, p. 303); — 30 nov. 1861, C. de Besançon, aff. Lorimier c. Dubois (*idem*, 1862, p. 298).

3. Si les étiquettes n'ont pas servi, il n'y a pas lieu, bien que le nom soit usurpé, à l'application de la loi de 1824, mais il y a délit de contrefaçon de marque, et c'est la loi de 1857 qu'il faut appliquer.—14 janv. 1860, Tr. corr. du Havre, aff. Mumm c. Staempfli (*loc. cit.*).

4. Les commissionnaires qui ont expédié ou reçu ces étiquettes ne peuvent être condamnés s'ils ont agi de bonne foi. —Même décision.

5. En tout cas, le juge doit apprécier et il apprécie souverainement la question de savoir si la déclaration de transit est sincère ou frauduleuse. — 13 mai 1853, C. de Paris, aff. Tardy-Blanchet c. Léon-Posso.

6. Est coupable de contrefaçon celui qui tire de l'étranger les produits contrefaits dont il a donné la commande. — 20 juill. 1830, C. de cass., aff. Germain c. Sevène (Sirey, 1830 1.365).

7. Si la loi de 1857 autorise la saisie des produits étrangers portant la marque d'une fabrication française, cette saisie cesse d'avoir sa raison d'être, lorsqu'il est reconnu que c'est du consentement du fabricant français que les marchandises ont été marquées de son nom. — 6 nov. 1863, C. de

Paris, Min. publ. c. Claudin (*Ann. de la Propriété Industrielle,* 1863, p. 353) ; — 28 janv. 1864, C. de Rouen, aff. Schmitt et Havarre (*La Propriété Industrielle,* n° 323). — *Sic,* E. Pouillet (*La Propriété Industrielle,* n° 328).

8. La loi du 23 juin 1857, sur les marques de fabrique, n'est pas une loi de douanes ; c'est une loi de protection des produits français et qui a voulu rendre sa protection efficace en prohibant l'entrée en France des produits étrangers, en les excluant du transit et de l'entrepôt, et, par suite, en autorisant leur saisie, lorsqu'ils porteraient les marques soit d'un fabricant français soit du nom et du lieu d'une fabrique française. Cette loi, en un mot, a voulu réprimer toute manœuvre frauduleuse, toute usurpation de mauvaise foi de marques, lançant sur les marchés étrangers des marchandises de fabrication étrangère, comme étant de fabrication française.

Mais l'art. 19 de cette loi doit être restreint dans ses termes ; puisque la loi veut réprimer la fraude et l'usage déloyal d'une marque de fabrique, il faut, pour qu'il y ait lieu de réprimer la contravention à l'art. 19 précité, que le juge du fait reconnaisse et constate la fraude, élément essentiel ; par suite, c'est à bon droit qu'il refuse toute sanction pénale au fait d'introduction de produits étrangers revêtus de la marque et du lieu de résidence d'un Français, lorsqu'il constate que c'est du consentement et sur la commande de ce fabricant français lui-même que sa marque a été apposée. — 9 avril 1864, C. de cass., aff. Laurent Schmitt et Havarre (*La Propriété Industrielle,* n° 353).

9. La confiscation n'est pas prononcée au profit de l'administration des douanes, mais au profit de ceux dont les marques et noms ont été compromis. — Rendu, *Marques,* p. 225 et suiv.


## ARTICLE 20.


Toutes les dispositions de la présente loi sont applicables aux vins, eaux-de-vie et autres boissons, aux bestiaux, grains, farines, et généralement à tous les produits de l'agriculture.

**1.** Les propriétaires et agriculteurs jouissent, pour les *vins* provenant de leur récolte, de la protection accordée par la loi de 1824 aux fabricants d'objets manufacturés. — 8 juin 1847, C. de cass., aff. Fabre de Rieunègre c. de Laboulie;—12 juill. 1845, *idem*, aff. veuve Clicquot c. Martigny-Besnard;—24 août 1854, C. de Paris, aff. Chrétien c. Balmont (vin de Lunel).

**2.** Les propriétaires d'un crû ont *seuls*, mais aussi ils ont *tous*, le droit de marquer les fûts contenant leur vin par une estampille qui rappelle ce crû.—Mêmes décisions.

## ARTICLE 21.

Tout dépôt de marques opéré au greffe du tribunal de commerce antérieurement à la présente loi aura effet pour quinze années, à dater de l'époque où ladite loi sera exécutoire.

**1.** Le dépôt en double exemplaire du modèle des marques de fabrique au tribunal de commerce n'est obligatoire que depuis la loi du 23 juin 1857.

Aux termes de l'art. 21 de cette loi et à partir du jour où elle est devenue exécutoire, est valable pour 15 années, tout dépôt de marque opéré au greffe du tribunal de commerce antérieurement à ladite loi. — 21 juill. 1859, C. de Paris, aff. Chauveau c. Lemercier (*La Propriété Industrielle*, nº 96);— 21 mars 1861, C. de Paris, aff. Clertan et Lavalle c. Charpentier (*La Propriété Industrielle*, nº 173).

**2.** Le dépôt est valable et l'action est recevable, alors même qu'il n'y a pas eu d'exemplaire déposé au conseil des prud'hommes, conformément au décret du 11 juin 1809. — 15 fév. 1860, Tr. corr. de la Seine, aff. Frère et Vallet c. Mauchien (*Ann. de la Propriété Industrielle*, 1860, p. 113).

**3.** Le dépôt d'une marque de fabrique, effectué pour 5 ans sous l'empire de l'ancienne loi, ne fait pas obstacle à ce que le fabricant, propriétaire de cette marque, en prolonge la jouissance exclusive pendant 15 ans, en faisant un nouveau dépôt conformément à la loi de 1857.—7 déc. 1857, Tr. corr. de la Seine, aff. Abadie c. Foucault (*Propriété Industrielle*, nº 61).

## ARTICLE 22.

La présente loi ne sera exécutoire que six mois après sa promulgation. Un règlement d'administration publique déterminera les formalités à remplir pour le dépôt et la publicité des marques, et toutes les autres mesures nécessaires pour l'exécution de la loi.

## ARTICLE 23.

Il n'est pas dérogé aux dispositions antérieures qui n'ont rien de contraire à la présente loi.

DEUXIÈME PARTIE.

___

# DES NOMS

APPOSÉS SUR LES PRODUITS FABRIQUÉS.

# LOI DU 28 JUILLET 1824

relative aux

## ALTÉRATIONS ET SUPPOSITIONS DE NOMS

DANS LES PRODUITS FABRIQUÉS.

---

### ARTICLE PREMIER.

Quiconque aura, soit apposé, soit fait apparaître, par addition, retranchement, ou par une altération quelconque, sur des objets fabriqués, le nom d'un fabricant autre que celui qui en est l'auteur, ou la raison commerciale d'une fabrique autre que celle où lesdits objets auront été fabriqués, ou enfin le nom d'un lieu autre que celui de la fabrication, sera puni des peines portées en l'art. 423 du C. pén., sans préjudice des dommages-intérêts s'il y a lieu.

Tout marchand, commissionnaire ou débitant quelconque, sera passible des effets de la poursuite, lorsqu'il aura sciemment exposé en vente ou mis en circulation les objets marqués de noms supposés ou altérés.

## ART. 2.

L'infraction ci-dessus mentionnée cessera en conséquence et nonobstant l'art. 17 de la loi du 12 avril 1803 (22 germinal an xi) d'être assimilée à la contrefaçon des marques particulières prévue par les art. 142 et 143 du C. pénal.

# JURISPRUDENCE.

SOMMAIRE.



1. Le nom représente la personne en résumant tous les éléments qui composent son individualité.

C'est de toutes les propriétés la plus certaine, la plus légitime, la plus nécessaire, et la plus imprescriptible. — 26 janv. 1864. Tr. corr. de la Seine, aff. Stubs c. Astier (*La Propriété Industrielle*, n° 322). — *Id.*, 9 déc. 1864, C. de Paris, aff. de Crillon c. Hocmelle (*Le Droit*, 11 déc. 1864).

2. L'art. 1er de la loi du 28 juillet 1824 comprend la contrefaçon de celles des marques particulières dont le nom du fabricant constitue la partie essentielle et principale. — 29 nov. 1847, C. de cass. (ch. réun.), aff. Bulla c. Levaillant (Dalloz, 1847.1.375).

3. Jugé toutefois que, lorsque des désignations sont ajoutées au nom propre, la loi de 1824 ne protège pas l'usurpation de ces désignations, si le nom lui-même n'a pas été usurpé. Il ne peut y avoir lieu, dans ce cas, qu'à une action en concurrence déloyale. — 12 mars 1855, C. de Rennes, aff. Seyre c. Rocher (*Ann. de la Propriété Industrielle*, 1855, p. 183).

4. Il n'est pas nécessaire que le nom soit apposé sur la marchandise elle-même ; il faut et il suffit qu'il soit apposé sur l'enveloppe qui contient la marchandise. — 28 mai 1822, C. de cass., aff. Guerin c. Forest (Dev. et Car. à la date). — 27 juill. 1828, C. de Paris, aff. Farina c. Franck (*Gaz. des Trib.*, 28 juillet 1828). — 12 juill. 1845, C. de cass., aff. Besnard (Sir.45.1.842). — *Sic,* Gastambide, *des Contrefaçons,* n° 451 ; Rendu, *Marques,* p. 248 ; Calmels, *des Noms et des Marques,* p. 78.

5. Il faut cependant, pour que le délit soit consommé, que la marchandise soit trouvée dans le récipient destiné à la recevoir ; si l'on ne trouvait que le récipient vide, il n'y aurait pas délit, bien que le nom fût apposé sur ce récipient ; il n'y aurait que tentative de délit. — 9 juill. 1852, C. de cass., aff. Tavernier c. Barbier (Dev. et Car.1853,1.44).

6. La loi de 1824 s'applique aux noms apposés sur certains produits de l'agriculture qui subissent une manipulation, les vins, par exemple. — 12 juill. 1845, C. de cass., aff. Besnard (Sir.45.1.842). — 8 juin 1847, *idem,* aff. Fabre de Rieunègre c. Laloubie (Sir.47.1.521). — 30 déc. 1854, C. de Paris, aff. Chrétien (*Ann. de la Propriété Industrielle,* 1856, p. 352).—*Sic,* Rendu, *Marques,* p. 249 ; Calmels, *des Noms et des Marques,* p. 80.

7. La loi du 24 juillet 1824, qui punit l'usurpation de nom des peines portées à l'art. 423 du C. pénal, est applicable aux œuvres de sculpture reproduites par le contre-moulage, comme à tout autre produit fabriqué.

Il y a là, non-seulement une contrefaçon, mais une usurpation du nom de l'éditeur-propriétaire. — 3 janv. 1855, Tr. corr. de la Seine, aff. Susse c. Brujotti et Ghilardi (*Ann. de la Propriété Industrielle,* 1855, p. 19).

8. Il y a, non pas usurpation de marque, mais l'usurpation de nom prévue par la loi de 1824, lorsque la marque, consistant en simples initiales, a été reproduite. — 26 avril 1851, C. de Paris, aff. Bardou c. Lassauzée. — *Id.,* 22 août 1853, C. de Paris, aff. Bloch c. Delon-Bourton. — *Sic,* Blanc, *de la Contrefaçon,* p. 773.

9. Jugé, au contraire, que c'est la loi sur les marques qui est applicable dans ce cas. — 19 nov. 1843, Tr. corr. de la Seine, aff. Barthélemy c. Laujardière. — *Id.,* 12 juill. 1851, C. de cass., aff. Christoffle c. Marel (Dall.52.1.160) — *Id.,* Dalloz, v° *Industrie,* n° 339, et Rendu, *Marques,* p. 243.

10. Le nom patronymique constitue une propriété à laquelle nul ne peut porter atteinte.

Alors même que le nom n'est pris qu'à titre de pseudonyme littéraire, cette usurpation doit être réprimée. — 9 déc. 1864, C. de Paris, aff. de Crillon c. Hocmelle (*Le Droit*, 11 déc. 1864).

11. Il faut en dire autant du pseudonyme industriel.

Si le nom d'emprunt que choisit un fabricant ou un commerçant est porté par une famille, celle-ci peut réclamer contre un emploi qui exposerait à toutes les chances du commerce la considération et l'inviolabilité de sa désignation patronymique. — Rendu, *Marques*, p. 246. — Voir aussi *La Propriété Industrielle*, n° 165.

12. Les pseudonymes sont protégés comme les noms véritables.—9 fév. 1852, C. de Bordeaux, aff. Rousse c. Cahuzac (Sir., 1852.2.332).—27 juin 1854, C. de Paris, aff. Treyfousse c. Chausson (*Gaz. des Trib.*, 28 juin).—26 fév. 1857, Tr. de comm. de la Seine, aff. Bardou c. Lassauzée (*Gaz. des Trib.*, 27 mars 1857).—5 nov. 1855, C. de Paris, aff. Thomas c. Lovie (*Ann. de la Propriété Industrielle*, 1855, p. 224).—12 déc. 1857, C. de Paris, aff. Tournachon c. Tournachon (*Gaz. des Trib.*, 13 déc. 1857). — *Sic*, Blanc, *de la Contrefaçon*, p. 717 ; Rendu, *Marques*, p. 244; Calmels, *des Noms et des Marques*, n° 133 ; *La Propriété Industrielle*, n° 165. — *Contrà*, 22 nov. 1854, Tr. de comm. de la Seine, aff. Thomas c. Lovie (*Ann. de la Propriété Industrielle*, 1855, p. 224). — 21 déc. 1855, C. de Paris, aff. Ferraud c. Coursol (*Gaz. des Trib.*, 23 déc.).

13. Bien qu'en principe un pseudonyme soit la propriété de celui qui en a fait usage le premier, cependant, si postérieurement une autre personne, et spécialement le frère du premier, s'est fait connaître sous le même pseudonyme sans opposition de sa part, il y a dans ce cas un droit égal pour chacun d'eux à continuer à en faire usage dans la même industrie.— 23 avril 1856, Tr. de comm. de la Seine, aff. Tournachon c. Tournachon (*Annales*, 1856, p. 255 ; *Le Droit*, 24 avril). — *Sic*, Rendu, *Marques*, p. 246; *La Propriété Industrielle*, n° 165. — *Contrà*, 12 déc. 1857, C. de Paris, même affaire (*Gaz. des Trib.*, 13 déc. 1857).

14. Il peut arriver, dans certains cas spéciaux, que, par un long usage, ou par suite du consentement, soit exprès, soit tacite, de l'intéressé, le nom d'un fabricant devienne comme la seule désignation usuelle et reçue de tel ou tel procédé de fabrication tombé dans le domaine public.

5.

Dans ce cas, il peut être exceptionnellement permis à d'autres qu'au propriétaire du nom de s'en servir afin de désigner, non l'origine du produit fabriqué, mais le système ou le mode de fabrication. — 24 déc. 1855, C. de cass.; aff. Bricard c. Tessier (Dall. 1856.1.66).

15. Ainsi jugé pour les limes *Spencer* et *Stubbs*. — 3 juill. 1843, C. de Paris, aff. Spencer c. Monmousseau (Dall., vᵒ *Industrie*, nᵒ 344).

16. Le nom d'un fabricant, lorsqu'il est devenu générique quant à ses produits, peut être employé par ceux qui vendent des produits similaires, surtout lorsque le brevet qui protégeait ce produit est expiré. — 18 fév. 1852, C. de Paris, aff. Barbier c. Tavernier (Dall. 52.1.269). — *Contrà*, 14 déc. 1853, C. de Paris, aff. Boulay-Lépine c. Elie Ducas. — 20 nov. 1847, *id.*, aff. Monnier des Taillades c. Letellier (*Ann. de la Propriété Industrielle*, 1860, p. 96). — 12 août 1846, Tr. de comm. de la Seine, aff. Vallet frères c. Jouan-Faure. — 13 mars 1841, C. de Paris, aff. Bertèche-Bonjean c. Royer.

17. Lorsqu'un produit n'a jamais été breveté, chacun peut le fabriquer et le vendre, mais nul ne peut le vendre sous le nom de son inventeur. — 22 déc. 1853, Tr. de comm. de la Seine, aff. Frère et Vallet c. Villette (*Journ. des Trib. de comm.*, 1854, p. 52). — 9 nov. 1863, C. de Paris, aff. Raspail c. Combier-Destre (*Ann. de la Propriété Industrielle*, 1863, p. 377). — Sic, Gastambide, *des Contrefaçons*, nᵒ 448 ; Et. Blanc, *de la Contrefaçon*, p. 712 ; Rendu, *Marques*, p. 266.

18. Quoique le procédé de fabrication d'un produit (le vinaigre de Bully) soit tombé dans le domaine public, cette circonstance ne saurait autoriser les tiers à se servir du nom de celui qui l'a inventé, ni à prendre ses emblèmes ; ce nom et ces emblèmes constituent une propriété privée que l'inventeur a eu le droit d'aliéner, et que le cessionnaire a seul le droit d'employer. — 30 sept. 1859, Tr. de comm. de la Seine, aff. Landon et Lemercier c. Dupont (*La Propriété Industrielle*, nᵒ 100).

19. Bien que l'eau de Botot soit dans le domaine public, il n'est pas permis à ceux qui fabriquent cette eau de se servir des flacons et cachets des successeurs de Botot, ni surtout de vendre leurs produits sous le nom de *véritable* eau de Botot. — 3 août 1859, C. de Paris, aff. Barbier c. Simon (*La Propriété Industrielle*, nᵒ 97).

20. L'eau de mélisse ne peut être vendue sous la dénomi-

nation *des Carmes*, qui l'ont inventée, alors qu'elle ne provient pas de leur fabrication. — 12 mai 1835, C. de Paris, aff. Raffy c. Massieu (*Gaz. des Tr.*, 13 mai.).— 25 mai 1853, C. de Grenoble, aff. Garnier c. Rivoire (*Ann. de la Propriété Industrielle*, 1858, p. 115, en note).

21. Jugé en sens contraire. — 10 nov. 1843, C. de Paris, aff. Boyer c. Derrée.

22. Lorsqu'un brevet est expiré, le nom de l'inventeur, s'il est la seule désignation de l'objet inventé, peut être employé par ses rivaux d'industrie, mais à la condition de faire précéder le nom de ces mots : *façon de*..... *système de*......, afin de ne pas tromper le public sur la provenance. — 23 av. 1843, Tr. de comm. de la Seine, aff. Hoschteller c. Deville, lampes Carcel (Dalloz, v° *Brevets*, n° 108).

23. Un pharmacien a le droit de préparer tous les médicaments inscrits au Codex, mais il n'a pas le droit d'usurper le nom et la désignation des préparateurs qui se sont fait une réputation comme spécialistes. — 12 janv. 1857, C. de Paris, aff. Fumouze c. Hureaux (*Ann. de la Propriété Industrielle*, 1860, p. 81). — *Id.*, 22 janv. 1858, C. de Paris, aff. Gage c. Charpentier (*La Propriété Industrielle* du 18 mars).— Sic, Pataillé et Huguet (*Ann. de la Propriété Industrielle*, 1860, p. 81 et 95).

24. La législation qui régit la médecine et la pharmacie n'interdit pas au médecin de céder à un pharmacien un procédé mécanique propre à la fabrication de certains produits médicamenteux et la propriété du nom qu'il a donné à ces produits (*Perles d'Ether*), même alors qu'ils appartiennent au domaine public. — 21 mars 1861, C. de Paris, aff. Clertan et Lavalle c. Charpentier (*La Propriété Industrielle*, n° 173).

25. Lorsque le privilége accordé pour la vente d'un *remède secret* a été révoqué, cette révocation n'a pas pour effet de faire tomber le secret de ce remède dans le domaine public.

L'inventeur de ce remède conserve, en conséquence, le droit de poursuivre ceux qui le débitent sous son nom, ou même en employant cette expression : *suivant la formule de* ......— 4 août 1860, C. d'Orléans, aff. Giraudeau de St-Gervais c. Hureaux et Charpentier (*La Propriété Industrielle*, n° 155).

26. Lorsque l'inventeur d'un produit industriel lui a donné son nom et que ce nom est devenu, par un long usage, la dénomination du produit, l'expiration du privilége de l'inventeur fait tomber dans le domaine public, non-seulement

le droit de fabriquer, vendre et annoncer le produit, mais encore le droit de le désigner par sa dénomination usuelle.

Il en est ainsi spécialement à l'égard des remèdes secrets dont le débit est autorisé ou toléré, d'autant plus que le droit pour tous de débiter ces remèdes ne peut être exercé qu'à la condition d'employer la dénomination sous laquelle ils sont connus.—30 janv. 1860, C. de cass., aff. Charpentier c. Giraudeau de St-Gervais (*La Propriété Industrielle*, n° 114).

27. Dans ce cas, toutefois, le concurrent de l'inventeur doit ajouter à la dénomination usuelle une expression telle que : *façon de.....* ou *formule de.....* qui évite toute confusion sur l'origine ou la provenance du produit. — Même arrêt.

28. Lorsqu'un produit pharmaceutique est tombé dans le domaine public, il est permis à tout le monde d'en fabriquer et d'en débiter sous le nom de l'inventeur, mais à la condition de reporter la forme des bouteilles et étiquettes du fabricant spécialement autorisé par l'inventeur. — 13 août 1857, Tr. de comm. de la Seine, aff. Combier-Destre c. Maller-Landes. — 20 mai 1859, C. de Bordeaux, aff. Frère c. Cathrin (*La Propriété Industrielle*, n° 95).

29. Il ne suffirait pas d'ajouter son nom et ces mots : *selon la formule de...* — 15 fév. 1860, Tr. corr. de la Seine, aff. Frère et Vallet c. Mauchien (*Ann. de la Propriété Industrielle*, 1860, p. 113).

30. Il n'est pas permis de se servir du nom de l'inventeur, en le faisant précéder de ces mots : *selon la formule de..*, etc.

Spécialement, nul n'a le droit, sans le consentement du propriétaire actuel, de se servir d'étiquettes ainsi conçues : *Rob végétal dépuratif, formule de Boyveau-Laffecteur*, même en y ajoutant : *fabriquée par (le nom du vendeur)*.

Cette désignation constitue un moyen de concurrence déloyale. — 15 mai 1858, C. de Paris, aff. Giraudeau de Saint-Gervais c. Hureaux (*La Propriété Industrielle*, n° 29).

31. On ne peut se servir ni du nom de l'inventeur, ni de la désignation qu'il a adoptée pour le remède de son invention, lorsque ce remède secret, autorisé avant la loi de germinal an XI, n'a pas été racheté aux termes du décret de 1810. — 15 mai 1858, C. de Paris, aff. Giraudeau de St.-Gervais c. Hureaux (*La Propriété Industrielle*, n° 29). — *Id.*, 20 nov. 1847, C. de Paris, aff. Monnier des Taillades c. Letellier (*Ann. de la Propriété Industrielle*, 1860, p. 96).

32. La révocation du privilége accordé pour la vente d'un remède secret n'a point pour effet de faire tomber le secret de ce remède dans le domaine public.

En conséquence, l'inventeur de ce remède conserve le droit de poursuivre ceux qui le débitent sous son nom, ou même en employant cette expression : *suivant la formule de....* — 4 août 1860, C. d'Orléans, aff. Giraudeau de St.-Gervais c. Charpentier et Cie (*Le Droit* du 27 oct.).

33. Les remèdes secrets, autorisés sous l'ancien régime, ont été atteints par les lois de l'an XI et de l'an XIII et par les décrets de 1810, de telle sorte que l'inventeur lui-même a été privé de les exploiter commercialement, ses droits se résolvant en une indemnité à demander au Gouvernement, s'il y avait lieu ;

Mais, du moment où la formule de ces remèdes a été connue, notamment par des indications insérées au Codex, elle est entrée dans le droit commun de la pharmacie, et leur exploitation commerciale est devenue licite.

En conséquence, l'inventeur ou les cessionnaires d'un remède de ce genre, s'ils ont le droit de le débiter sous le nom qu'ils lui ont donné, ne peuvent prétendre à aucun droit exclusif, et empêcher des pharmaciens d'annoncer, sous ce même nom, un pareil médicament préparé dans leur officine. — 30 déc. 1863, C. de cass. (ch. civ.), aff. Charpentier et C[e] c. Giraudeau de Saint-Gervais (*Le Droit* du 31 déc. 1863).

34. Encore que le droit de fabriquer et d'exploiter les remèdes tombés dans le domaine public emporte, en règle générale, le droit de désigner ces remèdes, sous le nom de l'inventeur, si ce nom est devenu, par le fait même dudit inventeur, la désignation ordinaire et nécessaire du produit, le droit cesse d'exister quand, à raison des circonstances, qu'il appartient au juge du fait d'apprécier souverainement, l'emploi de ce nom n'est pas indispensable, ou constituerait même un moyen de concurrence déloyale, en induisant le public en erreur sur la provenance du produit.

Spécialement, échappe à la censure de la Cour de cassation, l'arrêt qui décide qu'il est défendu à tous autres qu'au docteur Guillié ou à ses ayants cause, d'annoncer en ces termes : *Elixir tonique antiglaireux selon la formule du docteur Guillié*, la préparation inscrite au Codex sous le nom d'*Eau-de-vie allemande*.—15 mars 1864, rej. aff. Charpentier c. Paul Gage (*La Propriété Industrielle*, n° 331, et *Le Droit* du 18 mars 1864).

35. On peut prendre, pour désigner ses produits, le nom de la fabrique où le produit s'obtient. — 25 mai 1853, C. de Grenoble, aff. Garnier c. Rivoire (*Ann. de la Propriété Industrielle*, 1858, p. 115 en note).

36. Les fabricants d'une localité ont tous, agissant ensemble ou séparément, le droit de s'opposer à ce qu'un autre fabricant, n'habitant pas la même localité, inscrive faussement sur ses produits le nom de cette localité comme lieu de sa fabrication. — 21 juillet 1846, Trib. corr. Rouen, Ministère public c. Souchet. — 24 juillet 1846, Tr. civ. Amiens, Raoult c. Audicq. — 7 août 1846, Tr. corr. Corbeil, Ministère public c. Thiercelin. — 27 août 1845, Tr. civ. d'Abbeville, Vinaigriers d'Orléans c. Guichet. — 19 nov. 1846, Tr. corr. Orléans, Ministère public c. Thiercelin. — 12 juillet 1845, C. de cass., aff. Besnard c. Ministère public (Sir., 45.1.842).

37. Ils ont seuls ce droit à l'exclusion de tous autres. — 28 mai 1846, Tr. comm. de la Seine, aff. Collas c. Krammer.

38. Tous les *propriétaires de vignobles* dans une localité connue sous une dénomination générale, ont le droit de marquer leur vin du nom de cette localité, sans que le propriétaire du domaine qui porte plus spécialement ce nom puisse s'y opposer. — 24 mars 1846, C. de Bordeaux, aff. Chadeuil c. Villeneuve Durfort. — 2 avril 1846, C. de Bordeaux, aff. Fabre de Rieunègre c. Laloubie (Dall., 46.2.196).

39. Celui qui, le premier, s'est servi du nom d'une localité pour qualifier un produit industriel se fabriquant dans ladite localité, n'a pas pour cela un droit exclusif à l'usage de ce nom pour distinguer son produit. C'est là un titre commun du domaine public et qui ne peut constituer une propriété privée. C'est une désignation de provenance qui appartient à tous. — 21 juillet 1858, Tr. de comm. de Nancy, aff. Cuny-Giraud c. Bernheim (*La Propriété Industrielle*, n° 43),

40. L'indication d'un lieu de provenance ne peut constituer, au profit du producteur qui en a fait usage le premier comme marque de fabrique, une propriété exclusive, lorsque ce lieu appartient à plusieurs qui en exploitent séparément les produits. — 3 juin 1859, Tr. civ. du Havre, aff. Lévigoureux c. Lecomte (*La Propriété Industrielle*, n° 91).

41. Pour qu'il en soit ainsi, il n'est pas nécessaire que le nom de ce lieu soit reconnu comme étant l'indication d'une

circonscription administrative ; il suffit qu'il soit admis et consacré par l'usage. — (Même jugement).

42. Le nom du lieu d'où sont tirés des produits quelconques ne peut pas devenir la propriété d'un fabricant, à l'exclusion de tous ceux qui fabriquent dans le même lieu ;

Mais tout fabricant de chaux qui tire la pierre calcaire de l'une des localités du canton de *Doué*, peut vendre la chaux qu'il fabrique, sous le nom de chaux hydraulique de *Doué*. — 24 fév. 1840, C. de cass., aff. Delaleu c. Grignon (Dall. 40. 1.161).

43. Un arrêt a pu considérer comme lieu de fabrication le nom d'un hameau situé dans la commune d'où sont tirés les produits et refuser de reconnaître un droit exclusif au fabricant qui le premier a exploité ce produit en lui donnant le nom de ce hameau.

C'est là une question de fait qui échappe à la censure de la Cour de cassation. — 15 juillet 1863, C. de cass., aff. Michel c. Achard (*Ann. de la Propriété Industrielle*, 1863, p. 329).

44. Le fabricant des environs d'une ville manufacturière a le droit d'inscrire sur ses lisières de drap des marques indiquant le nom de cette ville, où cependant il n'a pas sa fabrique, lorsqu'il est prouvé que ces draps sont fabriqués par les mêmes procédés et avec les mêmes matières que dans la ville même. — 28 mars 1844, C. de cass., Ministère public c. Loupot (Dev. et Car., 44.1.727). — *Contrà*, Et. Blanc, *de la Contrefaçon*, p. 761).

45. Il n'y a pas usurpation d'un nom de lieu, lorsque des vins sont marqués du nom d'un lieu autre que celui où le marchand possède ses magasins et bâtiments d'exploitation, pourvu que le nom du lieu soit bien celui du cru où est récolté le raisin. — 8 juin 1847, C. de cass., aff. Fabre de Rieunègre c. de Laloubie (Sir., 47.1.521 ; Dev. et Car., 47.1.521).

46. Mais celui qui vend du vin sous le nom d'un cru auquel il est complétement étranger, commet non-seulement le délit de tromperie prévu par l'art. 423 du C. Pén., mais le délit d'usurpation du nom, et peut être poursuivi par le propriétaire du cru. — 12 juillet 1845, C. de cass., aff. Besnard c. le Ministère public (Sir. 45.1.842). — *Idem*, 18 mai 1854, C. de Paris, aff. Barton c. Champoux (*Gaz des Trib.*, 19 mai 1854).

47. Il y a lieu de renvoyer des poursuites des fabricants français qui ont apposé mensongèrement sur leurs produits

le nom d'une ville étrangère, attendu que la loi de 1824 n'a pas eu pour objet de protéger les villes étrangères, mais uniquement les villes françaises. — 9 juillet 1835, Tr. corr. de la Seine, aff. Viault (Dalloz, v° *Industrie*, n° 355). — *Contrà*, Gastambide, des *Contrefaçons*, n° 461, et Calmels, *des noms et des Marques*, p. 147. — V. *La Propriété Industrielle*, n° 161.

48. L'acheteur français ne peut invoquer l'application de la loi de 1824 contre celui qui appose mensongèrement sur ses produits le nom d'une ville étrangère. — 9 juillet 1835, Tr. de la Seine, aff. Viault (Dall., v° *Industrie*, n° 354). — *Sic*, Dalloz, v° *Industr.*, n° 278. — *Contrà*, 5 mars 1829, Tr. de la Seine, aff. Fèvre (Dalloz, v° *Industrie*, n° 355). — Gastambide, des *Contrefaçons*, n°s 424 et 461 ; Blanc, *de la Contrefaçon* (1<sup>re</sup> éd.), p. 199 ; Rendu, *Marques*, p. 291.
V. *La Propriété Industrielle*, n° 161.

49. La formalité du dépôt n'est point exigée pour les marques nominales ; en effet on ne comprendrait pas le dépôt d'un nom propre ou d'un nom de lieu. — 20 juin 1831, C. d'Orléans (app. corr.), aff. Bernard.

50. L'usurpation d'un nom commercial donne naissance à une action en dommages-intérêts, indépendamment de tout dépôt et de toute propriété de marque. — 7 août 1837, C. de Metz, aff. Borde c. Villetard. — *Id.*, 30 nov. 1840, C. de Paris, aff. Rousset c. Ploy. — *Id.*, 15 déc. 1849, Tr. de Luxembourg, aff. Bœninger c. Servais.

51. Si la contrefaçon a porté sur un nom de fabricant ou de lieu, c'est devant les tribunaux correctionnels que l'action doit être portée. — 8 déc. 1827, C. de cass., aff. Grangé c. Pradier.

52. Lorsqu'il s'agit de la contrefaçon d'une marque, dont la partie principale est le nom du fabricant, la juridiction correctionnelle est compétente pour connaître de la prévention. — 29 nov. 1847, C. de cass., aff. Levaillant et Pelletier c. Bulla (Dalloz, 1847.1.375).

53. L'usurpation du nom d'un artiste peut être poursuivie tant par l'auteur que par son éditeur. — 12 mai 1855, C. de Paris, aff. Susse c. Jeanini (*Ann. de la Propriété Industrielle*, 1855, p. 19).

54. Il n'y a pas délit consommé d'usurpation de nom, mais seulement *tentative d'usurpation* de la part de celui qui fabrique des flacons portant ces mots : *Eau de Botot*, si les

flacons, bien que destinés à renfermer une eau dentifrice qui n'était pas fabriquée par Botot, ne contenaient pas encore le liquide annoncé.

Néanmoins, cette tentative constitue un fait dommageable qui peut donner lieu à une action civile. — 9 juill. 1852, C. de cass., aff. Barbier c. Tavernier (Dev. et Car. 1853.1.44).

55. L'usurpation d'un nom faite verbalement ne saurait constituer le délit prévu par la loi de 1824. Ainsi l'individu qui, profitant de son voisinage avec un industriel de la même profession, se donne aux acheteurs pour celui-ci, n'est pas un contrefacteur, mais il n'en cause pas moins un préjudice dont il doit la réparation. — 30 sept. 1830, Tr. de comm. de la Seine, aff. Lepère. — *Sic*, Gastambide, *des Contrefaçons*, n° 474).

56. Celui qui stipule dans un marché qu'il se sert d'un procédé qui est breveté au profit d'un tiers, ne se rend coupable ni de contrefaçon, si d'ailleurs il n'a pas employé le procédé breveté, ni d'usurpation du nom du breveté. — 21 mars 1860, Tr. civ. de la Seine, aff. Legé et Pironnet c. Legendre (*La Propriété Industrielle*, n° 126).

57. Il y a usurpation de nom dans le fait du commerçant qui publie que *seul il est digne de remplacer* un fabricant décédé et auquel une maison de commerce avait acheté le droit de succéder. — 26 juin 1844, Tr. de comm. de la Seine, aff. Dornet c. Desurmont.

58. Il y a usurpation de nom dans le fait du directeur du théâtre qui se sert du nom de *Tom Pouce* pour attirer le public, lorsque l'individu qui s'est fait connaître sous ce nom n'est pas attaché à son théâtre. — 24 av. 1845, Tr. de comm. de la Seine, aff. *Tom Pouce* c. Roqueplan.

59. Se rend coupable d'usurpation le pharmacien qui, sans y être autorisé, prend pour enseigne *pharmacie S. Raspail*, en alléguant que la lettre *s* qui précède le nom signifie système Raspail. — 25 mai 1852, C. de Paris, aff. Raspail c. Girard.

60. Il n'y a pas usurpation du nom d'un fabricant lorsque, son produit étant tombé dans le domaine public par l'expiration de son brevet, celui qui le vend sous le nom de l'inventeur ajoute son propre nom précédé de ces mots : *préparé par.........* — 16 janv. 1851, C. de Paris, aff. Landon c. Lamare.

61. L'emploi par un commerçant, dans ses marques et étiquettes, du nom de convention adopté par un autre commerçant doit être considéré comme une usurpation, encore bien qu'il ait introduit dans ce nom quelques légères modifications. — Et. Blanc, *de la Contrefaçon*, p. 734.

62. Ainsi la marque *Jean Albréty* doit être considérée comme la contrefaçon de la marque *John Alberty*. — 9 fév. 1852, C. de Bordeaux, aff. Cahuzac c. Rousse (Sir. 1852. 2. 332).

63. La loi de 1824 assimile la simple imitation du nom à l'usurpation.

En conséquence le mot *Conté* doit être considéré comme la contrefaçon du nom de *Conté*. — 27 avril 1858, Tr. corr. de la Seine, aff. Desvernais c. Moussu (*La Propriété Industrielle*, n° 24).

64. Celui qui copie l'étiquette d'un concurrent en se contentant de défigurer son nom d'une manière burlesque, par exemple, en substituant *Cadet-Roussel* à *Delacourcelle*, se rend coupable d'usurpation. — 25 mars 1854, Tr. de comm. de la Seine, aff. Delacourcelle c. Douailles.

65. Jugé de même pour celui qui substitue au nom de *Verdier* ces mots : *au Verdier*. — 30 déc. 1826, Tr. de comm. de la Seine, aff. Verdier c. Mercadé. — *Sic*, Gastambide, *des Contrefaçons*, n° 475.

66. Il y a usurpation de nom, lorsque le nom est défiguré. Ainsi *Cardy Penaudier* est l'usurpation de la raison sociale *Tardy Blanchet*, surtout alors qu'il n'existe pas de maison portant réellement les noms *Cardy Penaudier*. — 13 mai 1853, C. de Paris, aff. Tardy-Blanchet c. Posso-Léon et Sallebery.

67. Ainsi jugé pour le nom d'*Alexandre* imité par *Alexanedre*. — 29 juill. 1853, C. de Paris, aff. Alexandre Muller c. Phil. Ponçan.

68. ...... pour le nom de Conté imité par celui de Comté. — 29 juill. 1828, C. de Paris, aff. Humblot-Conté c. Jouël et Comte.

69. ...... pour le nom de Weynen imité par celui de Meynen. — 26 mars 1836, C. de Toulouse (*Gaz. des Trib.*, 25 juill. 1836).

70. .... pour le nom de Pinaud imité par celui de Pineau. — 28 mai 1857, Tr. de la Seine, aff. Pinaud c. Pineau (*Ann. de la Propriété Industrielle*, 1858, p. 86 ; *Le Droit*, 6 sept. 1857).

**71.** Le fait par un commerçant d'avoir, au moyen d'une imitation des prospectus, marques, étiquettes, nom de lieu de fabrication, fait apparaître, sur des liqueurs par lui fabriquées, le nom ou la raison commerciale d'un établissement rival et un nom de lieu autre que celui de la fabrication ; d'avoir sciemment exposé en vente et mis en circulation des liqueurs portant les marques et étiquettes ainsi contrefaites, ne constitue pas le fait de contrefaçon prévu par la loi du 22 germinal an XI, mais rentre dans les dispositions de la loi du 28 juillet 1824. — 2 avril 1857, Tr. de Grenoble, les Pères Chartreux c. Berthe (*La Propriété Industrielle*, n° 7).

**72.** Lorsqu'un fabricant est poursuivi, en vertu de la loi de 1824, pour avoir usurpé le nom et les étiquettes d'un établissement rival, la prévention n'a pas à se préoccuper du point de savoir si les produits de ce fabricant sont ou non de même nature que ceux de son concurrent ; vainement le prévenu invoque ce moyen pour sa défense ; il s'agit uniquement de savoir s'il a écrit, annoncé ou imprimé des choses telles que ses produits puissent passer dans le commerce, comme émanant de son rival, alors qu'il en est l'auteur. — Même jugement.

**73.** Il y a lieu d'appliquer la loi de 1824, même au cas où des marchandises ont été expédiées en transit et marquées de faux noms. — 7 déc. 1854, C. de cass., aff. Goupillat e. Glaenzer et Morin (Dall.55.1.348 ; *Gaz. des Trib.*, 18 déc.). V. art. 19 de la loi de 1857, pour les objets revêtus à l'étranger de faux noms.

**74.** Il suffit qu'un délit, tel, par exemple, que le délit d'usurpation de nom d'un fabricant, ait été commis à l'étranger et par un étranger, pour qu'il ne puisse être poursuivi en France, sur la plainte du fabricant français, contre l'auteur étranger, alors que les objets portant le faux nom, quoique saisis en France, s'y trouvaient simplement en transit et étaient destinés à être vendus à l'étranger. — 29 nov. 1850, C. de Paris, aff. Jouvin c. Pirenet (Dall.1851.2.15).

**75.** Bien que l'objet revêtu d'un faux nom ait été fabriqué à l'étranger et qu'ainsi le fabricant ne puisse pas être poursuivi en France, le débitant français n'en est pas moins coupable et doit être condamné en vertu de la loi de 1824. — 6 nov. 1857, C. de Paris, aff. Paillard c. Schloss (*Ann. de la Propriété Industrielle*, 1858, p. 126). — 8 avril 1827, Tr. de la Seine, aff. Bordis. — 4 mai 1827, *idem*, aff. Damas c. Viel

(Dalloz, v° *Industrie*, n° 348). — *Sic*, Gastambide, *des Contrefaçons*, n° 463.

76. Est licite le contrat par lequel un fabricant convient avec un débitant d'apposer le nom de ce dernier sur les produits de sa fabrication. — 21 déc. 1855, C. de Paris, aff. Ferrand c. Coursol (*Gaz. des Trib.*, 23 déc.).

77. Lorsqu'il s'agit d'eaux minérales artificielles, le fabricant ne commet pas le délit d'usurpation de nom de localité, lorsqu'il désigne ses produits en ces termes : *eaux factices ou artificielles de...*;

Il les distingue suffisamment, dans ce cas, du produit naturel. — 9 mai 1841, C. de Lyon, aff. Goin c. Fidot (Dalloz, v° *Industrie*, n° 354).

78. Le fait d'avoir apposé sur des bouteilles de vin le nom d'un cru auquel ce vin est complétement étranger constitue, non pas seulement la contrefaçon d'étiquettes prévue par la loi de 1824, mais même une tromperie sur la nature et la qualité de la chose vendue. — 9 mai 1856, C. de Paris, aff. Chrétien c. Gaveau.

79. Il y a tromperie sur la nature de la marchandise vendue dans le fait de celui qui vend, sous le nom d'un fabricant, des marchandises qui ne proviennent pas de chez lui. — 5 déc. 1860, Tr. corr. de la Seine, aff. Christofle c. Boisseau (*Ann. de la Propriété Industrielle*, 1861, p. 89).

80. Dans ce cas, le fabricant peut intervenir dans l'instance introduite à la requête du ministère public et se porter partie civile. — Même décision.

81. Lorsqu'un contrefacteur a, au mépris des droits des éditeurs légitimes, apposé le nom de ceux-ci sur un objet artistique, ce n'est pas l'art. 427 du C. pén. qui est applicable, c'est la loi de 1824 dont il faut appliquer les peines.

C'est à vrai dire une tromperie sur l'objet vendu : aussi la loi de 1824 renvoie-t-elle pour l'application de la peine à l'art. 423 du C. pénal. — 13 mars 1855, C. de Paris, aff. Susse c. Ghilardi (*Ann. de la Propriété Industrielle*, 1855, p. 19).

82. Le fabricant qui appose sur ses produits un nom autre que le sien ne peut jamais être considéré comme ayant agi loyalement et de bonne foi. — 26 janv. 1864, Tr. corr. de la Seine, aff. Stubs c. Astier (*La Propriété Industrielle*, n° 322).

83. L'assignation donnée sous un pseudonyme profession-

nel n'est pas nulle pour défaut de nom, quand l'assigné n'a pu être induit en erreur sur l'individualité du demandeur. — 11 déc. 1858, Tr. civ. de la Seine, aff. Sorlin c. Fattet (*La Propriété Industrielle*, n° 53).

84. La confiscation peut porter sur la marchandise en même temps que sur l'enveloppe qui la contient. — Gastambide, *des Contrefaçons*, n° 465 ; Dalloz, v° *Industrie*, n° 349 ; Rendu, *Marques*, p. 294.

85. *Contrà.* — L'arrêt qui prononcerait la confiscation des objets sur lesquels le nom a été apposé, alors que la division de l'objet et de son enveloppe est matériellement possible, violerait la loi et devrait être cassé. — Calmels, *des Noms et des Marques*, p. 93.

86. Quand un prévenu est condamné pour avoir attribué à ses produits un lieu de fabrication autre que le véritable, et si la poursuite n'a été engagée que par un seul fabricant, il y a lieu, dans l'allocation des dommages-intérêts, de tenir compte du nombre de tous les fabricants de la localité dont le nom a été usurpé et de ne donner au poursuivant que sa part et portion desdits dommages-intérêts. — 12 août 1864, C. de Paris, app. corr., aff. Blaise c. Pitet et Lidy (*La Propriété Industrielle*, n° 351).

87. Lorsqu'il y a eu à la fois usurpation de nom et de marque de fabrique, il y a lieu d'appliquer une seule peine.

C'est, aux termes de l'art. 365 du C. d'instr. crim., la peine la plus forte qui doit seule être prononcée. — 26 janvier 1864, Tr. corr. de la Seine, aff. Stubs c. Astier (*La Propriété Industrielle*, n° 322).

88. Lorsqu'un étranger a autorisé un Français à faire usage de son nom, il est recevable à intervenir, même en appel, dans l'instance introduite par le Français contre des fabricants qui ont usurpé son nom. — 30 nov. 1861, C. de Besançon, aff. Lorimier c. Dubois (*Ann. de la Propriété industrielle*, 1862, p. 298).

89. Un étranger peut exercer en France des poursuites en revendication de nom, de désignation, d'enseigne. — 30 novembre 1840, C. de Paris, et 8 mai 1845, C. de Rouen, aff. Rowland c. Guéland (Dev. et Car. 41.2.85 et 45.4.354). — 22 mars 1855, C. de Paris, aff. Warton c. Klug (*Gaz. des Trib.*, 31 mars). — *Sic*, Et. Blanc, (*de la Contrefaçon*, p. 739, et Rendu, *Marques*, p. 342).

90. Décidéau contraire que le droit de poursuite est subordonné à la condition de réciprocité. — 14 août 1844, C. de cass., aff. Rowland c. Guéland (Dall. 44.1.385). —28 janvier 1846, *idem*, aff. Spencer et Stubs c. Meunier (Dev. et Car.48.1. 426). — 12 juillet 1848, C. de cass. (ch. réun.), aff. Rowland c. Guéland (Dev. et Car.1848.1.417).—13 avril 1854, C. de cass., Kirby-Beard c. Neuss (*Gaz. des Trib.*, 13 avril).—16 nov. 1857, *idem*, aff. Warton c. Klug (*La Propriété Industrielle*, n° 7 ; *Annales*, 1857, p. 361).

91. Le fabricant étranger, qui n'est pas admis à jouir en France des droits civils, ne peut poursuivre devant les tribunaux français les commerçants qui usurpent son nom sur leurs étiquettes ; mais son successeur, s'il est Français ou admis à jouir en France des droits civils, ou enfin d'une nation qui accorde les mêmes droits aux Français, a, comme légalement propriétaire de la marque de ce fabricant, une action contre les usurpateurs de cette marque. — 14 mars 1856, Tr. comm. de la Seine, aff. Farina et Collas c. Farina.

92. Il y a lieu de distinguer entre les enseignes ou simples désignations et le nom. Dans ce dernier cas, l'étranger a un droit de poursuite ; dans le premier, il ne l'a pas. — V. *Journ. du Palais*, 1844, t. 2, p. 340. —*Contrà*, Et. Blanc, *de la Contrefaçon*, p. 740 ; Rendu, *Marques*, p. 341.

93. Le nom d'un fabricant et sa marque de fabrique sont une propriété dont nul n'a le droit de faire usage contre sa volonté ; ainsi celui qui se sert soit du nom, soit de la marque d'un industriel pour l'écoulement de produits exactement semblables, au moins en apparence, dépasse les limites d'une concurrence loyale et doit être condamné, que l'industriel, dont la marque est usurpée, exerce ou non son industrie à l'étranger. — 10 nov. 1857, Tr. de comm. de Genève ; Ch. Christofle, de Paris, c. H. Deleiderrier, de Genève (*La Propriété Industrielle*, n° 104). — 30 mai 1855, C. de Bruxelles, aff. Fumouze-Albespeyres c. Brunin Labineau (*Ann. de la Propriété Industrielle*, 1855, p. 45).

94. La loi du 22 germinal an xi, faite pour protéger les industries indigènes, ne peut être invoquée par des étrangers, à moins que ceux-ci ne prouvent qu'ils sont dûment admis à la jouissance des droits civils dans le grand-duché de Luxembourg, ou bien qu'ils justifient d'un traité international intervenu entre leur pays et le grand-duché, traité attribuant réciproquement aux fabricants de chacun des deux pays la

faculté d'exercer dans l'autre leurs droits et actions contre l'usurpation de leur marque ou de leur raison de commerce.

Aucun traité de ce genre n'existant entre la France et le grand-duché de Luxembourg, le fait d'un Luxembourgeois d'usurper la marque d'un fabricant français ne peut donner aucune action à ce dernier. — 14 janv. 1858, Luxembourg ; Alexandre Muller c. Haymann (*La Propriété Industrielle*, n° 50.

Voir, sur cette question, la jurisprudence anglaise et américaine (*Annales*, 1855, p. 97, et 1857, p. 278).

# TROISIÈME PARTIE.

## DE LA

# CONCURRENCE DÉLOYALE.

# JURISPRUDENCE.

### ARTICLE 1382 DU CODE NAPOLÉON.

Tout fait quelconque de l'homme qui cause à autrui un dommage oblige celui par la faute duquel il est arrivé à le réparer.

### ARTICLE 1383.

Chacun est responsable du dommage qu'il a causé, non-seulement par son fait, mais encore par sa négligence ou par son imprudence.

### SOMMAIRE.

1° De la propriété des enseignes et désignations, 1 à 16.

2° De l'étendue du droit de propriété, 17 à 31.

3° Des désignations nécessaires et arbitraires, 32 à 55.

4° De la cession des enseignes et désignations, 56 à 88.

5° De la durée du droit de propriété, 89 à 98.

6° De l'usurpation des enseignes et désignations, 99 à 135.

7° Des actes les plus fréquents de concurrence déloyale, 136 à 274.

8° De la poursuite, 275 à 305.

### 1° *De la propriété des enseignes et désignations.*

1. L'enseigne est le signe indicateur d'un établissement industriel ou d'un fonds de commerce. — 24 déc. 1853, C. de cass., aff. Gauthier c. Bouet (*Gaz. des Trib.*, 16 juill. 1854).

2. Sous l'ancien droit sa propriété était respectée. — 12 août 1648, arrêt du Parlement de Paris (Merlin, v° *Enseigne*).

3. Le droit de propriété, en matière d'enseignes, n'est autre que le droit du premier occupant. — 22 mars 1854, Tr. de comm. de Rouen, aff. Leblé c. Houssard (*Gaz. des Trib.*, 5 avril).

4. Peu importe que celui qui a introduit une enseigne ou une désignation dans une industrie, l'ait inventée, ou qu'il l'ait seulement empruntée à une industrie différente ; il suffit qu'il en ait la possession première dans l'industrie à laquelle il appartient, pour qu'elle soit interdite à ses concurrents. — 23 nov. 1852, C. de Riom, aff. Bru c. Larbaud (Sir. 1852.2.36).

5. S'il l'a empruntée à une industrie analogue, il faut que cette industrie y ait renoncé. — 19 janv. 1852, C. de Paris, aff. Briet c. Riche (Dall.1852.2.266). — 7 juin 1853, Tr. de comm. de la Seine, aff. Foubet c. Marquetti. — 31 mars 1841, aff. Robertson c. Langlois (*Le Droit*, 9 avril).

6. Lorsque deux commerçants ont pris pour enseigne la même désignation (*à l'OEil*) et que chacun des deux demande la suppression de l'enseigne de l'autre, il convient de rechercher quelle est celle des deux qui a la priorité et d'interdire son emploi à celui qui ne l'a adoptée que le second. — 26 mai 1864, Tr. de comm. de la Seine, aff. Tronchon c. Cohen (*Le Droit*, 16 juin 1864).

7. C'est aux tribunaux de décider, en cas de contestation, qui a la priorité. — Même décision.

8. Un huissier peut faire condamner un agent d'affaires son voisin, à enlever les *panonceaux* dont il se sert comme enseigne, surtout lorsque le voisinage de l'homme d'affaires peut amener une confusion dommageable pour l'huissier. — 27 août 1844, Trib. de comm. de la Seine, aff. Villot c. Dubas.

9. Un directeur de théâtre est sans droit pour autoriser un limonadier à employer, exclusivement à tous autres, le nom de son théâtre à titre d'enseigne alors que ce nom est déjà employé dans ce but par un autre limonadier. — 7 juin 1853, Tr. de comm. de la Seine, aff. Foubet c. Marquetti.

10. Le propriétaire d'un immeuble appelé le *Château-Rouge* ne peut établir dans sa propriété un bal portant ce nom, dès qu'il existait déjà un autre bal connu antérieurement sous le nom de Château-Rouge.—5 sept. 1845, Tr. civ. de la Seine, aff. Bobœuf c. Vidon.

**11.** Le maître d'un hôtel garni, qui établit un restaurant dans son hôtel, ne peut donner le nom de cet hôtel à son nouveau restaurant, s'il en existe un autre portant déjà ce nom. — 6 mars 1844, Tr. de comm. de la Seine, aff. Daussier c. Boniface.

**12.** L'éditeur de musique, agréé comme seul fournisseur du Conservatoire, ne peut pas s'opposer à ce qu'un autre éditeur conserve pour enseigne : *Magasin de musique du Conservatoire*, si ce dernier était en possession de cette enseigne avant lui, — 17 oct. 1854, Tr. de comm. de la Seine, aff. dame Sandrier c. Heugel.

**13.** Toutefois une compagnie d'assurances peut s'opposer à ce qu'une compagnie semblable, fondée avant elle, mais en pays étranger, vienne établir une succursale en France, sous sa dénomination d'origine, si la compagnie française est déjà en possession de cette dénomination. — 1er sept. 1854, Tr. de comm. de Paris, aff. la Compagnie nationale c. la Compagnie anglaise.

**14.** Peu importe que les deux enseignes diffèrent par l'idiome, si elles ont la même signification. — Même jugement.

**15.** Un marchand colporteur qui est en possession, depuis plusieurs années, d'une enseigne placée sur son établissement au lieu de son domicile, et qu'il emploie dans les diverses localités où il déballe, ne peut faire usage de cette enseigne pour le magasin qu'il établit dans une ville où un marchand sédentaire est connu par une enseigne semblable. — 31 mars 1845, C. de Douai, aff. Tragin c. Wolf.

**16.** Les désignations empruntées à l'industrie étrangère ne peuvent devenir en France la propriété de celui qui, le premier, s'en est emparé pour l'appliquer au même produit, car elles sont de nature à tromper sur la provenance de ce produit. — 26 mars 1822, C. de Paris, aff. Merat et Desfontaines c. Benoit et Trotry-Latouche (Devill. collect. nouv. à la date).

### 2° *De l'étendue du droit de propriété.*

**17.** Le droit réservé aux possesseurs d'enseignes ou de désignations n'a pas pour base la propriété, mais seulement la jouissance exclusive. — Blanc (*de la Contrefaçon*, p. 703).

6.

18. Aussi, lorsqu'un fabricant a vendu son fonds avec le droit de se servir de son estampille et qu'il s'est réservé le droit de fabriquer dans une ville déterminée, il peut user de ce droit, mais il ne peut marquer ses produits de son nom.

Son acquéreur est fondé à demander la suppression de ce nom. — 13 fév. 1855, rej., aff. Compère c. Bajou (*Gaz. des Trib.*, 14 fév. 1855).

19. Néanmoins le droit des possesseurs d'enseignes à la jouissance exclusive de cette enseigne n'est pas absolu; il a pour limite leur intérêt. — Blanc, *loc. cit.*

20. Une maison spéciale de blanc ne peut faire concurrence à un magasin de lingerie, confection, broderie et dentelles.

Ainsi la même enseigne peut être adoptée par les deux établissements. — 12 mai 1860, C. de Paris, aff. Vessière c. Libert (*La Propriété Industrielle*, nᵒˢ 76 et 126).

21. Le fait, par un établissement industriel ou commercial, d'adopter une enseigne telle que : « *A la Ville de Bordeaux*, » alors qu'un autre établissement s'est déjà signalé au public par une enseigne identique, ne constitue une concurrence déloyale qu'autant qu'il y a analogie d'industrie entre les deux établissements. — 1ᵉʳ mars 1858, C. de Bordeaux, aff. Torrès c. Brugerolles (*La Propriété Industrielle*, nᵒ 28).

22. Il n'y a pas analogie d'industrie entre un magasin de nouveautés et un magasin de confection pour hommes. — Même arrêt.

23. Le nom sous lequel une société est connue constitue un droit de propriété *sui generis*, auquel il ne peut être porté atteinte.

Il ne peut être permis à une autre société ayant le même but et le même cercle d'action d'usurper le nom. — 22 juin 1864, Tr. civ. de la Seine, l'*Aigle Impérial* c. l'*Aigle Impériale* (*Le Droit* du 23 juin).

24. Mais les risques assurés par les compagnies d'assurances maritimes n'étant pas les mêmes que ceux assurés par les compagnies d'assurances terrestres, il n'y a pas de confusion possible entre ces deux compagnies, et par suite elles peuvent porter le même titre. — 23 mars 1864, Tr. de comm. de la Seine, *La Centrale* c. *La Centrale* (*Ann. de la Propriété Industrielle*, 1864, p. 142).

25. Une compagnie d'assurances contre l'incendie ne peut

empêcher une compagnie formée pour le balayage de prendre la même dénomination que la sienne. — 9 déc. 1840, C. de Lyon, aff. de l'*Urbaine.*

V. Gastambide, *des Contrefaçons*, n° 486.

26. Il n'y a pas lieu d'ordonner la suppression d'une enseigne adoptée depuis plus de 15 ans, surtout lorsqu'il s'agit de deux établissements situés à une grande distance l'un de l'autre. — 12 mai 1860, C. de Paris, aff. Vessière c. Libert (*La Propriété Industrielle*, n°s 76 et 126).

27. L'enseigne est une chose essentiellement mobilière. Elle appartient au fonds de commerce et non à l'immeuble où ce fonds s'exploite. — 18 août 1836, C. d'Orléans, aff. Demarcé c. Deniau, et 6 déc. 1837, C. de cass., même affaire (Dev. et Car. 1837.2.325 ; *Id.*, 1838.1.333. — 22 fév. 1859, Tr. civ. d'Angers, aff. Leroy c. Aubert (*La Propriété Industrielle*, n° 76). — *Sic*, Gastambide, *des Contrefaçons*, n° 484 ; Blanc, *de la Contrefaçon*, p. 704 ; Rendu, *Marques*, p. 323 ; Calmels, *des Noms et des Marques*, p. 131.

28. Le locataire qui, au commencement de son bail, a apporté une enseigne dont il était propriétaire, en remplacement de celle sous laquelle un établissement semblable était déjà exploité dans le même local, a le droit de reprendre son enseigne à la fin de son bail, et le propriétaire ne peut prétendre la retenir comme accessoire incorporé à sa propriété à raison du remplacement opéré par le locataire. — 21 déc. 1853, C. de cass., aff. Gauthier c. Bouet (*Gaz. des Trib.*, 16 juill. 1854).

29. L'enseigne d'un fonds de commerce fait partie du fonds lui-même et est présumé appartenir au commerçant qui exploite le fonds. En conséquence, lorsque le propriétaire de la maison où s'exploite le fonds se prétend propriétaire de l'enseigne, c'est à lui à faire la preuve de son droit de propriété. — 3 juill. 1856, C. de Paris, aff. Heudin c. Goy (*Gaz. des Trib.*, 25 juill.).

30. Un locataire n'a pas le droit, en entrant dans une boutique précédemment occupée par un concurrent, de prendre une enseigne qui peut faire confusion avec celle du commerçant qui l'a précédé.

Ainsi jugé à l'occasion de l'enseigne du *Bazar général des voyageurs* et de l'enseigne du *Bazar des voyages.* — 2 janv. 1856, Tr. de comm. de la Seine, aff. Godillot c. Dupontès (*Ann. de la Propriété Industrielle*, 1856, p. 30).

31. L'enseigne étant le moyen de signaler au public un établissement industriel, elle peut, faute d'une spécification formellement convenue avec le propriétaire, être établie par le locataire de la manière la plus utile pour lui. — 22 févr. 1855, Tr. civ. de la Seine, aff. Sommariva c. Esterbecq.

### 3° *Des désignations nécessaires et arbitraires.*

32. Peu importe que la désignation adoptée pour enseigne soit la plus vulgaire ; dès qu'un commerçant en a fait choix, un autre ne peut s'en servir à son tour. Ainsi jugé pour la *pharmacie centrale de France.* — 24 juill. 1857, Tr. comm. de la Seine, aff. Dervault c. Hureaux (*Le Droit*, 30 juill.).

33. Au contraire, s'il s'agit d'une désignation nécessaire, c'est-à-dire de la désignation qui découle forcément de la nature du produit ou de l'établissement , chacun peut s'en servir sans se préoccuper de la question de priorité. — 7 juill. 1855, C. de Nancy, aff. Verly (*Ann. de la Propriété Industrielle*, 1855, p. 105). — 16 juin 1857, C. de Colmar, aff. Rian c. Bernheim (*Id.*, 1858, p. 216). — 13 oct. 1859, Tr. de comm. de la Seine, aff. Dubedat c. Ory-Lecamp (*Id.*, 1859, p. 401). — *Sic*, Blanc, *de la Contrefaçon*, p. 705 ; Gastambide, *Contrefaçons*, n° 480 ; Gouget et Merger, v° *Nom*, n° 20 ; Rendu, *Marques*, p. 303 ; Calmels, *des Noms et des Marques*, p. 124.

34. Ainsi la qualification de *parfumé* donnée à un produit aromatique ne peut créer un droit privatif au profit de celui qui l'a appliquée le premier.— 6 août 1858, Tr. de comm. de la Seine, aff. Thibierge c. Paton (*La Propriété Industrielle*, n° 55).

35. Le mot *encre* est une désignation nécessaire; mais nul autre que le premier possesseur ne peut employer les mots *encre de la petite vertu.*— 24 juill. 1835, C. de Paris, aff. Larenaudière c. Perine-Guyot.

36. Jugé que la désignation *corsets sans coutures* est une désignation nécessaire. — 7 juill. 1855, C. de Nancy, aff. Verly (*Ann. de la Propriété Industrielle*, 1855, p. 105).

37. Jugé de même pour les *toiles ménage.*— 16 juin 1857, C. de Colmar, aff. Rian c. Bernheim (*Ann. de la Propriété Industrielle*, 1858, p. 216).

38. Le titre de *Journal des Fiancés* est une désignation nécessaire dès que les personnes auxquelles ce journal est destiné sont uniquement celles qui se proposent de contracter mariage.

En conséquence il est permis à un autre directeur de journal s'adressant au même public de prendre pour titre : *Moniteur des Fiancés.* — 13 oct. 1859 , Tr. de comm. de la Seine, aff. Dubedat c. Ory Lecamp (*Ann. de la Propriété Industrielle*, 1859, p. 401).

39. Mais de ce qu'une désignation ou une enseigne est vraie, il ne s'ensuit pas qu'elle doive être rangée dans la catégorie des désignations nécessaires, dont l'usage est permis à tous. — Blanc, *de la Contrefaçon*, p. 705.

40. Ainsi, lorsqu'un commerçant a pris pour enseigne le nom d'une rue, un autre commerçant, exerçant la même industrie, ne peut prendre cette même enseigne, bien qu'il habite réellement cette rue. —19 mai 1832, Tr. civ. de la Seine, aff. Bonnard c. Sprouck. — 7 mai 1844, *idem*, aff. Meunier c. Camus-Tardif.

41. La désignation : *pharmacie anglaise* peut être vraie, mais elle est arbitraire et non nécessaire ; elle doit donc être respectée. — 17 mai 1832, Tr. corr. de la Seine, aff. Roberts c. Langlois.

42. Jugé de même pour le produit auquel on avait donné le nom de *bleu de France.* — 25 avr. 1842, Tr. comm. de la Seine, aff. Merle c. Depouilly.

43. En sens contraire il a été décidé que la dénomination de *glacière napolitaine* n'était pas une usurpation de l'enseigne *glaciers napolitains*, par ce motif que chacun de ces établissements était tenu par des glaciers de Naples. — 15 juin 1845, Tr. comm. de la Seine, aff. Durand c. Huet-Laïffa. — *Contrà*, Blanc (*de la Contrefaçon*, p. 705).

44. Jugé également que l'enseigne *Union des propriétaires de vignobles* était une désignation nécessaire et que l'enseigne la plus récente devait conserver cette désignation en différenciant seulement la configuration. — 18 janv. 1854, C. de cass., aff. Solignac c. Livannier. — *Contrà*, Blanc (*loc. cit.*).

45. Une enseigne, telle que celle d'*agence américaine*, n'est pas une désignation professionnelle, c'est-à-dire nécessaire : l'usurpation doit en être réprimée, et la différence des langues employées dans les deux enseignes ne saurait être

une excuse suffisante pour en justifier l'emploi. — 10 sept. 1850, Tr. de comm. de la Seine, aff. Combier c. Lambert-Maillard. — 1ᵉʳ sept. 1854, *idem*, la Compagnie nationale c. la Compagnie nationale anglaise.

46. Un nom de ville peut être adopté comme enseigne; et si la même dénomination adoptée postérieurement par un établissement rival peut être une cause de préjudice pour le premier possesseur, il y a lieu de faire respecter son droit. — 19 sept. 1845, Tr. de comm. de la Seine, aff. Hardouin c. Lestrade.

47. La qualification de gazogène appartient à celui qui, le premier, l'a appliquée a un appareil propre à fabriquer instantanément l'eau de Seltz, bien que cette dénomination fût déjà employée pour désigner un appareil produisant le gaz d'éclairage ; en effet, ce n'est plus une désignation nécessaire dès qu'elle est appliquée à un appareil ayant une destination différente. — 19 janv. 1852, C. de Paris, aff. Briet c. Riche (Dall.1852.2.266).

48. De ce qu'un produit se vend, de temps immémorial, dans un petit pot, ces mots : *au petit pot*, ne constituent pas pour cela une désignation nécessaire, et partant celui qui, le premier, l'a adoptée a le droit incontestable d'en revendiquer l'usage exclusif. — 8 fév. 1854, Tr. de comm. de la Seine, aff. Raffy c. Gérard.

49. Les mots *siccatif brillant* appliqués à une couleur peuvent être la propriété exclusive de celui qui, le premier, a choisi cette désignation. — 5 oct. 1843, Tr. de comm. de la Seine, aff. Raphanel (*Gaz. des Trib.*, 6 oct. 1843). — *Sic*, Calmels, *des Noms et des Marques*, p. 126.

50. Le mot *chartreuse* appliqué à cette liqueur appartient exclusivement à ceux qui lui ont donné ce nom, car ce n'est pas un nom générique, comme le serait un nom dérivant de la nature de la liqueur ou des substances dont elle est composée ; elle n'a été ainsi nommée que parce qu'elle a été inventée par des chartreux et qu'elle est fabriquée par eux ; c'est donc une marque distinctive , une spécification qui ne saurait s'appliquer avec vérité à un produit similaire ou analogue. — 25 mai 1853, C. de Lyon, aff. Rivoire c. Garnier (*Ann. de la Propriété Industrielle*, 1858, p. 119).

51. Le nom du *Mont-Carmel* appliqué à une liqueur n'est pas un nom générique appartenant au commerce ; c'est un nom de fantaisie emprunté à une provenance imaginaire qui

est la propriété exclusive du premier qui l'a employé. — 18 mars 1862, Tr. civ. de la Seine, aff. Faivre c. Duquaire (*Ann. de la Propriété Industrielle*, 1862, p. 238).

52. La dénomination *poudre de Seltz* est depuis longtemps dans le domaine public, et dès lors elle peut être considérée comme désignation nécessaire. — 16 oct. 1844, Tr. comm. de la Seine, aff. Fèvre c. Chagnet.

53. La dénomination *plastiques* appliquée à des corsets, a déjà été employée par plusieurs fabricants pour recommander ce genre de produits.

En conséquence nul ne peut en réclamer la propriété exclusive, et un fabricant qui s'en sert est à l'abri de tout reproche.

Il en est ainsi, à plus forte raison, de celui qui emploie l'expression *orthoplastique*. — 13 oct. 1859, Tr. de comm. de la Seine, aff. Fontaine c. Simon (*Ann. de la Propriété Industrielle*, 1859, p. 421).

54. Les mots *pommade du lion* ne peuvent constituer une propriété privée, parce qu'ils sont depuis longtemps dans le domaine public. — 19 nov. 1838, Tr. comm. de la Seine, aff. François c. Piver (*Le Droit*, 21 nov.).

55. Le mot *syphoïde* appliqué aux encriers ne peut appartenir exclusivement à un fabricant, car ce n'est ni un mot nouveau ni un nom propre. — 20 juill. 1841, C. de Paris, aff. Chaulin c. Launay (*Gaz. des Trib.*, 21 juill. 1841).—*Contrà*, Calmels, *des Noms et des Marques*, p. 126.

### 4° De la cession des enseignes et désignations.

56. La vente, sans réserve, d'un établissement industriel, emporte la vente des enseignes, étiquettes, nom et désignations de toutes sortes dont le vendeur se servait. — 13 déc. 1853, C. de Caen, aff. David c. Durand. — 12 juill. 1833, C. de Bordeaux, aff. Seignette. — 17 mai 1859, C. de Paris, aff. Patural c. Pery (*La Propriété Industrielle*, n° 99). — 9 février 1860, Tr. de comm. d'Avesnes, aff. Hensell c. Pecqueriaux (*La Propriété Industrielle*, n° 138).

57. L'acquéreur d'un fonds de commerce a, d'après un usage constant, le droit de conserver sur son enseigne et ses

factures le nom de son prédécesseur. — 25 mars 1858, Tr. civ. de la Seine, aff. Chevreuil c. Muy (*La Propriété Industrielle*, nᵒ 24).

58. L'acheteur d'un fonds de commerce peut, dans ses factures, faire accompagner son nom de celui de son prédécesseur ;

Même malgré l'opposition de ce dernier. — 10 mai 1845, Tr. de comm. de la Seine, aff. Vallier c. Lasseu.— 19 novemb. 1824, C. de Paris, aff. Auger c. Dumont (Dev. et Car., à la date). — 13 déc. 1853, C, de Caen, aff. David c. Binet (Dev. et Car.54.2.398). — *Sic*, Et. Blanc, *Traité de la Contrefaçon*, p. 723. — *Contrà*, 25 août 1857, Tr. de comm. de Paris , aff. Riche c. Garin (*Gaz. des Trib.*, 29 août).

59. Mais c'est à la condition d'ajouter son nom personnel et sa qualité de successeur. — 21 mars 1857, C. de Paris, aff. Beautin c. Merklein (*Le Droit*, 27 mars).

60. Le nom sous lequel une maison de commerce est connue fait de droit partie de la vente du fonds toutes les fois qu'une clause prohibitive n'a pas été insérée dans le contrat.

Il importe peu que ce nom soit celui du fondateur ou un nom d'emprunt ou de fantaisie.

Seulement l'acquéreur , lorsque la maison est désignée par le nom du fondateur, est tenu de faire connaître que la maison n'est plus dans les mêmes mains, afin de dégager, aux yeux du public, l'individualité du fondateur et éviter, à cet égard, toute surprise. — 2 mai 1863, Tr. civ. de la Seine, aff. Benard c. Garnier (*La Propriété Industrielle*, nᵒ 287).

61. Celui qui a acheté un fonds de commerce peut continuer à se servir de la dénomination de l'ancienne maison, mais à la condition d'ajouter sa qualité de successeur. — 28 juin 1856, C. de Paris, aff. Biétry c. Marcel (*Le Droit*, 29 juin). — 29 juin 1858, *idem* , aff. Ternaux c. Bournhonet (*Ann. de la Propriété Industrielle*, 1858, p. 331). — *Sic*, E. Pouillet (*La Propriété Industrielle*, nᵒ 326).

62. Lorsqu'une lettre, contenant l'autorisation accordée au successeur de se servir du nom de son prédécesseur, stipule les conditions de cette autorisation, elle ne lie celui qui l'a écrite qu'autant qu'elle a été suivie d'une réponse contenant l'acceptation des conditions.

En l'absence de conventions régularisées et lorsque le successeur est en possession du nom, il appartient aux tribunaux de fixer, suivant les circonstances de la cause, l'époque à laquelle cet usage devra cesser. — 25 fév. 1858, Tr. civ. de Pontoise, aff. Desportes c. Gambier (*La Propriété Industrielle,* n° 16).

63. Celui qui achète la clientèle, l'achalandage et les services d'une entreprise, a seul le droit de se dire successeur de cet établissement ; l'acquéreur d'une partie du matériel vendue séparément n'a pas le droit de prendre le titre de successeur. — 2 juillet 1857, Tr. de comm. de la Seine, Messageries Impériales c. Kellermann (*Gaz. des Trib.,* 15 juill.).

64. Celui qui a acheté le fonds d'un commerçant, a seul le droit de s'intituler son successeur.

Il peut donc s'opposer à ce que tout concurrent fasse annoncer et publier qu'il est digne de remplacer l'ancien propriétaire de ce fonds. — 11 mai 1844, Tr. comm. de la Seine, aff. Durousseau c. Desurmont.

65. Jugé, en sens contraire, qu'un prestidigitateur peut annoncer sur ses affiches qu'il donne des scènes de Robert-Houdin. — 21 oct. 1854, Tr. du Havre, aff. Hamilton c. Cocherie.

66. Cependant le droit, pour le successeur, de se servir du nom de son prédécesseur, ne va pas jusqu'à lui permettre d'interdire l'usage de ce nom à un autre fabricant qui le porte déjà légitimement. — 28 mai 1853, C. de Paris, aff. Colas c. J.-M. Farina.

67. En sens contraire. — 15 août 1851, Tr. de comm. de la Seine, aff. Dida c. Gibus neveu.

68. La vente d'un nom est interdite, commercialement parlant, lorsqu'elle est non pas l'accessoire de la vente d'un fonds de commerce, mais l'objet principal et unique du contrat passé entre le vendeur et l'acheteur. — 13 août 1828, Tr. de comm. de la Seine, aff. Farina c. Bourassé. — 5 mars 1856, Tr. de comm. de la Seine, aff. Richer et comp. c. Huguin, Richer et comp. (*Gaz. des Trib.,* 9 mars). — 28 janv. 1856, C. de Paris, aff. Robineau c. Moreau fils (*Ann. de la Propriété Industrielle,* 1856, p. 126).

69. La vente sans réserves d'un fonds de commerce a pour effet d'interdire au vendeur le droit de continuer le même genre d'industrie dans les mêmes lieux ou dans le voisinage de l'établissement vendu. — 21 janv. 1860, Tr. de comm. du

7

Havre, aff. Chédhomme c. Biot (*Ann. de la Propriété Industrielle*, 1860, p. 127).

70. Le commerçant failli ne peut participer en qualité de
gérant à l'exploitation d'une maison rivale fondée dans
le voisinage de son ancien établissement, à laquelle il apporte son nom et dont les prospectus et enseignes sont de
nature à établir une confusion entre les deux maisons.

Il en est ainsi, alors même que, dans la vente après faillite, il n'a été stipulé aucune interdiction à l'ancien titulaire
de s'établir de nouveau, et que la propriété de son nom n'a
pas été réservée pour l'enseigne de la maison vendue.

Néanmoins, dans ce cas, il y a lieu d'interdire à l'acquéreur du fonds le droit de se servir du nom de l'ancien titulaire. — 19 fév. 1859, C. de Paris, aff. Danguis c. Roux (*La
Propriété Industrielle*, n° 70).

71. En cas de vente par autorité de justice, l'adjudicataire
peut prendre la qualification de successeur de l'exproprié et
celui-ci ne peut ouvrir un établissement semblable avec la
même enseigne. — 19 nov. 1824, C. de Paris, aff. Dumont c.
Auger.

72. A plus forte raison, lorsque le vendeur a autorisé son
successeur à continuer de se servir de son nom, ne peut-il
plus s'en servir, même lorsqu'il reprend les affaires dans
une autre ville, ainsi qu'il s'en était réservé le droit. —
17 mai 1859, C. de Paris, aff. Patural c. Pery (*La Propriété Industrielle*, n° 99). — 9 fév. 1860, Tr. de comm. d'Avesne, aff.
Hensell c. Pecqueriaux (*La Propriété Industrielle*, n° 138).

73. Le vendeur d'un établissement commercial et de la
clientèle qui y est attachée, étant garant de la livraison
de ce qui a été compris dans la vente, ne peut se rétablir à
proximité de l'acquéreur et détourner partie de sa clientèle.

Il en est de même lorsque l'établissement a été l'objet
d'une vente par licitation entre deux associés, et que l'un
d'eux s'est rendu adjudicataire, lors surtout qu'il a été expressément convenu qu'en cas de vente de l'établissement,
les associés s'interdisaient la formation d'un nouvel établissement et l'association directe ou indirecte à tout établissement de même nature dans un rayon d'au moins 400 ki-
lomètres de Paris. — 9 juin 1860, C. de Paris, aff. Fowler c.
Préterre (*La Propriété Industrielle*, n° 136).

74. Lorsqu'un fabricant cède son fonds, son achalandage et
sa marque de fabrique dont son nom faisait partie et qu'il

s'est interdit d'élever une fabrique de même nature, sauf dans une ville déterminée, il a pu être considéré comme ayant cédé la propriété de sa marque de fabrique qui composait la véritable valeur de son fonds de commerce et comme n'ayant pas le droit de marquer les produits de sa nouvelle fabrique de l'estampille de son nom.— 13 fév. 1855, C. de cass., aff. Compère c. Bajou (*Gaz. des Trib.*, 14 fév. 1855).

75. La clause par laquelle le vendeur s'est interdit d'exercer le même commerce dans un certain périmètre ne profite pas seulement à l'acheteur, mais à tous ceux qui deviennent successivement propriétaires. — 9 mai 1860, Tr. de comm. de la Seine, aff. Machin c. Masson (*Ann. de la Propriété Industrielle*, 1860, p. 228).

76. Peu importe que le vendeur n'ait pas établi son nouveau fonds dans le périmètre interdit, il n'en contrevient pas moins à la clause restrictive, s'il livre des marchandises à des établissements situés dans ledit périmètre. — Même décision (1).

77. Si les conventions des particuliers ne peuvent faire cesser entièrement la liberté de choisir et d'exercer un état ou une industrie, elles peuvent du moins y apporter des modifications ;

Ainsi le propriétaire de deux moulins situés sur les deux rives d'une même rivière a pu, en vendant l'un de ces moulins, convenir avec l'acquéreur que chacun d'eux ne pourra moudre que pour les habitants de la rive où est situé son moulin. — 11 déc. 1861, C. d'Agen, aff. Rigal c. Lasserre (*Ann. de la Propriété Industrielle*, 1863, p. 277).

78. Est licite et peut avoir effet la stipulation par laquelle une personne s'interdit en faveur d'une autre l'exercice d'une profession alors que cette stipulation a pour cause les obligations réciproques des contractants.

Ainsi à la dissolution d'une société de deux maîtres de danse, l'un des associés s'interdit valablement d'ouvrir aucune académie de danse et d'exercer sa profession, dans la ville où il demeure, à la condition que l'autre acquittera tout le passif de la société. — 31 août 1863, C. de Douai, aff. Delplanque c. Delplanque (*La Propriété Industrielle*, n° 337).

---

(1) Cette décision a été infirmée par la Cour de Paris, mais par des considérations de fait qui laissent subsister la solution de droit.

79. Si les Tribunaux peuvent ordonner de supprimer les inscriptions qui, sur une enseigne, se trouvent contraires à une convention par laquelle on s'est interdit l'exercice d'une profession, ils ne peuvent imposer et prescrire les indications qui sont à substituer à celles supprimées. — 31 août 1863, C. de Douai, aff. Delplanque c. Delplanque (*La Propriété Industrielle*, n° 337).

80. Lorsqu'un fonds de commerce a été vendu, avec interdiction pour le vendeur de se rétablir dans un rayon déterminé, la distance doit se calculer non par la ligne droite, mais par le chemin que le public est obligé de suivre pour aller d'un établissement à l'autre. — 29 déc. 1862, C. de Paris, aff. Chanolet c. Arnoud (*Ann. de la Propriété Industrielle*, 1863, p. 45).

81. Le vendeur d'un fonds de commerce qui s'est rétabli et qui avait le droit de se rétablir à une distance de 1,500 mètres, ne doit supporter ni éviction ni indemnité, lorsque la distance se trouve abrégée par l'ouverture d'une voie nouvelle depuis son installation. — 29 avril 1864, Tr. de comm. de la Seine, aff. Debcos c. Gatinot (*Le Droit*, 31 avril).

82. Lorsqu'un commerçant a eu simultanément deux établissements, et qu'il les a cédés successivement, le droit d'employer et mettre sur son enseigne l'indication *ancienne maison* appartient, non au premier cessionnaire en date, mais à celui des deux auquel il a cédé la suite de ses affaires.

Il en doit être spécialement ainsi lorsque le premier cessionnaire portant le même nom que le cédant avait pendant l'existence simultanée des deux établissements adopté une désignation distinctive. — 22 déc. 1857, Tr. de comm. de la Seine, aff. Lavaissière c. Martin (*Ann. de la Propriété Industrielle*, 1859, p. 363).

83. La vente d'un fonds de commerce ne comprend pas les brevets et médailles d'honneur délivrés à un commerçant, s'il n'y a pas une stipulation formelle à cet égard. — 13 juin 1860, Tr. civ. de la Seine, aff. Pramondon c. Raux (*La Propriété Industrielle*, n° 146).

84. Les titres et médailles conférés à un commerçant sont des distinctions honorifiques purement personnelles qui ne peuvent faire l'objet d'un commerce.

Celui qui a acheté un fonds de commerce avec le droit exclusif au titre de successeur de son vendeur, n'a pas le droit de faire usage des titres et médailles conférés à celui-ci.

7 mai 1864, C. de Paris, aff. Dorvault c. Grimault (*Bull. des arr. de la C. de Paris*, 1864, p. 768).

85. Celui qui s'est rendu acquéreur d'un fonds de commerce n'a pas le droit de décacheter les lettres qui portent l'adresse de son vendeur, même lorsqu'elles portent l'indication de l'ancienne profession de ce vendeur. — 3 juin 1863, C. de Paris, aff. Darlot c. Jamin (*Ann. de la Propriété Industrielle*, 1864, p. 73).

86. Celui qui a acheté un fonds de commerce avec le droit exclusif au titre de succesesur de son vendeur, a le droit de se faire remettre les lettres envoyées à son vendeur à l'adresse du fonds de commerce. — 7 mai 1864, C. de Paris, aff. Dorvault c. Grimault (*Bull. des arr. de la C. de Paris*, 1864, p. 768).

87. La convention par laquelle un commerçant reconnaît que toutes les opérations commerciales qu'il fera en son nom, à l'avenir, sans limite fixée, profiteront à un autre commerçant auquel il déclare prêter son nom, ne peut être annulée, comme ayant une cause illicite, immorale ou contraire à l'ordre public.

Mais elle peut être annulée, s'il est constant que celui qui a ainsi aliéné indéfiniment l'exercice de son industrie n'a reçu en échange aucun avantage. — 10 fév. 1864, C. de Paris, aff. Perny c. Lefébure (*Bull. des arr. de la C. de Paris*, 1864, p. 765).

88. Lorsqu'il y a eu vente d'un fonds de commerce et de l'achalandage, l'enseigne suit l'établissement vendu partout où il plaît à l'acquéreur de le transporter.

Celui qui prend à bail les lieux où s'exploitait d'abord le fonds vendu n'a aucun droit à l'enseigne. — 22 févr. 1859, Tr. civ. d'Angers, aff. Leroy c. Aubert (*La Propriété Industrielle*, n° 76).

### 5° *De la durée du droit de propriété.*

89. Jugé que l'adoption par un tiers de la marque d'une maison qui a cessé d'exister est un acte contraire à la bonne foi. — 3 sept. 1845, Tr. de comm. de Mirecourt, aff. Claudot c. Husson (*Le Droit*, 3 oct. 1845).

90. Mais il est généralement admis au contraire que, lors-

qu'un industriel cesse de fabriquer ou renonce à son commerce , sans céder son établissement, son enseigne tombe dans le domaine public et peut devenir, de nouveau, la propriété du premier qui s'en emparera. — 4 janv. 1837, C. de Paris, aff. Plessis c. Vacheron (*Le Droit*, 5 janv.).—29 mars 1844, Tr. comm. de la Seine, aff. Ronse c. Girard. — 14 mars 1853, C. de Paris, aff. Briet c. Riche.—*Sic*, Gastambide, *des Contrefaçons*, nº 492, et Rendu, *Marques*, p. 324.

91. Il en serait autrement si l'interruption de la jouissance provenait d'un cas de *force majeure* et s'il n'était pas établi que le propriétaire avait renoncé à créer un nouveau fonds.—14 oct. 1827, Tr. civ. de la Seine, aff. Jesson c. Minot.

92. La tolérance d'un commerçant qui laisse subsister pendant longtemps une dénomination ou une enseigne rivale n'a pas pour effet de rendre non recevable sa poursuite contre les usurpateurs.—18 janv. 1844, Paris, aff. Lainé c. Bernheim-Dreyfus. — 2 avril 1857 , Tr. corr. de Grenoble, aff. Garnier c. Berthe (*Ann. de la Propriété Industrielle*, 1858, p. 119). —23 janv. 1860 , Tr. de comm. de la Seine, la Comp. d'Assurances générales c. la Comp. du Soleil (*Idem*, 1864 , p. 140). — 9 nov. 1863, C. de Paris, aff. Raspail c. Combier-Destre (*Ann. de la Propriété Industrielle*, 1863, p. 377).

93. Jugé, au contraire, qu'après une possession publique de cinq années de la dénomination *lait antéphélitique*, sans aucune réclamation de la part du propriétaire de la dénomination *lait antéphélique*, ce dernier n'est pas recevable à revendiquer l'usage privatif de cette dénomination. — 27 avril 1864, Tr. de comm. de la Seine, aff. Caudès c. Raynaud (*Le Droit* du 18 mai 1864).

94. Un nom ou un mot destiné à exprimer le produit d'une invention brevetée n'est pas susceptible de propriété privée, alors que le brevet est tombé dans le domaine public, lorsque c'est le mot le plus simple, le plus vulgaire pour exprimer la chose ou l'objet. — 7 juill. 1855, C. de Nancy, aff. Robert Verly c. Ulrich et Hussenot (*Gaz. des Trib.*, 16 juill. 1855).

95. Lorsqu'une invention tombe dans le domaine public, le nom que l'inventeur lui avait donné (*harmonium*) y tombe également ;

Chacun peut donc l'employer, même celui qui par des conventions antérieures, mais passées pendant le cours du brevet, s'était interdit cet emploi. — 3 déc. 1859, C. de Paris, Alexandre c. Debain (*La Propriété Industrielle*, nº 102).

96. Bien qu'un produit soit du domaine public, nul n'a le droit de faire confondre sa préparation avec celle d'un rival d'industrie. — 20 mai 1858, Tr. de comm. de la Seine, aff. Fournier c. Cleret (*La Propriété Industrielle*, n° 45).

97. Chaque fabricant a incontestablement le droit d'indiquer que les objets qu'il fabrique sortent de chez lui ;

Mais l'inventeur seul a le droit de donner un nom à l'objet qu'il a découvert.

Ainsi le sieur Alexandre, qui n'a pas inventé l'orgue expressif ou mélodium, ne peut appeler ceux qu'il fabrique : *Orgues Alexandre*.

Cette dénomination aurait pour résultat inévitable de tromper le public, qui croirait qu'Alexandre en est l'inventeur et le seul propriétaire.

Mais il peut appeler les instruments qui sortent de ses ateliers : orgues d'Alexandre.— 3 déc. 1859, Paris, Alexandre c. Debain (*La Propriété Industrielle*, n° 102).

98. Jugé également que l'usurpation du titre d'inventeur, même après que l'objet est tombé dans le domaine public, est un acte de concurrence déloyale qui donne à l'inventeur véritable droit à des dommages-intérêts. — 12 mars 1855, C. de Rennes, aff. Peyre c. Rocher (*Ann. de la Propriété Industrielle*, 1855, p. 183).

Voir, sur cette question, *supra*, 2° partie, p. 81, n°s 14 et s.

### 6° De l'usurpation des enseignes et désignations.

99. La première condition pour qu'il y ait usurpation d'enseigne, c'est que l'industrie soit la même.— Blanc (*de la Contrefaçon*, p. 726).

100. Il faut qu'il y ait *analogie* d'industrie.—1er mars 1858, Bordeaux, aff. Torrès c. Brugerolles (*La Propriété Industrielle*, n° 28).

101. Il n'y a pas *analogie* d'industrie entre un magasin de nouveautés et un magasin de confection pour hommes. — Même arrêt.

102. Ni entre une maison spéciale de blanc et un magasin de lingerie, confection, broderie et dentelles.—12 mai 1860,

Paris, aff. Libert c. Vessières (*La Propriété Industrielle*, n<sup>os</sup> 76 et 126).

103. Il n'y a pas lieu d'ordonner la suppression d'une enseigne adoptée depuis plus de 15 ans, surtout lorsqu'il s'agit de deux établissements situés à une grande distance l'un de l'autre. — 12 mai 1860, Paris, Vessière c. Libert (*La Propriété Industrielle*, n<sup>os</sup> 76 et 126).

*Voir* plus haut, n<sup>os</sup> 20 et s.

104. Néanmoins la reproduction d'une enseigne peut motiver une condamnation, alors même que les deux établissements rivaux ne sont pas *voisins* l'un de l'autre.—13 fév. 1855, Rej., aff. Compère c. Bajou (*Gaz. des Trib.*, 14 fév. 1855).

105. Il y a lieu d'ordonner la suppression d'une enseigne, lorsqu'elle peut être confondue avec celle d'un établissement plus ancien, et lorsque le voisinage des deux établissements peut rendre la confusion plus facile et dommageable.—11 avril 1860, C. de Paris, aff. Gibert c. Pousse (*La Propriété Industrielle*, n<sup>os</sup> 83 et 123).—13 juill. 1862, C. de Paris, aff. Muller c. la Comp. Immobilière (*Ann. de la Propriété Industrielle*, 1862, p. 265).

106. Le marchand qui vient s'établir dans une maison contiguë à celle habitée depuis longtemps par des négociants exerçant la même industrie n'a pas le droit de prendre une enseigne qui, tout en étant fort dissemblable de celle qui a toujours été adoptée par la maison de commerce voisine, lorsqu'on les examine attentivement, présente cependant avec elle une ressemblance qui doit entraîner dans l'erreur les personnes qui n'examinent pas attentivement les magasins.

Dans ce cas, la suppression de l'enseigne nouvelle doit être ordonnée. — 13 nov. 1862, C. imp. d'Angers, aff. Gaillard c. Boisseau (*La Propriété Industrielle*, n° 266).

107. Il y a lieu de supprimer même le sous-titre d'une enseigne lorsque ce sous-titre est employé par un concurrent depuis plusieurs années. —23 janv. 1860, Tr. de comm. de la Seine, la Comp. d'Assurances générales c. la Comp. du Soleil (*Ann. de la Propriété Industrielle*, 1864, p. 140).

108. Lorsque l'enseigne se compose uniquement de l'énonciation de la profession à laquelle se livre son propriétaire, elle doit préciser la nature de cette profession et n'être pas rédigée en termes qui puissent faire confusion avec une

autre industrie analogue qu'exercerait un voisin.— Blanc (*de la Contrefaçon*, p. 727).

**109.** Ainsi le titulaire d'un brevet d'imprimeur-lithographe ne peut écrire sur son enseigne le mot *imprimerie*, sans y ajouter celui de *lithographique*, alors qu'il vient transporter son établissement dans le voisinage d'une imprimerie.— 26 déc. 1845, Paris, aff. Thomas Malvin c. Lacouture Roger.

**110.** Il y a usurpation de désignation de la part de celui qui se sert, pour marque industrielle, du signe emblématique qu'un autre commerçant a adopté seulement pour enseigne.— 18 août 1847, Tr. comm. de la Seine, aff. Geoffroy c. Bresson.

**111.** Il y a reproduction totale d'une désignation arbitraire, bien qu'on ait ajouté à la désignation usurpée une épithète quelconque. — 11 fév. 1854, C. de Paris, aff. Roussuge c. Arnould (*la vraie Botte rouge* et *la vraie* grande *Botte rouge*). — 2 déc. 1854, C. de Paris, aff. Lequeux c. Berthier (*Grand Hôtel d'Angleterre* et *Grand Hôtel* de France *et d'Angleterre*). — 31 mars 1843, C. de Douai, aff. Wolf c. Tragin (*Au Pauvre Diable* et *aux Pauvres Diables*). — 29 mai 1834, C. de Paris, aff. Ravier c. Soudan (*café des Dames* et nouveau *café des Dames*). — 14 fév. 1834, Tr. civ. de la Seine (*Petites affiches* et *Petites affiches* du commerce et l'industrie).—28 avril 1833, *Idem* (*au Mortier d'or* et *au Mortier d'or* et de bronze).—3 fév. 1850, Tr. comm. de la Seine (*la France* et *la France* mutuelle). — 7 sept. 1859, *Idem* (*au Sultan* et *au* grand *Sultan*).

Voir Dalloz, v° *Industrie*, n° 365.

**112.** Il y a reproduction partielle condamnable quand la partie reproduite est assez importante pour amener une confusion préjudiciable. — 3 avril 1833, C. de Paris, aff. Petit c. Leclerc.

**113.** Jugé, par exemple, que les mots *Revalenta arabica* employés pour désigner un produit, font confusion avec les mots *Ervalenta-Warton* antérieurement employés pour désigner le même produit, et doivent être supprimés. — 22 mars 1855, C. de Paris, aff. Warton c. Klugg (*Gaz. des Trib.*, 31 mars).

**114.** Mais s'il ne peut y avoir confusion, il n'y a pas usurpation.—16 oct. 1844, C. de Paris, aff. Fevre c. Chaguet. —30 déc. 1843, C. de Paris, aff. Froment c. Durel.

**115.** Un reproche de concurrence déloyale ne peut se jus-

7.

tifier que par l'emploi de moyens illégaux ou de manœuvres et procédés blâmables tendant à surprendre la confiance des acheteurs à l'aide d'une confusion ou à discréditer les produits rivaux et la réputation industrielle de leurs auteurs. — 2 août 1860, Tr. civ. de Joigny, aff. Dalbanne c. Cortet (*La Propriété Industrielle*, n° 169).

116. Il n'y a pas concurrence déloyale et par suite il n'y a pas lieu à suppression d'enseigne, lorsque les points de ressemblance ne sont pas suffisants pour induire le public en erreur, par exemple, lorsque l'apparence des deux établissements est différente et que les enseignes de chacun d'eux, tout en ayant quelque rapport, sont de petite dimension et frappent peu les regards.— 18 fév. 1859, Tr. civ. de la Seine, Vuydic c. Chedebois (*La Propriété Industrielle*, n° 65).

117. N'est pas coupable de concurrence déloyale celui qui, en fondant avec un associé une maison de commerce, met son nom sur l'enseigne, bien qu'un commerce de même nature soit exercé par un de ses frères, mais alors que le fondateur du nouvel établissement met son *prénom* en caractères de même grosseur que son nom et que les deux maisons sont situées à une *distance* suffisante pour que la confusion soit impossible. — 21 fév. 1861, Tr. de comm. de Paris, aff. J. Arthur c. W. Arthur (*La Propriété Industrielle*, n° 170).

118. Il ne peut y avoir concurrence déloyale qu'à la condition qu'il ait pu s'établir une confusion entre les deux établissements rivaux ; ainsi, lorsque sur une affiche de théâtre un titre déjà employé par un autre théâtre a été employé pour attirer le public. l'emploi de cette même expression ne peut constituer une concurrence déloyale, si par la composition différente des deux représentations la confusion était impossible. — 15 fév. 1857, C. de Paris, aff. Bardey c. Arnault (*Gaz. des Trib.*, 16 fév. 1857).

119. Il y a concurrence déloyale de la part de celui qui prend pour enseigne *Hôtel du chemin de fer de Strasbourg*, lorsqu'il existe déjà un hôtel appelé *Hôtel de Strasbourg* et lorsque les mots *du chemin de fer* sont écrits en caractères très-peu apparents, de telle façon que les mots hôtel de Strasbourg frappent seuls les regards. - 18 oct. 1864, Tr. de comm. de la Seine, aff. Durand c. Sciallero (*Le Droit* du 25 oct.).

120. Il n'y a pas usurpation d'enseigne dans le fait de former un établissement sous le titre de *Régisseur-assureur*, alors qu'il en existe déjà un connu sous le nom de *Régisseur*

général. — 12 oct. 1844, Tr. comm. de la Seine , aff. Jouvente c. Dufrey.—*Contrà*, Et. Blanc (*de la Contrefaçon*, p. 729).

**121.** Une entreprise de transports, avec ce titre *Agence générale de transports pour tous les chemins de fer*, ne fait pas une concurrence déloyale à l'*Agence spéciale des chemins de l'Est*; il n'y a pas lieu d'ordonner la suppression ou la modification de son titre. — 8 sept. 1859, Tr. de comm. de la Seine, Chem. de fer de l'Est c. Méaux (*La Propriété Industrielle*, n° 101).

**122.** Peu importe que tout en usurpant la marque et les emblèmes d'un de ses concurrents, un fabricant ait apposé son véritable nom sur ses produits ; cette circonstance est sans importance légale en matière de contrefaçon de marque, car la similitude des emblèmes est le plus souvent déterminante pour l'acheteur qui retient ordinairement moins le nom du fabricant que la forme du produit. — 14 mai 1857, C. de Lyon , aff. Boilley c. Napolier (*La Propriété Industrielle*, n° 3).

**123.** Se rend coupable d'usurpation , le commerçant qui, dans le but de faire naître une confusion entre sa maison et une autre maison de commerce, retranche une partie de ses prénoms sur son enseigne. — 2 janv. 1844, C. de cass., aff. Colas c. Krammer. (Dev. et Car. 44.1.363).

**124.** Toute modification d'un emblème, déjà existant, pour le rendre plus semblable à l'emblème d'un concurrent, constitue une usurpation.—18 août 1847, Tr. corr. de la Seine, aff. Geoffroy c. Bresson.

**125.** Lorsque deux sociétés d'assurances ont été, à la même époque, autorisées sous la même dénomination, mais que l'une n'a pas eu d'existence réelle pendant les premières années , l'autre a le droit de s'opposer à ce que des tiers, se disant continuateurs de la première, se servent du même nom. — 10 janv. 1845, Tr. civ. de la Seine, aff. Lefrançois c. Carbonnet Thomas.

**126.** L'enseigne *au Roi de Prusse* est une imitation dommageable de celle *au Grand Frédéric*.—13 janv. 1852, C. de Bordeaux, aff. Destonnet c. Cohen et Rodrigues (Sir. 52.2.230).

**127.** Une société d'assurances ne peut s'intituler *la France* quand il en existe une autre sous ce titre : *la Française*. — 17 janv. 1845, C. de Paris, aff. *la France* c. *la Française*.

**128.** De même pour le *Rocher de Cancale* et *Rocher du Cantal*. — 22 juin 1840, C. de Paris, aff. Borel c. Percet.

**129.** De même pour la *Caisse des reports* et la *Caisse générale des reports.* — 6 fév. 1857, C. de Paris, aff. Dainville c. Vergnolle (*Ann. de la Propriété Industrielle*, 1857, p. 202).

**130.** *La Botte rouge* est frauduleusement imitée par la *Botte rose, aurore, ponceau ou orange.* — 7 août 1832, Tr. comm. de la Seine, aff. Chassang c. Persan et autres (*Gaz. des Trib.*, 9 août).

**131.** En sens contraire, il a été décidé que le *Vert Galant* n'est pas l'imitation déguisée du *Vert Pré.*—1ᵉʳ juill. 1844, Tr. comm. de Paris, aff. Raybaud c. Muraour et Bourguignon.— *Contrà*, Gastambide (*des Contrefaçons*, nᵒ 486).

**132.** *L'eau de la Fluoride* est une imitation déloyale de *l'eau de la Floride.* — 15 nov. 1862, C. Imp. de Paris, aff. Guislain c. Labruguières (*La Propriété Industrielle*, nᵒ 268).

**133.** Il y a lieu à dommages-intérêts même quand la désignation adoptée est reproduite dans une langue étrangère :
Ainsi il y a usurpation de la désignation *eau écarlate*, par l'emploit des mots *scarlet water.* — 30 mai 1862, Tr. de comm. de la Seine, aff. Burdel c. Jozeau (*Ann. de la Propriété Industrielle*, 1862, p. 239).

**134.** Le mot de *gazogène* ayant été appliqué à des appareils destinés à fabriquer instantanément les eaux de Seltz, la dénomination de *gazhygiène*, employée pour désigner des appareils similaires, est une imitation frauduleuse. — 14 mars 1853, C. de Paris, aff. Briet c. Riche.

**135.** Il n'est pas nécessaire, pour qu'il y ait concurrence déloyable, que l'enseigne du concurrent ait été servilement copiée ; il suffit que les termes employés soient assez semblables pour qu'il puisse en résulter une confusion préjudiciable à l'industriel qui était le premier en possession. Ainsi le propriétaire d'un café ne peut mettre sur son enseigne : *Grand café-estaminet de la Comédie Française*, lorsqu'un autre établissement de ce genre s'appelle depuis longtemps : *Café du Théâtre Français.* — 5 fév. 1859, C. de Paris, aff. Gorand c. Ollivier (*La Propriété Industrielle*, nᵒ 65).

### 7ᵒ *Des actes les plus fréquents de concurrence déloyale.*

**136.** Lorsqu'un commerçant veut exercer dans une ville

une industrie déjà exploitée par une personne portant le même nom que lui, il doit combiner les nom et prénoms de telle sorte que la raison de commerce soit bien distincte de celle qui a été précédemment adoptée par la maison préexistante. — 2 janv. 1844, C. de cass., aff. Jean Marie Farina c. Jean Marie Farina (Dev. et Car. 44.1.363).

137. Le fabricant qui désigne ses produits avec un nom autre que le sien a le droit de s'opposer à ce qu'un autre fabricant qui porte ce nom s'en serve avec un entourage qui peut, malgré ses différences, faire confusion avec celui qu'il a choisi. — 20 août 1863, C. de Paris, aff. Massez c. Joly (*Ann. de la Propriété Industrielle*, 1864, p. 318).

138. Le gendre et successeur d'un fabricant, dont le nom est connu dans un certain genre d'industrie, a le droit d'exiger qu'un neveu de ce fabricant, portant le même nom que lui et exerçant la même industrie, ajoute à son nom la qualité de neveu pour empêcher toute confusion entre les deux établissements. — 6 juill. 1863, Tr. civ. de la Seine, aff. Bonnet-Fichet c. Fichet (*Ann. de la Propriété Industrielle*, 1864, p. 322).

139. Lorsqu'une maison de commerce a toujours eu pour enseigne le nom de son chef avec la qualité professionnelle qui lui appartient, un concurrent ne peut profiter de ce qu'il a le même nom et la même qualité pour établir une confusion entre les deux établissements ; il doit supprimer de ses enseignes l'indication de sa qualité professionnelle. — 25 sept. 1857, Tr. de comm. de la Seine, aff. l'ingénieur Chevalier c. Ch. Chevalier (*Le Droit*, 2 oct. 1857).

140. En cas de similitude de nom, le fabricant qui fonde une maison nouvelle doit, par l'adjonction de son prénom ou de toute autre qualification distinctive, éviter toute confusion avec la maison la plus ancienne. — 11 avril 1864, Trib. de comm. de la Seine, aff. Fould c. Honegger (*Ann. de la Propriété Industrielle*, 1864, p. 323).

141. Il appartient aux tribunaux d'ordonner les modifications distinctives qu'ils jugent nécessaires pour empêcher la confusion, par exemple, en astreignant le dernier venu à ajouter son prénom, ou à varier la forme et la dimension des accessoires qui l'entourent. — 20 août 1863, C. de Paris, aff. Massez c. Joly (*Ann. de la Propriété Industrielle*, 1864, p. 318).

142. Lorsque deux commerçants portent le même nom et

exercent la même industrie, il n'y a pas lieu d'ordonner au dernier venu de supprimer son nom ; il suffit de lui imposer de se distinguer à l'aide de son prénom. — 12 juill. 1833, C. de Poitiers, aff. Seignette c. Seignette (Dall. 1833.2.235). — 25 juin 1841, C. de Bordeaux, aff. Monnier c. Jobit. — 4 fév. 1852, C. de cass., aff. Cliquot c. Cliquot (Sir. 53.1.213). — *Sic,* Gastambide, *des Contrefaçons,* p. 452 ; Dalloz, vᵒ *Industrie,* nᵒ 344).

143. On peut ordonner au dernier venu de supprimer le prénom qui est commun à son concurrent et d'ajouter à son nom une qualification qui le distingue. — 11 avril 1861, Tr. de comm. de Marseille, aff. Laurens c. Laurens (*Annales de la Propriété Industrielle,* 1861, p. 221).

144. Jugé, au contraire, qu'il y a lieu d'ordonner l'interdiction absolue d'un nom que l'on ne cherche à utiliser que dans un but de concurrence déloyale. — 24 nov. 1846, C. de cass., aff. Stevenel c. Stevenel (Dall. 47.1.69). — 27 août 1847, Tr. de comm. de Lyon, aff. Jacquand c. Marin Jacquand. — *Sic,* Blanc, (*de la Contrefaçon,* p. 713).

145. Lorsqu'un négociant qui a deux noms s'est toujours servi pour sa raison commerciale du second de ses noms, il ne peut pas reprendre le premier pour faire concurrence à un autre négociant son voisin. — 11 janv. 1860, Tr. de comm. de la Seine, aff. Leblanc c. Leblanc-Deferrière (*La Propriété Industrielle,* nᵒ 112).

146. Bien qu'une décision souveraine ait déclaré qu'un industriel aura le droit de se servir de son nom pourvu qu'il le différencie suffisamment pour éviter toute confusion, le tribunal peut néanmoins, dans une instance nouvelle, entre les mêmes parties et sans violer la chose jugée, dire que les différences adoptées sont insuffisantes et que dès lors il y a lieu de prohiber, d'une manière absolue, l'emploi du nom. — 22 avril 1862, Tr. civ. de la Seine, aff. Haslauer c. Picard et Gambier (*La Propriété Industrielle,* nᵒ 278).

147. S'il est permis à chacun de faire le commerce sous le *nom* qui lui appartient, encore qu'un *autre commerçant* exerce déjà la même industrie, sous le *même nom,* ce n'est qu'à la condition que le nom de la nouvelle maison sera accompagné de signes et distinctions qui ne permettent pas de le confondre avec l'ancienne.

Mais il y a *concurrence illicite* et déloyale dans le fait du commerçant qui emprunte à une tierce personne, étrangère au commerce, le nom qu'elle porte, dans la seule vue des'attribuer une partie du crédit commercial dont l'ancienne maison, connue sous le même nom, est déjà en possession. — 31 déc. 1860, C. de Paris, aff. Colas c. Delaître (*La Propriété Industrielle*, n° 161).

148. On ne peut céder son nom à un tiers en vue de lui permettre de faire concurrence à un autre industriel portant le même nom. — 13 août 1828, Tr. de la Seine, aff. Farina (*Gaz. des Trib.*, 14 août). — *Sic*, Gastambide, *des Contrefaçons*, n° 468; Dalloz, v° *Industrie*, n° 265; Calmels, *des Noms et des Marques*, p. 107.

149. Le choix fait par une maison de commerce du nom de l'un de ses associés, pour faire concurrence à une maison rivale en possession du même nom, constitue une usurpation. — 4 fév. 1852, C. de cass., aff. Clicquot c. Clicquot (Dev. et Car. 53.1.214).

150. Lorsqu'une maison de commerce a choisi pour son enseigne le nom de celui de ses associés qui a un homonyme en réputation dans la même industrie, les tribunaux, pour éviter la confusion, peuvent enjoindre que le nom de l'associé soit précédé de ses prénoms. — 12 avril 1847, C. de Paris, aff. Larenaudière c. Guyot.

151. Mais il n'appartient pas, dans ce cas, aux tribunaux d'interdire à celui qui emploie ce moyen regrettable de se servir de son nom de famille. — 20 juin 1855, Tr. de comm. de la Seine, aff. Moreau c. Robineau (*Annales*, 1855, p. 55, et *Gaz. des Trib.*, 8 juill.).

152. Ce jugement a été infirmé par la Cour de Paris, qui a décidé que, lorsqu'un individu portant le nom d'une maison de commerce s'est associé avec une maison rivale, dans le but seul de lui donner son nom et d'opérer une confusion, les tribunaux peuvent ordonner la suppression du nom de cet associé de l'enseigne et des factures, comme n'ayant pour objet qu'une concurrence déloyale. — 28 juin 1856, C. de Paris, aff. Robineau c. Moreau fils (*Annales*, 1856, p. 54).

153. Jugé également qu'il y a lieu, dans ces circonstances, d'ordonner la suppression du nom. — 6 mars 1851, C. de Paris, aff. Clicquot c. Clicquot (Sir. 1853.1.213). — 4 fév. 1852, C. de cass., même affaire (Sir. 1853.1.214). — *Sic*, Gastambide, *des Contrefaçons*, n° 454; Dalloz, v° *Industrie*, n° 343; Blanc, *de la Contrefaçon*, p. 714; Rendu, *Marques*, p. 255.

154. Les tribunaux peuvent ordonner le retranchement, dans la raison sociale, du nom de l'un des associés, lorsque l'adjonction de ce nom n'a été faite que dans le but d'établir une confusion entre cette société et une autre préexistante et de faire à celle-ci une concurrence déloyale. — 5 mars 1856, Tr. de comm. de la Seine, aff. Richer et comp. c. Huguin, Richer et comp. (*Gaz. des Trib.*, 9 mars). — 26 fév. 1857, Tr. de comm. de la Seine, aff. Bardou c. Job (*Gaz. des Trib.*, 27 mars).

155. Un commerçant peut ajouter à son nom celui de sa *femme*; la loi, comme l'usage, lui en donne le droit. — 3 juin 1859, C. de Paris, aff. Bisson-Aragon c. Aragon (*La Propriété Industrielle*, n° 89).

156. Cette addition ne saurait être critiquée comme constituant une infraction à la loi sur les titres ou noms honorifiques, laquelle est, en pareil cas, inapplicable. — 20 nov. 1860, C. de Lyon, aff. David c. Bressier (*Ann. de la Propriété Industrielle*, 1860, p. 119).

157. Toutefois, si cet usage s'est introduit dans la vie commerciale, il ne s'est jamais étendu jusqu'aux actes authentiques ou de l'état civil.

Dans ce cas, il y a lieu d'appliquer la loi du 28 mai 1858, alors surtout que le nom de la femme a été altéré.— 16 janv. 1862, C. de Paris, ministère public c. Hadot (*Ann. de la Propriété Industrielle*, 1862, p. 137). — 8 déc. 1863, C. de Poitiers, aff. Roux c. Hériard (*Le Droit*, 24 fév. 1864).

158. Lorsqu'un commerçant a joint à son nom celui de sa femme, il y a lieu, s'il en résulte une confusion avec une autre maison de commerce du même genre, mais sans intention frauduleuse, d'exiger que les deux noms soient écrits d'égale grandeur. — 9 juin 1843, Tr. comm. de la Seine, aff. Klein c. Loiseau-Pinson.

159. Un commerçant marié n'a pas le droit de placer le nom de sa femme à la suite du sien, en le séparant par un trait d'union, lorsqu'il peut résulter de cette appellation une confusion préjudiciable pour l'établissement de son beau-père qui exerce la même industrie que la sienne et depuis plus longtemps.

Le gendre, précédemment associé de son beau-père, ne peut non plus indiquer dans ces circonstances l'ancien établissement où ce dernier exerçait son commerce depuis longtemps comme celui de sa précédente exploitation.

Ces faits constituent une concurrence déloyale. — 21 déc. 1855, C. de Paris, aff. Manthon c. Johan (*Ann. de la Propriété Industrielle*, 1855, p. 221).

160. Jugé, au contraire, que le gendre d'un commerçant a pu mettre sur ses enseignes son nom suivi du nom de son beau-père, avec sa qualité de gendre. — 21 déc. 1841, C. de Bordeaux, aff. Varinot c. Laze (Dalloz, v° *Industrie*, n° 360).— Cette décision est critiquée par Rendu, *Marques*, p. 333.

161. On ne peut prendre sur ses enseignes la qualité de fils d'un industriel, bien que ce soit un fait vrai, mais parce qu'il peut en résulter une confusion préjudiciable au véritable successeur. — 16 avril 1846, Tr. de comm. de Paris, aff. Baillon c. Fiquet. — *Sic*, Blanc, *de la Contrefaçon*, p. 716 ; Rendu, *Marques*, p. 333.

162. En sens contraire. — 16 juin 1835, Trib. comm. de Paris, aff. Morin c. Meynial.

163. Un ancien associé peut mettre cette qualité sur son enseigne, pourvu toutefois qu'il n'en résulte pas de confusion avec la maison dont il était l'associé. — 21 mai 1850, C. de Lyon, aff. Maderni c. Casati (Dall.1850.2.79).

164. Lorsque, après la liquidation amiable d'une société, celui des deux associés qui a donné son nom à la raison sociale, cède, en termes généraux, son droit à son coassocié en le reconnaissant seul propriétaire de tout ce qui appartient à la société, cette cession doit s'entendre du matériel de l'établissement et encore de la clientèle, du fonds de commerce et de la raison sociale.

L'associé qui s'est retiré ne peut donc, sans faire acte de concurrence déloyale, se servir de son nom pour fonder une maison rivale dans le voisinage de celle à laquelle il avait été intéressé. — 17 mars 1859, C. de Paris, aff. Patural c. Péry (*La Propriété Industrielle*, n° 72).

165. En sens contraire.— 12 fév. 1855, C. de cass. (*Journ. du Palais*, t. 2, 1856, p. 438).

166. Les employés d'une maison de commerce n'ont pas le droit, lorsqu'ils fondent personnellement un établissement, de s'emparer du nom de la maison où ils ont fait leur éducation, pour faire concurrence à l'acheteur de cette maison. — 27 oct. 1863, Tr. comm. de la Seine, aff. Dubois c. Louise et Lucie (*Le Droit*, 13 nov. 1863).

167. Un commis voyageur ne peut se servir du nom du patron qu'il a quitté pour se présenter à la clientèle de ce der-

nier en qualité de son ancien représentant et chercher à profiter ainsi, au préjudice de ce patron, des relations commerciales qu'il avait établies. — 26 août 1864, C. de Paris, aff. Leger c. Sire *(Le Droit*, 27 oct. 1864).

168. Un employé qui s'établit n'a pas le droit de se recommander sur ses enseignes du nom de ses anciens patrons et de mettre : *ex-employé de la maison* ***.—23 janv. 1857, Tr. de comm. de la Seine, aff. Mayer c. Herlich *(Gaz. des Trib.* 25 janv.).

169. Un employé ou artiste, travaillant pour le compte d'une maison de commerce, n'a pas le droit de garder son individualité et de se dire auteur des œuvres auxquelles il a participé.— Même décision.

170. Un employé n'a pas le droit de se servir du nom de son ancien patron et de rappeler les fonctions qu'il a exercées chez lui, pour s'attirer une clientèle, alors surtout que ces fonctions sont inexactement indiquées et en caractères si petits que le nom de son patron attire presque exclusivement les regards ; ces faits constituent une concurrence déloyale. — 28 août 1857, Tr. de comm. de la Seine, Aubin c. Honoré *(Le Droit*, 3 déc.).

171. Celui qui a travaillé en qualité d'ouvrier ou d'apprenti ne peut prendre aucune de ces qualités sur ses annonces, factures ou prospectus, non plus que sur son enseigne. — 21 mars 1850, Tr. comm. de la Seine, aff. Gotten c. Fontaine. — *Sic*, Et. Blanc *(Traité de la contrefaçon*, p. 715).

172. En sens contraire. — 29 août 1845, C. de Paris, aff. Renaut c. Joanneau-Hervé. — 13 oct. 1841, Tr. comm. de la Seine, aff. Fardel c. Millery-Renack (Dall., v° *Industrie*, n° 360). — V. Calmels, *des Noms et des Marques*, n° 163.

173. Bien que le titre d'élève n'appartienne d'ordinaire qu'à celui qui a accompli un contrat d'apprentissage à titre onéreux, cette prétention ne saurait être opposée à une fille qui a travaillé sous la direction de sa mère, puisque son éducation professionnelle ne pouvait dans ce cas être l'objet d'un contrat de cette nature ; elle peut donc prendre le titre d'élève. — 1er juin 1855, Tr. de comm. de la Seine, aff. Manoury c. Oudot *(Le Droit*, 8 juin).

174. La qualité d'apprenti et d'ouvrier d'un fabricant ne donne pas le droit de s'annoncer au public comme élève de ce fabricant.

En tout cas, l'ouvrier ne peut prendre la qualité d'élève, ni se servir industriellement du nom de son patron que du consentement de celui-ci. — 4 mars 1863, C. imp. de Paris, aff. Rommetin c. Cretté (*La Propriété Industrielle*, n° 293).

175. Le fait d'avoir été ouvrier ou apprenti d'un fabricant n'autorise pas à prendre la qualité de son élève.

L'emploi de cette qualification constitue un fait de concurrence déloyale, dont l'ancien patron a le droit de se plaindre.— 23 juill. 1858, C. de Paris, aff. Chevallier c. Richebourg (*La Propriété Industrielle*, n° 52).

176. Il n'y a pas concurrence déloyale dans le fait d'un employé qui, après avoir quitté son patron, s'établit pour faire le même genre d'affaires que celui-ci, alors qu'il n'a pris envers lui aucun engagement prohibitif.—24 nov. 1864, Tr. de comm. de la Seine, aff. Trébucien c. Béon (*Le Droit*, 17 déc. 1864).

177. Est valable la clause par laquelle un employé s'est interdit de jamais faire à l'avenir, soit directement, soit indirectement, le même commerce que celui de son patron, alors que des avantages corrélatifs sont stipulés dans la convention au profit de l'employé.—24 nov. 1864, Tr. de comm. de la Seine, aff. Trébucien c. Olivier (*Le Droit*, 17 déc. 1864).

178. L'engagement pris par un commis de ne jamais exercer le même genre d'industrie est nul comme contraire à la liberté du travail, alors même que cet engagement serait limité à certaines localités, s'il est d'ailleurs illimité quant à sa durée. — 16 juin 1853, C. de Metz, aff. Martinet c. Grü (*Ann. de la Propriété Industrielle*, 1863, p. 279). — *Contrà*, Pataille (*Annales*, loc. cit.).

179. Est contraire au principe de la liberté du travail et doit être annulée comme telle la clause d'un acte de société par laquelle les associés s'engagent à ne jamais exploiter, s'ils quittent la société, une industrie similaire en quelque lieu que ce soit.

Les tribunaux, en l'annulant, peuvent fixer un délai pendant lequel l'associé n'exercera point son industrie, pour qu'il ne puisse faire à ses associés une concurrence dommageable.—24 août 1859, C. de Paris, aff. Dupuis c. Leroy (*La Propriété Industrielle*, n° 99).

180. Est licite la clause par laquelle un associé interdit à son coassocié, pour le cas où il viendrait à le quitter, de s'établir pendant un certain temps, dans la même ville, pour

exercer le même commerce. — 3 juin 1856, C. de Paris, aff.
J. Arthur c. Borstell (*Gaz. des Trib.*, 3 juill.).

181. Le frère d'un commerçant, après avoir été employé
dans la maison de commerce, peut très-légitimement fonder
à son tour un établissement de même nature que celui de son
frère.

Il n'y aurait lieu d'interdire l'exercice de ce droit qu'en
cas de renonciation formelle par convention conclue entre
les deux frères;

Alors même que le frère dont l'établissement est le plus
ancien a toujours imposé à ses employés, excepté à son frère,
l'obligation de s'abstenir d'un commerce semblable, pendant
cinq années, après leur sortie;

Pourvu toutefois que le second établissement ne puisse se
confondre avec le premier. — 21 fév. 1861, Tr. de comm. de
Paris, aff. J. Arthur c. W. Arthur (*La Propriété Industrielle*,
n° 170).

182. La femme veuve qui se remarie et qui continue le
commerce de son premier mari, a le droit de conserver le
nom de celui-ci sur son enseigne. — 22 fév. 1859, C. de
Nancy, veuve Lemoine c. Lemoine (*La Propriété Industrielle*,
n° 65).

183. La veuve d'un commerçant n'a pas le droit, lorsqu'elle continue le commerce de son mari, de laisser subsister sur ses enseignes, prospectus, factures. etc., le nom de
son mari, sans y joindre une mention qui indique que ce
n'est plus son mari qui dirige la maison.

Un frère du défunt a droit, s'il exerce une profession analogue, de s'adresser à la justice pour demander que les indications de l'enseigne, des prospectus, des factures, etc., soient
rectifiées et complétées dans ce sens. — 9 août 1864, Tr. civ.
de la Seine, aff. Hamon c. Prévost (*La Propriété Industrielle*,
n° 351).

184. La *veuve* d'un commerçant est tenue de faire précéder
sa raison sociale du prénom de son mari, lorsque l'omission
de ce prénom est de nature à amener une confusion préjudiciable à autrui. — 20 nov. 1846, C. de Paris, aff. veuve
Duprey c. Vagneur-Duprey.

185. Celui qui a acquis le droit d'être, dans une localité
déterminée, le seul dépositaire d'un produit, à l'exclusion de
tous autres, peut faire défendre à un marchand qui vend ces
produits dans la même localité d'intituler son magasin

*Grand dépôt de* ... — 22 avril 1854, Tr. comm. de la Seine, aff. Verwaede c. Toquaire (*Gaz. des Trib.*, 24 avril 1854).

186. On ne peut prendre le titre de *dépositaire* des produits d'un fabricant qu'autant qu'on a réellement été agréé en cette qualité par ce fabricant et qu'on a chez soi des produits qui émanent de sa fabrique. — 13 août 1860, C. de Dijon, aff. Mulcey c. Boyer. — 4 mai 1854, C. de Lyon, aff. Werly (*Ann. de la Propriété Industrielle*, 1855. — Sic, Blanc, *La Propriété Industrielle*, n° 151 ; Rendu, *Marques*, p. 338).

187. Mais celui qui n'est que *principal dépositaire*, sans privilége exclusif, n'a pas d'action contre ceux qui s'annoncent comme dépositaires ;

Surtout s'il est justifié que ceux-ci ont pu, ainsi que le public, se fournir directement chez le fabricant. — 12 mai 1854, Tr. comm. de la Seine, aff. Dubonnet c. Cognac (*Gaz. des Trib.*, 17 mai). — *Contrà*, Rendu, *Marques*, p. 338.

188. L'achat fait par un fabricant des produits d'un autre fabricant, ne l'autorise pas à placer sur son enseigne le nom de ce fabricant, surtout lorsque ce dernier a un dépôt de ses produits dans la même ville. — 21 fév. 1857, Tr. civ. de Lyon, aff. Dupasquier c. Piffady.

189. Un industriel ne peut désigner son établissement sous le nom de *ancienne maison de*, parce qu'il occuperait un local où demeurait, avant lui, un individu exerçant la même profession. — 21 nov. 1826, C. de Paris, aff. Gallin c. Lemoine.

190. Un nom de famille est une propriété imprescriptible qui ne peut être aliénée que de la volonté de ceux qui ont droit de le porter ; en conséquence un successeur ne peut maintenir comme enseigne, malgré la protestation des héritiers, le nom de son prédécesseur ; vainement les héritiers ont toléré ce fait pendant longues années, ils ont toujours le droit de le faire cesser. — 25 août 1857, Tr. de comm. de la Seine, hérit. Riche c. Garin (*Gaz. des Trib.*, 29 août).

190 *bis*. Bien qu'un commerçant ait acheté un fonds de commerce avec l'autorisation de son prédécesseur de laisser figurer sur l'enseigne le nom seul de ce dernier, les tribunaux peuvent lui enjoindre d'ajouter son nom à celui de son vendeur, si, de l'apposition de ce nom seul, il peut résulter une confusion avec un établissement rival. — 16 juin 1857, Trib. de comm. de Paris, aff. Chevet c. Lemasson (*Gaz. des Trib.*, 19 juin).

191. Lorsqu'un fonds de commerce a été vendu avec tout ce qu'il comprend, le vendeur conserve la propriété incessible et incommutable de son nom de famille; mais ce nom, en tant que raison sociale, appartient à l'acquéreur, et le vendeur ne peut s'en servir commercialement et s'en faire un moyen de concurrence déloyale contre son successeur. — 9 fév. 1860, Trib. de comm. d'Avesne, aff. Heusell c. Pecqueriaux (*La Propriété Industrielle*, n° 138).

192. L'acheteur d'un fonds de commerce autorisé à se servir du nom de son prédécesseur a le droit d'exiger qu'un concurrent d'industrie, portant le même nom, inscrive sur son enseigne une qualification qui le distingue de son devancier. —15 août 1851, Tr. comm. de la Seine, aff. Dida c. Gibus neveu.

193. Le commerçant qui vend son fonds de commerce, en donnant à l'acquéreur le droit de se servir, comme successeur, de sa raison commerciale, peut s'opposer à ce que ce dernier emploie sur ses enseignes, annonces et factures le nom de son vendeur, sans y ajouter son nom personnel et sa qualité de successeur. — 21 mars 1857, C. de Paris, aff. Beautin c. Merklein (*Le Droit*, 27 mars ; *Ann. de la Propriété Industrielle*, 1857, p. 207).

V. Sur cette question, *suprà*, cessions.

194. Le nom sous lequel une société est connue constitue un droit de propriété *sui generis* auquel il ne peut être porté atteinte.

Une autre société, surtout ayant le même but et le même cercle d'action, ne peut donc usurper ce nom.

Les tribunaux peuvent, en ce cas, ordonner la suppression de la dénomination usurpée.

Il ne faut pas que les deux dénominations soient identiques ; il suffit qu'elle soit de nature à faire confondre les deux sociétés concurrentes. — 21 juin 1844, Tr. civ. de la Seine, aff. Laurent c. Gattelier (*La Propriété Industrielle*, n° 363, et *Le Droit*, 23 juin).

195. Il y a concurrence déloyale de la part d'une compagnie anonyme à prendre pour dénomination, même comme second titre, le nom d'une compagnie rivale.—23 janv. 1860, Tr. de comm. de la Seine, la comp. Générale c. la comp. du Soleil (*La Propriété Industrielle*, n° 112).

196. Lorsque le titre d'une compagnie anonyme a été approuvé par le Conseil d'Etat, c'est au Conseil d'Etat qu'il appartient de statuer sur la demande en suppression de ce

titre, formée par une autre compagnie. — 2 juill. 1856, Trib. de comm. de la Seine, la compagnie, Générale c. la compagnie la Paternelle.

197. On ne peut forcer une société en commandite, agissant sous une raison sociale, à abandonner son enseigne *Teinturerie du bleu de France*, sous prétexte qu'elle ferait croire à l'existence d'une société anonyme. — 25 avril 1842, Tr. comm. de la Seine, aff. Merle c. Depouilly.

198. La publicité et la vente à l'étranger, sous un titre appartenant à un produit rival breveté en France, peuvent être considérées comme des actes de concurrence déloyale donnant lieu, en France, à des dommages-intérêts au profit du propriétaire du produit dont le titre a été usurpé.

Il en est ainsi surtout lorsque le produit breveté en France est lui-même l'objet d'un débit à l'étranger. — 9 mai 1863, C. Imp. de Paris, aff. Burdel et comp. c. Jozeau (*La Propriété Industrielle*, n° 284).

199. Le fait de vendre des produits pharmaceutiques sous la dénomination que leur a donnée l'inventeur, et sans le consentement de ce dernier, constitue une *concurrence déloyale* qui peut être poursuivie devant le tribunal de commerce.— 25 nov. 1860, Tr. comm. de la Seine, aff. Galy c. Mauchien (*La Propriété Industrielle*, n° 160).

200. Est coupable de concurrence déloyale l'éditeur qui publie sous le titre d'*Heures musicales* des morceaux de musique publiés antérieurement sous le nom de *Veillées des Salons*, alors qu'un autre éditeur avait déjà publié sous le titre d'*Heures musicales* d'autres morceaux d'un autre auteur ; bien que le titre usurpé soit dans le domaine public, son emploi dans ces circonstances est illicite, parce qu'il n'a évidemment pour but que d'établir une confusion entre les deux publications. — 15 nov. 1857, Tr. de comm. de la Seine, aff. Girod c. Schlosser.

201. Lorsqu'un commerçant fonde un établissement industriel, il doit donner à ses produits un caractère distinctif qui empêche toute confusion avec les produits similaires d'autres maisons.

Donner à ses produits la même forme que celle dont un établissement rival est en possession, employer des enveloppes de même couleur, des étiquettes semblables avec des signes analogues, constitue une concurrence déloyale. —

11 janv. 1855 , Tr. de comm. de la Seine , aff. Menier c. Dubreuil.

202. La vignette adoptée par un commerçant, et dont il se sert en tête de ses lettres et factures, ne peut être employée par un rival d'industrie. — 7 avril 1843 , C. de Paris, aff. Raoux c. Daulhuille.

203. Un pharmacien qui emploie une couleur spéciale et un genre particulier de rayures pour distinguer les toiles vésicantes qu'il vend, a un droit exclusif sur ces signes distinctifs. — 21 janv. 1858 , C. de Paris , aff. Delvallée c. Leperdriel (*Le Droit*, 22 janv).

204. Ainsi décidé pour la couleur d'une enseigne et son aspect d'ensemble. — 5 janv. 1853, C. de Paris , aff. Lebat c. Parlongue.

205. ..... Pour une vignette représentant un monument public. — 15 janv. 1851, C. de Lyon, aff. Lecoq (Sir.53.2.37). — 21 août 1851, *Id.*, aff. André (Sir.51.2.607).

206. ..... Pour des enveloppes et prospectus imitant par leur couleur et leurs ornements ceux d'un concurrent. — 23 novembre 1852, C. de Riom , aff. Bru c. Larbaud (Sir.1853. 2.36).

207. Quand même un tel fait n'aurait pas le caractère d'un délit de contrefaçon de marques de fabrique, il constitue une concurrence déloyale. — Même arrêt.

208. Ainsi jugé pour des enveloppes présentant avec celles d'un autre fabricant une analogie de forme, couleur et dimensions. — 26 sept. 1854, Tr. de comm. de la Seine, aff. Vinit c. Brunet (*Gaz. des Trib.*, 29 sept. 1854). — 4 avril 1856, Tr. de comm. de la Seine, aff. Poupier c. Laurencon (*Ann. de la Propriété Industrielle*, 1856, p. 363). — 10 déc. 1856, C. de Paris, aff. Guillout c. Richard (*Annales*, 1857, p. 123, et *Le Droit*, 5 janv. 1857).

209. ..... Pour des bouteilles de formes semblables. — 13 août 1857, Tr. de comm. de la Seine, aff. Raspail (*Annales*, 1857, p. 352).

210. ..... Pour la forme donnée au produit lui-même, par exemple la forme de fer à repasser donnée à du bleu destiné à azurer le linge. — 14 mai 1857 , C. de Lyon , aff. Boilley c. Jollivet (*Annales*, 1857, p. 256). — *Sic*, Rendu, *Marques*, n° 53. — *Contrà*, Pataille et Huguet, (*Annales*, p. 256).

211. Le droit exclusif à l'emploi d'un papier d'une certaine couleur ne peut exister qu'à la condition d'un dépôt préalable. — 15 fév. 1855, Tr. de comm. de la Seine, aff. Morel Fatio c. Chollet (*Gaz des Trib.*, 17 fév.). — *Contrà*, Rendu, *Marques*, p. 229.

212. La formalité du dépôt préalable n'est point exigée pour les enseignes, noms et étiquettes.

Le seul fait de la possession première donne droit à leur jouissance exclusive. — 30 déc. 1843, C. de Paris, aff. Fromont c. Duret. — 4 juill. 1851, Tr. de comm. de la Seine, aff. Lecoq c. Chausson-Leduc. — 16 janv. 1852, C. de Lyon, aff. Lecoq c. Boudin. — 27 janv. 1854, C. de Paris, aff. Treyfousse c. Chausson.

213. Toutefois il y a avantage à faire le dépôt de la désignation choisie, car elle devient par le dépôt une marque dans le sens légal.— Et. Blanc (*de la Contrefaçon*, p. 718).

214. Le commerçant qui, soit par la forme, soit par la couleur ou les dimensions de ses enveloppes, cherche à établir une similitude aussi complète que possible avec les produits d'un rival d'industrie, de manière à entraîner une confusion entre ses produits et ceux de cette maison, se rend coupable de concurrence déloyale. — 13 août 1857, Trib. de comm. de la Seine, aff. Fumouze c. Raquin.

215. Il importe essentiellement aux intérêts du commerce que toute imitation tendant à favoriser une concurrence déloyale soit sévèrement réprimée.

Il y a imitation toutes les fois que, sous des apparences quelconques, l'acheteur peut être trompé sur la provenance de la marchandise qu'il entend acheter.

L'intention d'imiter peut résulter de l'adoption de l'emblème, de la forme et de la qualité du papier avec lesquelles un concurrent forme ses enveloppes.

Peu importe les différences de détail, si la ressemblance est telle que l'erreur de l'acheteur soit ou certaine ou probable.— 17 novemb. 1858, Montpellier, aff. Bardou c. Labatie (*La Propriété Industrielle*, n° 53).

216. Lorsqu'il s'agit de l'imitation des étiquettes et prospectus, les tribunaux doivent apprécier, sans tenir compte des différences de détail, si les ressemblances sont telles que la confusion soit possible, lorsque les deux étiquettes sont vues séparément. — 30 nov. 1840, C. de Rouen, aff. Bresson c. Lelarge.

8

217. Malgré la différence du nom et des autres détails, la ressemblance de la forme suffit pour constituer la contrefaçon.— 14 juill. 1858, Tr. civ. de la Seine, aff. Boilley c. Wuy (*La Propriété Industrielle*, n° 41).

218. Jugé toutefois que la forme donnée à un produit ne peut appartenir exclusivement à un commerçant que si elle est à la fois nouvelle et spéciale. — 10 mars 1854, Tr. corr. de la Seine, aff. Bleuze c. Bloch (*Ann. de la Propriété Industrielle*, 1858, p. 219).

219. L'imitation des décors et de la peinture de la boutique d'un rival d'industrie, constitue une concurrence déloyale, quand la ressemblance a été telle qu'elle a pu tromper les consommateurs. — 1ᵉʳ déc. 1859, Tr. civ. de la Seine, aff. Debergue c. Lemonnier et Sauvion (*La Propriété Industrielle*, n° 107).

220. On ne peut imiter la couleur d'une devanture de boutique, ses ornements, sa forme, sans s'exposer à des dommages-intérêts. — 5 janv. 1853, C. de Paris, aff. Lebat c. Parlingue.— 19 mars 1847, Tr. comm. de la Seine, aff. Leseurre-Moreau c. Marchais.

221. Décidé même que cette imitation n'est pas licite, alors que l'établissement possesseur primitif de ces désignations a été transféré ailleurs et a modifié son extérieur. — 17 fév. 1847, Tr. de comm. de la Seine, aff. Houssaye c. Caron. — 29 déc. 1852, C. de Paris, aff. Lebat c. Parlingue.

222. Il n'y a pas concurrence déloyale dans le fait d'un commerçant qui débite ses produits dans des paquets de même couleur que son concurrent, lorsque le texte et la disposition des étiquettes ne permettent pas de faire confusion entre les deux produits. — 15 fév. 1855, Tr. de comm. de la Seine, aff. Morel Fatio c. Chollet (*Gaz. des Trib.*, 17 fév.).

223. Celui qui usurpe la forme d'une étiquette, d'une bouteille ou d'une enveloppe, doit être condamné à changer cette forme, alors même qu'il a eu soin d'écrire son nom en gros caractère sur l'objet usurpé.— 23 août 1847, Tr. comm. de la Seine, aff. Mothès c. Houitte.—13 oct. 1847, Tr. comm. de la Seine, aff. Sevin c. Prévost.—2 mai 1863, Tr. civ. de Périgueux, aff. Theulier c. Theulier (*Le Droit*, 18 fév. 1864).—*Sic*, Et. Blanc (*de la Contrefaçon*, p. 731). — *Contrà*, 14 juin 1854, C. de Paris, aff. Fournier c. Darra.

224. Le fait d'avoir employé des bouteilles d'une même

forme que celles déposées par un rival d'industrie peut n'être pas illicite, s'il y a différence dans les noms des fabricants et dans la forme des étiquettes.— 8 nov. 1855, C. de Paris, aff. Tissier c. Lecampion (*Gaz. des Trib.*, 10 nov. 1855).

225. Il n'y a pas concurrence déloyale à adopter pour des produits similaires la même indication de provenance et des récipients de même forme et grandeur, lorsque d'ailleurs on les différencie par son nom ou par une marque spéciale. — 3 juin 1859, Tr. civ. du Havre, aff. Levigoureux et Postel c. Lecomte (*Ann. de la Propriété Industrielle*, 1859, p. 280).

226. S'il convient, dans l'intérêt et pour la sécurité des relations commerciales, d'obliger les fabricants à différencier leurs produits de façon à éviter entre eux toute confusion, il ne s'ensuit pas que l'emploi de telle ou telle forme géométrique, considérée isolément, puisse constituer une propriété commerciale et que l'imitation de ladite forme, essentiellement dans le domaine public, soit un fait de concurrence déloyale.— 29 avril 1864, Tr. de comm. de la Seine, aff. Prudhon c. Brousse (*La Propriété Industrielle*, n° 344, et *Le Droit* du 5 mai 1864).

227. L'imitation d'un seul mot adopté par un rival d'industrie pour attirer le public peut constituer une concurrence déloyale.—26 oct. 1855, Tr. de comm. de la Seine, aff. Bardey c. Arnaud.

228. Lorsque le juge constate une concurrence déloyale, il est maître de prescrire les mesures qu'il juge les plus propres à prévenir désormais toute confusion.—7 juillet 1855, C. de Nancy, aff. Robert Verly c. Ulrich et Hussenot (*Gaz. des Trib.*, 17 juillet).

229. Le fabricant qui a reçu une médaille commémorative se rend coupable d'usurpation, lorsqu'il cherche à faire croire qu'il a reçu la médaille d'honneur. — 20 déc. 1853, C. de Bordeaux, aff. Sandoval Colomès c. Louit (*Annales*, 1855, p. 4).— 4 mai 1854, C. de Lyon, aff. Robert Werly (*Ann. de la Propriété Industrielle*, 1855, n° de juin).

230. Il y a dans ce fait plus qu'un acte de concurrence déloyale ; il peut y avoir le délit d'escroquerie. — Calmels (*des Noms et des Marques*, p. 118).

231. Tous ceux qui exercent la même industrie et surtout celui qui a reçu ladite récompense, ont le droit de poursuivre cette usurpation.—Mêmes arrêts.—*Sic*, Et. Blanc (*Traité de la Contrefaçon*, p. 731).

**232.** Un fabricant se rend coupable de concurrence déloyale lorsque, ayant reçu des médailles à l'exposition pour des machines à graver, il fait figurer lesdites médailles sur ses annonces, où il n'est question que de machines à coudre.

En conséquence, celui qui a été médaillé pour les machines à coudre a le droit de l'actionner en dommages-intérêts. — 11 nov. 1859, C. de Paris, aff. Callebaut c. Barrère (*La Propriété Industrielle*, nᵒ 100).

**233.** Se rend coupable de concurrence déloyale, celui qui dispose ses médailles et son nom de manière à ne laisser apparaître que les lettres de son nom qui sont les mêmes que celles d'un concurrent. — 19 oct. 1854, Tr. de comm. de la Seine, aff. Menier c. Pelletier (*Gaz. des Trib.*, 22 oct.).

**234.** Lorsqu'un industriel a obtenu dans un concours une médaille pour une machine importée en France, il n'appartient qu'à lui d'annoncer cette médaille, et les autres importateurs de cette même machine ne peuvent annoncer cette machine avec l'indication de la médaille délivrée à leur concurrent.—18 déc. 1860, T. de comm. de la Seine, aff. Peltier c. Legendre (*Ann. de la Propriété Industrielle*, 1861, p. 117).

**235.** Le titre de lauréat ne peut être pris par celui qui n'a eu qu'une mention honorable dans un concours. 7 mai 1864, C. de Paris, aff. Dorvault c. Grimault (*Bull. des arr. de la C. de Paris*, 1864, p. 768).

**236.** Tout fait quelconque de l'homme qui cause du dommage à autrui oblige celui par la faute duquel il est arrivé à le réparer.

Ce principe d'éternelle justice est absolu et, s'il présente des applications délicates en matière d'industrie, c'est à la sagesse des tribunaux d'y concilier la liberté et la bonne foi également nécessaires à cet ordre d'opérations.

Il y a concurrence déloyale donnant ouverture à une action en dommages-intérêts dans le fait d'adresser, en vue d'un intérêt purement personnel, soit à une commission, soit à une société commerciale, des lettres et écrits ayant pour but de discréditer les procédés ou les produits d'un concurrent. — 10 août 1859, C. de Riom, aff. Challeton c. de Barthélat (*Ann. de la Propriété Industrielle*, 1859, p. 409).

**237.** Toute allégation de nature à nuire à un établissement rival constitue un fait de concurrence déloyale.

Il en est spécialement ainsi de l'énonciation dans une brochure que tel établissement thermal possède *seul* des sources dont les eaux peuvent être prises en boisson, alors qu'un établissement rival possède une source dont les propriétés sont analogues. — 14 juill. 1864, Tr. de comm. de la Seine, aff. Coquil c. Batailler (*La propriété Industrielle*, n° 364).

238. Un commerçant ne peut, dans une annonce destinée à faire connaître au public qu'il liquide sa maison, désigner sa maison par son propre nom, si cette désignation peut amener une confusion avec une autre maison depuis longtemps en possession de ce nom et entourée de la considération publique. Les tribunaux, dans ce cas, doivent lui défendre de répandre des annonces sous cette simple dénomination. — 7 mai 1858, Tr. de comm. de la Seine, aff. Delisle c. Delisle (*La Propriété Industrielle*, n° 31).

239. Il y a concurrence déloyale à annoncer dans un journal le produit d'un fabricant à un prix inférieur à celui porté sur les étiquettes de ce dernier, surtout lorsque cette annonce occupe une place voisine de celle d'un produit similaire vendu à un prix supérieur.—7 avril 1859, C. d'Aix, aff. Menier c. Honnoraty (*La Propriété Industrielle*, n° 77).

240. Vainement le commerçant qui annonce qu'il vendra à un autre prix inférieur à celui de son concurrent objecterait-il qu'il n'a fait qu'user de représailles ; il doit être condamné si ce concurrent, en annonçant le premier qu'il vendrait au-dessous du cours, n'a désigné nominativement personne. — 8 mars 1859, C. de Bordeaux, aff. Hesse c. Grellety (*Ann. de la Propriété Industrielle*, 1860. p. 277).

241-242. Un éditeur qui annonce au rabais un livre publié par un autre éditeur, en disant que c'est un ouvrage peu estimé, fait un acte de concurrence déloyale qui doit être réparé par des dommages-intérêts. — 30 janv. 1857, Tr. de comm. de la Seine, aff. Delalain c. Lecoffre (*Gaz. des Trib.*, 6 fév.). — 23 sept. 1857, sentence arbitrale, aff. Belin c. Vivès (*Ann. de la Propriété Industrielle*, 1862, p. 326).

243. Est coupable de concurrence déloyale le libraire qui, par l'entremise de ses commis voyageurs, annonce et offre un ouvrage édité par un de ses rivaux d'industrie, moyennant des prix fort réduits, disant, contrairement à la vérité, qu'il en pouvait livrer un très-grand nombre d'exemplaires neufs qu'il tenait de l'éditeur lui-même. — 13 janv. 1857, C. de Paris, aff. Pilon c. Vivès (*Gaz. des Trib.*, 15 janvier).

244. Il n'y a pas concurrence déloyale dans le fait d'un débitant qui, achetant les produits d'un fabricant, avec une

remise de 20 p. cent, les vend au-dessous du prix, que ce fabricant, fait payer au public, alors qu'il n'y a eu entre le fabricant et le débitant aucune convention relativement au prix auquel le produit serait vendu. — 28 mai 1861, C. de Bordeaux, aff. Christofle c. Bess (*Ann. de la Propriété Industrielle*, 1862, p. 377).

245. Il y a concurrence déloyale à annoncer qu'une marchandise vendue à un certain prix ne peut être bonne, lorsqu'un rival d'industrie vend cette même marchandise au prix critiqué. — 11 déc. 1858, Tr. civ. de la Seine, Sorlin c. Fallet (*La Propriété Industrielle*, n° 53).

246. Il importe peu que ladite annonce ait désigné ou n'ait pas désigné personnellement celui qui se plaint. — Même jugement.

247. Mais cette décision a été infirmée par la Cour de Paris, qui a décidé qu'une annonce de ce genre ne pouvait constituer une concurrence déloyale dès qu'il n'y avait eu aucune désignation de personne.—1ᵉʳ mai 1860, C de Paris, aff. Sorlin c. Fattet (*Ann. de la Propriété Industrielle*, 1860, p. 277).

248 Il y a concurrence déloyale à adresser à une commission ou société de commerce, réunie pour examiner la valeur des procédés inventés par un industriel, des lettres et écrits diffamatoires pour discréditer la méthode de l'inventeur.—10 août 1859, C. de Riom, Challeton c. Barthelat (*La Propriété Industrielle*, n° 98).

249. Il y a concurrence déloyale dans le fait d'un commerçant qui, non content d'imiter les emblèmes d'un concurrent, engage le public à se défier de toute autre préparation que la sienne.—5 sept. 1854, Tr. de comm. de la Seine, aff. Brian c. Ravault (*Gaz. des Trib.*, 22 septembre).

250. Lorsqu'un fabricant traite avec un commissionnaire en marchandises pour le placement de ses produits, ce commissionnaire ne peut ultérieurement se présenter au public comme fabricant les mêmes produits.
Un tel fait constitue de sa part une concurrence déloyale. — 1ᵉʳ fév. 1864, C. de Paris, aff. Gellé c. Bertrand (*Le Droit*, 6 février).

251. Un commissionnnaire en marchandises excède ses droits légitimes quand il divulgue le taux des rabais qui lui ont été concédés par les fabricants.—Même arrêt.

252. Il n'est pas défendu d'entretenir le public d'un concurrent en le désignant par son nom ;

Mais il en est autrement quand on agit ainsi en vue de lui nuire et de détourner sa clientèle ; c'est, dans ce cas, un acte de concurrence déloyale. — 8 mars 1859, C. de Bordeaux, Hess c. Grellety (*La Propriété Industrielle*, n° 76).

253. S'il est permis à un commerçant de publier et d'annoncer les qualités des produits de sa fabrication, il lui est interdit, sous peine de dommages-intérêts, de dénigrer ceux des industriels qui se livrent à une fabrication similaire. — 6 mars 1861, Tr. civ. de la Seine, aff. Lobereau et Meurgey c. Sagerey (*La Propriété Industrielle*, n° 191).

254. Mais s'il y a eu dénigrement réciproque de la part de deux concurrents, il y a lieu de les déclarer respectivement non recevables dans leur demande en dommages-intérêts. — 1er juill. 1863, Tr. de comm. de la Seine, aff. Dejean c. Arnaud (*Ann. de la Propriété Industrielle*, 1864, p. 143).

255. Il n'y a pas diffamation dans le fait de critiquer par la voie de la presse un produit breveté, sans s'attaquer à la personne du breveté, et sans aucune intention de le diffamer. — 12 juin 1862, Tr. corr. de Rennes, aff. Boutin c. Barbier (*Ann. de la Propriété Industrielle*, 1862, p. 237).

256. L'éditeur d'une brochure scientifique ne peut être responsable des critiques qu'elle contient contre un autre ouvrage. Une telle publication ne peut être considérée comme un acte de concurrence déloyale. — 30 janv. 1857, Tr. de comm. de la Seine, aff. Delalain c. Lecoffre (*Gaz. des Trib.*, 6 février).

257. Un commerçant peut annoncer à sa clientèle la condamnation qu'il a obtenue contre un concurrent. — 20 août 1857, Tr. de comm. de la Seine, aff. Mongin c. Mongin. — *Sic*, Rendu, *des Marques*, p. 348.

258. Il est permis de reproduire, même isolément, une plaidoirie dont la publication remonte au cours de l'instance dans laquelle elle a été prononcée et qui n'a donné lieu, à ce moment, à aucune réclamation ni plainte. — 1er mai 1860, C. de Paris, aff. Sorlin c. Fattet (*Ann. de la Propriété Industrielle*, 1860, p. 277).

259. Doit être considéré comme concurrence déloyale le fait d'avoir abusivement obtenu la copie d'une requête présentée à un tribunal dans un procès soutenu par un indus-

triel et de répandre par la voie de la presse ou de toute autre manière une traduction plus ou moins fidèle de cette requête, avec l'intention d'y déconsidérer la personne et le commerce de cet industriel. — 10 août 1859, C. de Riom, aff. Challeton c. Barthelat (*La Propriété Industrielle,* n° 98).

260. Le gérant d'un journal est solidairement responsable du préjudice causé par un commerçant à un autre commerçant par un fait de concurrence déloyale résultant d'un article inséré dans son journal.—18 avril 1859, T. de comm. de la Seine, aff. Lemonnier-Jully c. Desaunay (*La Propriété Industrielle,* n° 77).

261. Jugé de même pour l'imprimeur qui sur la commande d'une tierce personne imprime les étiquettes d'un commerçant et les livre à un autre qu'à ce commerçant. — 24 juin 1839, Tr. de comm. de la Seine, aff. Piver c. Pignatel. (*Gaz. des Trib.,* 27 juin).

262. Une simple commande faite par un tiers à un imprimeur d'étiquettes devant porter un nom commercial ne peut autoriser cet imprimeur à exécuter les ordres qui lui sont donnés par ce tiers et l'affranchir de toute responsabilité envers la maison de commerce dont il imprime le nom. — 28 juin 1860, Tr. civ. de la Seine, aff. Jourdan-Brive c. Pottot, Jarry et autres (*Ann. de la Propriété Industrielle,* 1860, p. 312).

263. Le commissionnaire qui s'est chargé à la requête d'une maison étrangère de commander ainsi des étiquettes portant le nom d'une maison française, ou s'est rendu sciemment complice de la fraude, ou a commis une faute lourde dont il doit supporter la responsabilité. —Même décision.

264. Il y a concurrence déloyale dans le fait de donner un certificat conçu en termes injurieux et constatant qu'un concurrent avait trompé sur la nature de la marchandise vendue ; il n'y a pas lieu, alors que ce certificat a été rédigé avec l'intention évidente de nuire, d'ordonner une expertise pour constater si la déclaration était exacte.—1ᵉʳ juin 1860, Tr. de comm. de la Seine, aff. Beuverand c. Passier (*Ann. de la Propriété Industrielle,* 1860, p. 398).

265. Le fait, par un imprimeur, d'avoir fait servir une composition qui lui a été payée, à l'impression d'une publication rivale, constitue un acte de concurrence déloyale. — 23 juin 1859, C. de Paris, aff. Wittersheim c. Rousset-Boucher (*La Propriété Industrielle,* n° 93).

266. L'entrepreneur d'annonces qui a affermé la quatrième page d'un journal ne peut s'opposer à ce que des annonces soient publiées sur la reliure mobile ou couverture qui, dans les établissements publics, sert à renfermer les journaux.

Il en est ainsi alors même que le nom du journal affermé se trouve imprimé en gros caractères sur ladite couverture et au milieu des annonces. — 1er juill. 1858, C. de Paris, aff. Estibal c. Petit-Demange (*La Propriété Industrielle*, n° 48).

267. Un fabricant qui s'est engagé envers un débitant à ne pas vendre, pendant un certain temps, à d'autres qu'à ce dernier, un produit déterminé de sa fabrique, ne peut, sans contrevenir au contrat qu'il a souscrit et sans encourir une condamnation à des dommages-intérêts pour fait de concurrence déloyale, livrer à d'autres débitants des échantillons du même produit, alors même qu'il serait établi que ces échantillons étaient faits et livrés en vue de préparer une vente future, qui ne devait être réalisée qu'à une époque postérieure au délai fixé par les conventions.—18 nov. 1858, C. de Paris, aff. Dupont c. Devès (*La Propriété Industrielle*, n° 59).

268. Celui qui achète sans condition à un breveté un certain nombre de ses produits a le droit de les vendre aussi bien dans la ville qu'habite le breveté que partout ailleurs. —21 fév. 1857, Tr. de Lyon, aff. Dupasquier c. Piffady.

269. Mais se rend coupable de concurrence déloyale celui qui vend, sous son propre nom, un produit breveté, même après l'avoir acheté chez le véritable inventeur. — 7 juill. 1859, C. de Paris, aff. Gourbeyre c. Bodevin (*La Propriété Industrielle*, n° 93).

270. La fabrication perfectionnée d'un objet tombé dans le domaine public ne saurait constituer un droit privatif. Celui qui emploie ces mêmes objets ne peut être coupable de concurrence déloyale. — 21 mars 1857, Tr. de comm. de la Seine, aff. Comproger c. Bail (*Ann. de la Propriété Industrielle*, 1857, p. 316; *Le Droit*, 17 avril 1857).

271. Il est interdit à ceux qui sont étrangers à une profession d'employer une désignation qui puisse faire croire qu'ils ont droit de l'exercer.—27 août 1844, Paris, aff. Villot c. Dubas.

272. L'entrepreneur de bals publics, qui reçoit dans son établissement les personnes munies de billets de faveur délivrés par un établissement rival, se rend coupable de con-

currence déloyale. — 15 mai 1856, Tr. de comm. de la Seine, aff. Pilodo c. Fatio.

**273.** L'énonciation mensongère d'un certain lieu de provenance ou de fabrication constitue, non un fait délictueux réprimé par la loi de 1857, mais un fait de concurrence déloyale, lequel rentre dans la compétence des tribunaux de commerce. — 30 juill. 1864, C. de Limoges, aff. Marandon c. Bonnel et Tournel (*La Propriété Industrielle*, n° 360.)

**274.** Le surmoulage des modèles d'un fabricant constitue une concurrence déloyale, alors même qu'il s'agit d'un sujet tombé dans le domaine public dont la reproduction est permise à tout le monde. — 22 mars 1864, Tr. civ. de la Seine, aff. Banchot c. Boudoux (*La Propriété Industrielle*, n° 356, et *le Droit*, 1ᵉʳ mai 1864).

### 8° *De la poursuite.*

**275.** Le droit de poursuite, en matière d'usurpation d'enseigne, n'appartient qu'à celui qui est directement menacé par l'imitation. — 28 mai 1846, Tr. de comm. de la Seine, aff. Colas c. Krammer.

**276.** L'industriel qui a vendu son établissement ne pourrait pas, pour justifier sa poursuite, se prévaloir de ce que l'usurpation peut l'empêcher, en ruinant son acheteur, de toucher le prix qui lui est dû pour la vente de son fonds. Et. Blanc (*de la Contrefaçon*, p. 735).

**277.** Il n'appartient qu'aux consommateurs qui auraient pu être lésés par la non-exécution des promesses contenues dans une annonce et non aux négociants concurrents d'en poursuivre les auteurs devant la justice. — 28 juin 1864, Tr. de comm. de Strasbourg, aff. Simon, Speich et consorts c. Gillet, Hoffer et comp. (*La Propriété Industrielle*, n° 194).

**278.** Un dentiste n'a pas le droit de se dire le *dentiste des colléges* dans les annonces qu'il met dans les journaux, lorsque ce titre ne lui appartient pas.

Non-seulement le dentiste auquel ce titre appartient, mais tout autre dentiste peut se plaindre de ce fait de concurrence déloyale. — 12 mars 1846, Tr. de comm. de la Seine, aff. Delmond c. Aimé de Nevers,

**279.** En sens contraire, il a été jugé qu'un industriel n'a pas qualité pour demander la suppression des mots *Manufacture royale* placés sur l'enseigne de son concurrent, bien que celui-ci n'y ait été autorisé par aucun titre émané du gouvernement.—28 janv. 1846, Tr. civ. de la Seine, aff. Durand Delbut c. Béranger Roussel. — 28 mai 1846, Tr. de comm. de la Seine, aff. Colas c. Krammer.—*Contrà*, Et. Blanc (*Traité de la Contrefaçon*, p. 736).

**280.** Le fabricant du véritable gluten peut poursuivre pour fait de tromperie sur la nature de la chose vendue, ceux qui, sous le nom de *gluten*, vendaient tout simplement de la pâte de froment granulée. — 15 fév. 1851, C. de cass., aff. Veron c. Manchion.

**281.** Un étranger qui a en France un établissement commercial, mais qui n'a pas été admis par autorisation du souverain à établir son domicile en France, n'est pas recevable à actionner en dommages-intérêts, devant les tribunaux consulaires français, un autre étranger auquel il impute de lui avoir fait, en France, une concurrence déloyale. (Art. 11 et 13 du C. N.) — 16 nov. 1857, C. de cass., aff. Klug c. Perry-Warton (*La Propriété industrielle*, n° 7, et *Annales*, 1857, p. 361). — 12 avril 1854, C. de cass., Kirby-Deard c. Neuss (*Gaz. des Trib.*, 1854, 13 avril).—11 juill. 1848, *idem*, chamb. réunies, aff. Rowland c. Guélaud (Dev. et Car.48.1.417). — 28 janv. 1846, *idem* ; Spencer Stubs c. Meunier (Dev. et Car. 48.1.426).

**282.** Jugé, au contraire, que les étrangers ont le droit de poursuite. — 30 nov. 1840, C. de Paris, aff. Rowland c. Guélaud (Dev. et Car.41.2.85). — 8 juin 1845, C. de Rouen, même affaire (Dev. et Car.45.2.354). — 22 mars 1855, C. de Paris, aff. Warton c. Klug (*Gaz. des Trib.*, 31 mars). — *Sic*, Et. Blanc, *de la Contrefaçon*, p. 739 ; Rendu, *Marques*, p. 342 ; Pataille et Huguet, *Annales*, 1855, p. 33.

*Voir* sur cette question, *suprà*, 2ᵉ partie.

**283.** Celui qui a obtenu du grand jury de l'*exposition universelle* une médaille ou une simple mention honorable, a le droit de le revendiquer dans tous les pays qui ont concouru, par leurs représentants, aux décisions de ce jury. — Et. Blanc (*de la Contrefaçon*, p. 742).

**284.** En sens contraire. — 16 nov. 1853, Tr. d'Elberfeld (Prusse Rhénane), aff. Hayem c. Baddinghaus. — 9 nov. 1854, Cologne, même affaire.

**285.** Celui qui intente une action en concurrence déloyale n'a pas besoin de prendre directement des conclusions à l'effet d'établir son droit de propriété sur l'objet à propos duquel il prétend qu'il y a concurrence. Ces conclusions se trouvent implicitement comprises dans sa demande.—4 août 1860, Orléans, aff. Giraudeau de St-Gervais c. Charpentier et comp. (*Le Droit* du 27 oct.).

**286.** Il peut donc, même après renvoi de cassation, spécialement et pour la première fois, établir ce droit de propriété. Il n'y a pas là, de sa part, une demande nouvelle.— Même arrêt.

**287.** C'est la juridiction civile et non la juridiction commerciale qui est compétente pour connaître des poursuites en usurpation d'enseignes. — 21 juill. 1841, Tr. civ. de la Seine, aff. Gemion c. la société Bordelaise et Bourguignonne (*Gaz. des Trib.*, 1841, 23 juill.). — 16 juin. 1841, C. d'Aix, aff. Palure c. Prat (*Journ. du Palais*, 1841, ii, 305). — 15 juin 1843, C. de Besançon (*Belg. jud.*, iii, 405). — 10 fév. 1845, C. de Paris, aff. Battarel c. Vallier (*Journ. du Pal.*, 1845, i, 575). — 15 mai 1847, C. de Montpellier, aff. canal du Midi c. Laugé (*idem*, 1847, ii, 313). — 19 avril 1848, Tr. civ. de Bruxelles (*Belg. jud.*, vi, 667).—*Sic*, Pardessus, *Droit commercial*, nᵒˢ 53 et 192 ; Carré, *de la Compétence*, article 385, nᵒ 514, 6ᵉ alinéa.

**288.** En sens contraire. — 12 mars 1855, C. de Paris, aff. Warton c. Klug (*Gaz. des Trib.*, 31 mars). — 30 juin 1863, Tr. civ. de Bruxelles, aff. Moulin c. Lebrun (*La Propriété Industrielle*, nᵒ 330). — 19 fév. 1859, C. de Paris, aff. Groult c. Groult (*Ann. de la Propriété Industrielle*, 1859, p. 95).— 19 fév. 1859, C. de Paris, aff. Danguis c. Roux (*La Propriété Industrielle*, nᵒ 70).

**289.** Il faut distinguer entre les instances en dommages-intérêts pour concurrence déloyale et celles qui ont pour objet la revendication ou la suppression d'une enseigne. Les premières sont de la compétence du tribunal de commerce ; les secondes, de la compétence du tribunal civil. — Calmels, *des Noms et des Marques*, p. 137.

**290.** La saisie permise par la loi en matière de brevets d'invention ne l'est pas lorsqu'il s'agit de l'usurpation d'une désignation. Elle expose à des dommages-intérêts celui qui l'a pratiquée dans ce cas, même avec l'autorisation du juge. —7 juill. 1855, C. de Nancy, aff. Robert-Verly c. Viviez (*Gaz. des Trib.*, 17 juillet).

291. La correspondance échangée entre commerçants, au sujet des opérations de commerce, n'a pas un caractère confidentiel qui la fasse nécessairement exclure des preuves admises en justice. En conséquence, celui qui a obtenu, sans fraude, la communication d'une correspondance commerciale, peut y puiser la preuve du délit d'usurpation de marque qu'il reproche à l'auteur de cette correspondance. — 31 déc. 1856, Tr. de la Seine, aff. Alexandre c. Verdier.

292. Lorsqu'un commerçant se plaint d'une concurrence déloyale que lui ferait un ancien associé en imitant ses enseignes et prospectus, il peut obtenir la suppression de ces enseignes et des dommages-intérêts, mais non la fermeture de l'établissement rival ; en effet, la liberté du commerce est un principe absolu ; cette liberté doit exister pleine et entière, à la condition seulement de se soumettre aux lois et usages ; en conséquence, il ne peut être interdit à un commerçant d'ouvrir un magasin sous son nom, pour y faire tel commerce qu'il lui conviendra.—10 déc. 1857, Tr. de comm. de la Seine, aff. Desouches c. Achard.

293. Lorsqu'un arrêt a été rendu qui ordonne la fermeture d'un établissement créé afin d'établir une concurrence déloyale, un tiers devenu cessionnaire de cet établissement depuis la prononciation de l'arrêt, ne peut invoquer sa cession pour s'opposer à l'exécution dudit arrêt.—8 avril 1859, C. de Paris, aff. Marius-Vidal c. Danguis (*La Propriété Industrielle*, n° 85).

294. Lorsqu'un tribunal décide qu'une enseigne sera supprimée *immédiatement*, sous une sanction déterminée dans le jugement, il faut interpréter le mot immédiatement en ce sens que les dommages-intérêts, pour inexécution, courent du jour de la sentence et non du jour de la signification de cette sentence. C'est, du reste, une question d'interprétation de la volonté du juge.—25 fév. 1856, C. de Paris, aff. Robineau c. Duriot.

295. Lorsqu'un arrêt a fait défense au propriétaire d'un hôtel de se servir d'une certaine dénomination, il faut entendre cette décision en ce sens que cette dénomination ne doit être employée ni sur l'enseigne, ni dans les annonces ou prospectus, ni même sur le linge, l'argenterie, et généralement sur aucun objet mobilier. — 6 août 1862, C. de Paris, aff. Muller c. la comp. immobilière (*Ann. de la Propriété Industrielle*, 1862, p. 267).

**296.** Lorsqu'un arrêt, statuant sur la propriété d'une dénomination industrielle, a déclaré que l'une des parties en cause avait la propriété exclusive du nom en litige, et a fait défense à l'autre partie de faire usage de cette dénomination dans la désignation de son industrie, la Cour impériale, saisie des contestations auxquelles donne lieu l'exécution de son arrêt, ne viole pas la chose précédemment jugée, en décidant, par interprétation de son arrêt, qu'elle a entendu interdire l'usage de ce nom dans toutes les relations de l'industriel avec le public.

La Cour, en statuant ainsi, n'a pas non plus contrevenu à la disposition de la loi de procédure qui ne permet pas d'introduire devant le juge d'appel une demande qui n'aurait pas été présentée au premier juge, ce qui a été demandé à la Cour et ordonné par elle étant virtuellement compris dans la demande première et le second arrêt n'étant que l'exécution pure et simple du premier.—22 déc. 1863, C. de cass., ch. civ., rej., aff. Muller c. la comp. immobilière (*Le Droit,* 23 déc. 1863).

**297.** Les tribunaux, lorsqu'ils défendent l'emploi d'une annonce ou d'une enseigne qui, par leurs termes, peuvent faire confusion avec un établissement rival, n'ont pas besoin de prescrire la modification à apporter. C'est au commerçant à qui la défense est faite, de voir par quelle formule il pourra satisfaire au jugement. — 7 mai 1858, Tr. de comm. de Paris, aff. Delisle c. Delisle (*La Propriété Industrielle,* n° 31).

**298.** Quand un arrêt a été exécuté par le paiement des frais et par une modification quelconque apportée à l'étiquette dont la suppression avait été ordonnée, il n'y a plus lieu à interprétation d'arrêt; la nouvelle étiquette ne peut faire que l'objet d'un procès nouveau.

Dans tous les cas, aux termes de l'art. 472, C. proc. civ., la Cour est incompétente pour apprécier, par interprétation, la légalité de la nouvelle étiquette, lorsque la première a été condamnée par un jugement qu'elle a confirmé purement et simplement. Ce serait au tribunal seul, qui a rendu le jugement, à interpréter sa décision.—22 janv. 1858, C. de Paris, aff. Charpentier c. Raynal (*La Propriété Industrielle,* n° 12).

**299.** Lorsqu'après une dissolution de société, celui des associés dont le nom formait la raison sociale, fonde une autre maison, les tribunaux, tout en donnant acte aux propriétaires de l'ancien établissement de leur offre de supprimer le nom de l'ancien associé, peuvent aussi leur interdire d'ouvrir les lettres qui parviendraient au nom de ce dernier, en leur donnant toutefois le temps nécessaire pour prévenir leur clientèle du changement de nom de leur maison. — 10 déc. 1857, Tr. de comm. de la Seine, aff. Desouches c. Achard.

300. Le commerçant qui a obtenu en justice la répression d'une concurrence déloyale, peut, indépendamment des moyens de publicité qui sont autorisés par le jugement, faire connaître à sa clientèle, par des annonces et des circulaires, la décision de la justice.—20 août 1857, Tr. de comm. de la Seine, aff. Mongin c. Mongin.

301. Le prévenu de contrefaçon, acquitté par le tribunal correctionnel, peut être valablement actionné devant le tribunal de commerce pour concurrence déloyale, sans qu'il y ait violation de l'art. 1351. — 23 juin 1859, Tr. de comm. de Paris, aff. Wittersheim c. Rousset-Boucher (*La Propriété Industrielle*, n° 93).

302. Les débitants qui vendent des objets marqués d'un nom qui n'est pas celui du fabricant, mais qui appartient à un fabricant dont les produits sont généralement recherchés, ne peuvent invoquer leur bonne foi lorsqu'ils ont acheté de vendeurs inconnus ou dans une fabrique autre que celle du fabricant dont le nom a été usurpé.—13 avril 1858, Tr. corr. de la Seine, aff. Desvernais c. divers (*La Propriété Industrielle*, n° 18).

303. En cas d'usurpation d'enseigne ou de désignation, le propriétaire n'a qu'une action en dommages-intérêts, mais il ne peut réclamer l'application d'aucune peine. — 12 juill. 1851, C. de cass., aff. Morel (Dall., 52.1.160).

304. En matière de concurrence déloyale, il y a lieu, pour l'appréciation des dommages-intérêts, d'examiner si, de la part de celui qui a causé un préjudice à raison de ladite concurrence, il y a eu intention formelle d'établir cette concurrence ; si, par exemple, un ex-associé avait pu croire à son droit de ressaisir la clientèle apportée par lui, les tribunaux devraient, eu égard à la bonne foi, modérer le chiffre des dommages-intérêts.—10 déc. 1857, Tr. de comm. de la Seine, aff. Desouches c. Achard.

305. Les juges ne peuvent fixer par avance, en prévision d'infractions ultérieures, le chiffre de dommages-intérêts par chaque infraction constatée.

Cette fixation ne pourrait, en effet, être faite que d'une manière arbitraire et sans tenir compte des circonstances qui pourraient en aggraver ou en atténuer l'importance.

Il y a lieu, dans ce cas, de réserver tous les droits des parties.—14 janv. 1862, C. de Paris, aff. Crouvexier c. Amyot (*Ann. de la Propriété Industrielle*, 1862, p. 203).

# QUATRIÈME PARTIE

# DE LA DIVULGATION

## DES SECRETS DE FABRIQUE.

# JURISPRUDENCE.

### ARTICLE 418 DU CODE PÉNAL.

Tout directeur, commis, ouvrier de fabrique qui aura communiqué à des étrangers ou à des Français résidant en pays étranger des secrets de la fabrique où il est employé, sera puni de la reclusion et d'une amende de 500 fr. à 2,000 fr.

Si ces secrets ont été communiqués à des Français résidant en France, la peine sera d'un emprisonnement de trois mois à deux ans et d'une amende de 16 fr. à 200 fr.

### SOMMAIRE.

| | |
|---|---|
| Abus de confiance, 11. | Domm.-intérêts, 19, 34 et s., 40. |
| Antériorité, 6. | Etranger, 33. |
| Apprenti, 14. | Exploitation, 4. |
| Auteur, 23 et s. | Invention, 8 et s., 13, 23 et s. |
| Bonne foi, 18, 30. | Nouveauté, 5 et s. |
| Brevet, 8 et s., 19, 35 et s. | Ouvrier, 15 et s., 23 et s., 36 et s. |
| Complice, 26 et s. | Preuve, 24 et s. |
| Désistement, 29. | Priorité, 24. |
| Dessin de fabrique, 11. | Secret, 4 et s. |
| Divulgation, 19 et s. | Tentative, 17. |

1. Lorsque la loi ne donne pas elle-même la définition du mot qu'elle emploie, c'est le sens usuel que l'on doit consulter.

Ainsi, on doit considérer comme constituant le secret dont parle l'art. 418, un procédé nouveau employé par un fabricant à l'insu du public, dans un atelier dont l'accès est interdit aux étrangers et où ne pénètrent même point les ouvriers de l'établissement qui ne sont pas spécialement chargés de cette partie. — 28 oct. 1854, Strasbourg, aff. Roswagg c. Lang (*Gaz. des Trib.*, 16 nov. 1854). — 4 nov. 1859, C. de Paris, app. corr., aff. Mourey c. Villemay et Charles (*La Propriété Industrielle*, n<sup>os</sup> 75 et 99).

2. Il faut, pour qu'il y ait secret de fabrique, dans le sens de la loi, que la découverte puisse être utilisée industriellement. — 31 décembre 1863, C. de Lyon, aff. Guinon c. Richoud (*Ann. de la Propriété Industrielle*, 1864, p. 316).

3. Ainsi, une couleur susceptible d'être appliquée à la teinture peut constituer un secret de fabrique. — Même arrêt.

4. Les secrets sont des secrets de fabrique, lorsqu'ils s'appliquent à une fabrication réelle, en exercice.
Il n'importe pas que cette fabrication soit plus ou moins étendue ou plus ou moins fructueuse pour les auteurs, les secrets d'une industrie naissante méritant d'autant plus la protection des lois. — 20 février 1863, C. de Paris, app. corr., aff. Sival c. Regis-Laporte (*La Propriété Industrielle*, n° 274).

5. La première condition pour qu'il y ait un secret de fabrique protégé par la loi, c'est que la découverte qui fait l'objet du secret soit vraiment nouvelle. — 31 déc. 1863, C. de Lyon, aff. Guinon c. Richoud (*Ann. de la Propriété Industrielle*, 1864, p. 316. — Sic, Et. Blanc, *La Propriété Industrielle*, n° 13 ; Chauveau et Faustin Hélie, *Théorie du Code pénal*, t. 7, p. 456 ; Dalloz, v° *Industrie*, n° 146 ; Rendu, *Marques*, p. 371 ; Morin, *Répert. du Dr. crim.*, p. 383).

6. Il y a secret si le métier renferme des dispositions ingénieuses et essentiellement nouvelles, auxquelles on n'oppose que des antériorités sans valeur. — 20 févr. 1863, C. de Paris, app. corr., aff. Sival c. Regis Laporte (*La Propriété Industrielle*, n° 274).

7. L'association et le mode d'emploi d'éléments déjà connus et employés dans une industrie, constituent un secret de fabrique, s'ils produisent des résultats nouveaux. — 8 mai 1862, Tr. corr. de la Seine, aff. Collomb et Carrajat c. Felotte et Buer (*La Propriété Industrielle*, n° 232).

8. Il ne faut pas se préoccuper exclusivement de la question de savoir si les éléments sont ou non brevetables ; il ne s'agit pas de statuer sur une prévention de contrefaçon et

de prononcer sur la validité ou la nullité d'un brevet, mais il faut apprécier ce que la loi a entendu par secrets de fabrique; c'est-à-dire tous ces procédés brevetables ou non, tous ces moyens de fabrication propres à chaque fabricant, et même jusqu'à ces pratiques manuelles, si minimes en apparence et souvent si importantes quant à leurs effets, qu'on appelle des tours de main. — 20 fév. 1863, C. de Paris, app. corr., aff. Sival c. Regis Laporte (*La Propriété Industrielle*, n° 274). — *Id.*, 18 janv. 1850, C. de Paris, aff. Bapterosse c. Zimmer (*Le Droit*, 20 janv. 1850). — *Sic*, Pataille (*Ann. de la Propriété Industrielle*, 1856, p. 96).

9. Il n'est pas nécessaire, pour constituer le délit prévu par l'art. 418, que le secret communiqué ait été l'objet d'un brevet.

Au contraire, les procédés brevetés étant divulgués par la prise du brevet et le mémoire descriptif qui l'accompagne, ne peuvent plus constituer un secret ni donner lieu à la poursuite de l'art. 418. — 16 mai 1861, C. de Paris, aff. Scrigiers c. Christiens et autres (*La Propriété Industrielle*, n° 189). — *Sic*, Rendu, *Marques*, p. 372.

10. Lorsque l'inventeur d'un appareil, après avoir tenu secret son appareil, le fait breveter, cet appareil cesse, à partir de la date du brevet, d'être protégé spécialement par l'art. 418 du Code pénal, en tant que système d'appareil (*chaudière avec manomètre*), mais il n'en est pas de même du procédé particulier de sa fabrication, des règles et précautions spéciales observées par lui pour la conduite de ses chaudières et les détails de fonctionnement de ses appareils (*chaleur proportionnée suivant les légumes à conserver*).

Ce sont là les moyens pratiques d'exploitation d'un brevet, dont les art. 5 et 6 de la loi de 1844 n'exigent pas la description dans la demande en délivrance de brevet, et qui constituent essentiellement le secret de fabrique dont l'art. 418 du Code pénal punit la divulgation.— 15 fév. 1856, C. de Paris, aff. Chevalier-Appert c. Schreiner et Salles (*Ann. de la Propriété Industrielle*, 1856, p. 90).—*Id.*, 4 nov. 1859, C. de Paris, aff. Mourey c. Villemay (*loc. cit.*, 1859, p. 406).

11. On ne peut considérer comme secret de fabrique un dessin non encore exécuté, mais destiné à être livré au public, lorsqu'il sera achevé. La divulgation d'un dessin de fabrique dans ces conditions constitue un abus de confiance. — 21 juillet 1847, Tr. corr. de la Seine, aff. Bouasse c. Herbet.

9.

(*Le Droit*, 24 sept. 1847). — *Sic*, Calmels, *Propriété et Contre-façon*, n° 68 ; Rendu, *Marques*, p. 372.

12. Le secret de fabrique dont la violation constitue le délit prévu par l'art. 418 du Code pénal, n'étant pas prévu par la loi, il appartient aux juges du fait de le reconnaître et de le constater.

Son appréciation est souveraine et on ne peut utilement alléguer devant la Cour de cassation que le propriétaire du secret n'en a donné aucune définition ; il n'en est pas du secret de fabrique comme du brevet d'invention. — 24 avril 1863, C. de Cass., aff. Buer c. Collomb et Carrajat (*La Propriété Industrielle*, n° 288).

13. Est suffisamment motivé pour justifier l'application de l'art. 418, l'arrêt qui constate qu'un industriel a obtenu d'un ouvrier d'une autre fabrique la révélation, à prix d'argent, d'un moyen de fabrication constituant pour cette fabrique un secret d'une grande importance et propre à lui assurer de grands avantages commerciaux, encore bien que cet arrêt ne constate pas que ce secret constitue une invention. Il suffit qu'il soit établi que le procédé était tenu secret. — 10 janv. 1862, C. de Cass., aff. Serigiers, c. Christiens et autres (*Ann. de la Propriété Industrielle*, 1862, p. 222).

14. L'apprenti qui divulgue un secret de fabrique tombe-t-il sous l'application de l'art. 418 ? — *Non*, Calmels, *Propriété et Contrefaçon*, n° 66. — *Contrà*, Dalloz, *Répert.*, v⁰ *Industrie*, n° 146 ; Rendu, *Marques*, p. 372 ; *La Propriété industrielle*, n° 364.

15. L'arrêt qui constate que le prévenu a préparé la sortie de l'ouvrier qui lui a révélé le secret de fabrique de son concurrent ; qu'il a fait sortir cet ouvrier de chez son maître dans le but d'avoir le secret de sa fabrication, constate les éléments du délit de l'art. 418 ;

Peu importe que ce secret n'ait été révélé qu'après la sortie et alors que l'ouvrier était entré dans ses ateliers ;

Cette circonstance ne saurait changer la part de responsabilité pénale appartenant à chacun, car le délit a réellement commencé au moment où les conventions ont été arrêtées entre le prévenu et l'ouvrier suborné, quoiqu'il ne soit réellement perpétré que lorsque ce dernier a été mis à l'œuvre dans les ateliers de son nouveau maître.

Cette constatation de fait rend inutile l'examen de la question de savoir si, en droit, l'ouvrier sorti de chez son maître, en possession du secret de sa fabrication et sans accord frauduleux et mauvais avec un autre maître, peut se servir des connaissances qu'il a acquises chez son premier maître pour appliquer le même système de fabrication et faire profiter son nouveau maître du secret de fabrique de son premier. — 24 avr. 1863, C. de Cass., aff. Buer c. Collomb et Carajat (*La Propriété Industrielle*, n° 288).

16. L'ouvrier, une fois sorti de chez son patron, a le droit d'employer pour son propre compte les secrets de fabrique qu'il a connus comme ouvrier. — Et. Blanc (*La Propriété Industrielle*, n° 21).

17. Il n'y a pas seulement tentative de délit, mais délit véritablement consommé, lorsqu'il y a eu communication de secrets de fabrique qui, il est vrai, n'a pas été suivie d'un résultat utile. — 8 mars 1860, C. de Paris, aff. Maës c. Bouzon et Jamann (*Annales*, 1860, p. 160).

18. Il n'y a délit que si la communication a été frauduleuse. Si le prévenu a agi de bonne foi et sans intention de nuire, son action, bien que préjudiciable et susceptible d'engager sa responsabilité civile, ne constitue pas un délit. — Chauveau et Faustin Hélie, *Th. du Code pén.*, t. VII, p. 456.

19. La nullité du brevet pour défaut de nouveauté du produit breveté, ou pour divulgation antérieure résultant de la mise dans le commerce, n'autorise pas un employé du fabricant à dévoiler à des tiers son mode particulier de préparation.

Il y a là un fait répréhensible donnant ouverture à une action en dommages-intérêts, tant contre l'employé qui a fait la communication que contre les tiers qui en ont profité pour faire au breveté une concurrence déloyale. — 27 juin 1856, C. de Rouen, aff. Lecointe c. Quesnel et Frebourg. — *Sic*, Rendu, *Marques*, p. 375.

20. Le fait d'un employé d'un industriel breveté, d'avoir, antérieurement au brevet, fait fabriquer, offert et donné à des tiers des objets analogues à ceux brevetés, ne constitue pas une divulgation suffisante, alors qu'il n'est pas établi qu'on en ait fait usage et que les objets par lui livrés eussent acquis le degré de perfectionnement que le breveté leur a donné depuis. — 28 août 1857, C. de Rouen, aff. Delaunay c. Pollet et Caulier (*Ann. de la Propriété Industrielle*, 1857, p. 329).

21. Pour établir la priorité de sa découverte, le possesseur d'un droit de fabrique peut invoquer le dépôt qu'il a fait au

conseil des prud'hommes d'échantillons sous pli cacheté. — 31 déc. 1863, C. de Lyon, aff. Guinon c. Richoud (*Ann. de la Propriété Industrielle*, 1864, p. 316).

**22.** La preuve de la communication peut résulter de l'ignorance du prétendu inventeur, de l'emploi des mêmes agents, alors que d'autres eussent produit le même résultat; de là coïncidence entre les progrès de fabrication chez le véritable et chez le faux inventeur. — Même arrêt.

**23.** Quand un maître d'usine, tout en dirigeant le travail de ses ouvriers, fait personnellement avec eux des essais pour améliorer sa fabrication, les procédés obtenus dans ces conditions, même par le concours de ses ouvriers ou contre-maîtres, deviennent des secrets de fabrique dont ceux-ci ne sauraient disposer à aucun titre sans commettre le délit prévu et puni par l'art. 418 du Code pénal. — 8 mai 1862, Tr. corr. de la Seine, aff. Collomb et Carrajat c. Felotte et Buer (*La Propriété Industrielle*, n° 232).

**24.** L'ouvrier ne saurait alléguer pour sa défense qu'il a inventé ou perfectionné lui-même ce qui constitue le secret qu'on lui reproche d'avoir divulgué, et il ne peut élever la prétention d'être propriétaire de cette invention ou de ce perfectionnement;

En effet, les ouvriers qui travaillent dans un atelier, sous les ordres et sous la direction d'un patron, lui doivent leur temps et l'emploi de leur intelligence, et ils ne sauraient pas plus prétendre à un droit de propriété sur les procédés employés et découverts que sur les travaux eux-mêmes exécutés dans ces conditions.

Alors surtout que le patron est un inventeur qui travaille sans cesse avec les ouvriers. — 20 fév. 1863, C. de Paris, app. corr. aff. Sival c. Regis Laporte (*La Propriété Industrielle*, n° 274).

**25.** Le chimiste qui, employé dans une fabrique, communique à un autre fabricant des produits ou procédés dont le secret appartient à sa fabrique, se rend coupable de divulgation de secret de fabrique, alors même que ces produits ou procédés auraient été découverts par lui. — 31 déc. 1863, C. de Lyon, aff. Guinon c. Richoud (*Ann. de la Propriété Industrielle*, 1864, p. 316).

**26.** Doit être condamné comme complice du délit de révélation de secret celui qui a provoqué l'auteur à le commettre par dons et promesses et en l'aidant et assistant avec connaissance de cause dans les faits qui ont préparé, facilité et consommé l'action. — 4 nov. 1859, C. de Paris, app. corr., aff. Mourey c. Villemay et Charles (*La Propriété Industrielle,* n°ˢ 75 et 99).

**27.** Celui qui, par dons et promesses, a provoqué un ouvrier à lui communiquer les secrets de fabrication d'un établissement où il était employé se rend complice du délit de divulgation et encourt les peines édictées par l'art. 418 C. pénal.—15 fév. 1856, C. de Paris, aff. Chevalier-Appert c. Schreiner et Salles (*Ann. de la Propriété Industrielle,* 1856, p. 90).

**28.** Sont complices et doivent être punis comme tels, non-seulement l'industriel qui a provoqué la révélation de secret, mais encore ceux qui ont servi d'intermédiaires. — 16 mai 1861, C. de Paris, aff. Serigiers c. Christiens et autres (*Ann. de la Propriété Industrielle,* 1862, p. 222).

**29.** Et cela alors même qu'il y a eu désistement de la partie civile. — Même arrêt.

**30.** L'art. 418 ne fait aucune distinction entre les différents motifs qui ont déterminé celui qui a provoqué la divulgation ; cet article punit la révélation des secrets de fabrique, quel que soit l'usage qu'on en veut faire ;

Ainsi c'est vainement que le provocateur chercherait à se défendre en disant qu'il voulait s'assurer des moyens employés parce qu'il se proposait de les acheter. — 16 mai 1861, C. de Paris, aff. Serigiers c. Christiens et autres (*La Propriété Industrielle,* n° 189).

**31.** Lorsqu'un ouvrier qui a commis le délit prévu par l'art. 418, C. pén. a communiqué à un autre ouvrier, sans aucun acte de provocation de la part de celui-ci, un secret de leur fabrique, ce dernier ne peut être poursuivi comme complice, bien qu'il ait cherché à exploiter le secret et à en tirer parti au moyen d'un brevet pris à cet effet, lorsque ce fait est postérieur à la consommation du délit. — 14 mai 1842, C. de cass., aff. Dangle (Duchesne, v° *Propriété Industrielle,* n° 82).

**32.** Le délit prévu par l'art. 418, C.Pén. entraîne la peine d'emprisonnement, et dès lors, aux termes de l'art. 135 C. d'inst. crim., le prévenu est tenu de comparaître en personne à l'audience. — 15 fév. 1856, C. de Paris, aff. Chevalier-Appert c. Schreiner et Salles (*Ann. de la Propriété Industrielle,* 1856, p. 91).

33. La divulgation est réputée criminelle et frappée de la reclusion, lorsqu'elle est faite à un Français résidant en pays étranger, sans qu'il soit nécessaire que ce Français s'y soit fait naturaliser. Il faut décider de même, s'il s'agit d'un Français résidant en France, mais ayant un établissement de commerce à l'étranger. — Carnot (*Droit pénal*, t. 2, p. 418).

34. Sans tenir compte du préjudice que la publicité prématurée de l'invention pourra causer aux inventeurs et qui n'est que purement éventuel, il faut tenir compte du dommage éprouvé et qui a pour cause l'impossibilité depuis l'usurpation de leur découverte d'établir en France leur industrie et de placer leur invention à l'étranger, la continuation néanmoins de leurs frais généraux d'organisation et la réduction de la durée utile des brevets qui ont déjà une existence. — 20 fév. 1863, C. de Paris, app. corr., aff. Sival c. Regis Laporte (*La Propriété Industrielle*, n° 274).

35. Est nul le brevet pris pour une invention qui a reçu avant la prise du brevet une publicité suffisante pour pouvoir être exécutée, sans qu'il y ait lieu de distinguer entre les diverses causes de publicité. — 10 fév. 1806, C. de cass., aff. Gajon c. Miroy (Sir. 1806.1.218). — 24 déc. 1833, *idem*, aff. Richard c. Endigoux (*Journal du Pal.* à la date). — 20 mai 1844, aff. Hanoire c. Robert de Massy (Sir. 1844.1.193). — Sic Renouard, *Brev. d'inv.*, n° 46 ; Nouguier, *des Brevets*, n° 510 ; Thirion, *Tablettes de l'inventeur*, p. 71.

36. Jugé au contraire que la déclaration de certains témoins, d'anciens ouvriers, ne saurait constituer une divulgation telle que l'entend la loi pour que l'invention tombe dans le domaine public. — 11 juillet 1845, C. de Paris, aff. Bissonnet c. Cabouret.

37. Jugé, dans le même sens, que la divulgation antérieure des secrets de fabrication et l'exploitation par des tiers des procédés et appareils brevetés ne sont pas une cause de nullité du brevet, lorsqu'il est constaté que cette révélation émane des ouvriers du breveté et a été le résultat d'un délit. — 18 mai 1856, C. de Paris, aff. Chevalier-Appert c. Salles (*Ann. de la Propriété Industrielle*, 1856, p. 419 ; *Le Droit*, 23 mai 1856).

38. Il faut distinguer entre le cas où la révélation a lieu alors que le maître se livrait en secret à l'exploitation industrielle de son procédé et celui où la révélation a été faite

dans un moment où le maître s'en servait à titre d'essai pour ne le faire breveter que lorsqu'il se croirait arrivé aux meilleurs résultats. Dans le premier cas le brevet pris par le maître est nul ; dans le second, il est valable. — Et. Blanc, *La Propriété Industrielle*, n° 21.

39. Jugé dans ce sens que le fait par un employé de l'industriel breveté d'avoir, antérieurement au brevet, fait fabriquer, offert et donné à des tiers des objets analogues à ceux brevetés ne constitue pas une divulgation suffisante, alors qu'il n'est pas établi qu'on en ait fait usage et que les objets par lui livrés eussent acquis le degré de perfectionnement que le breveté leur a donné depuis. — 28 août 1857, C. de Rouen, aff. Delaunay c. Pollet (*Ann. de la Propriété Industrielle*, 1857, p. 329.)

40. Lorsque, sur une poursuite pour divulgation de secrets de fabrique, le fabricant poursuivi comme complice de la divulgation a été acquitté par le motif qu'il n'est pas établi que l'ouvrier prévenu du délit en soit le véritable auteur, ce fabricant, bien que déchargé de toute condamnation correctionnelle, peut être l'objet d'une instance civile en dommages-intérêts de la part du propriétaire du secret, alors qu'il est résulté de l'instruction et des débats qu'il y a eu réellement une divulgation dont l'auteur est resté inconnu, mais dont ce fabricant était assurément le complice. — 14 août 1864, Tr. civ. de Rouen, aff. Démar c. Chatel et Anfry (*Le Droit*, 9 oct. 1864).

# CINQUIÈME PARTIE.

## APPENDICE.

1° Documents législatifs;
2° Législations étrangères;
3° Formulaire.

# DOCUMENTS LÉGISLATIFS.

## LOI DU 23 JUIN 1857

sur les

## MARQUES DE FABRIQUE ET DE COMMERCE.

### EXPOSÉ DES MOTIFS DU PROJET DE LOI.

MESSIEURS,

Des plaintes s'élèvent depuis longtemps sur l'incohérence de la législation relative aux *marques de fabrique et de commerce*, sur l'incertitude de la juridiction en cette matière, et sur l'exagération des dispositions pénales qui répriment la contrefaçon, exagération qui entraîne, le plus souvent, l'impunité.

Les Conseils généraux des manufactures et du commerce, les Conseils généraux des départements, les Chambres de commerce, les Chambres consultatives des manufactures, tous les organes de l'industrie et du commerce ont demandé, à plusieurs reprises et avec instance, une révision de cette législation.

Une première fois la question fut soumise aux Conseils généraux des manufactures et du commerce, dans leur session de 1841-1842. Ces Conseils, dans des avis étudiés avec soin, posèrent les bases d'un projet de loi qui, délibéré par le Conseil d'Etat, au commencement de 1845, fut présenté à la Chambre des pairs le 8 avril de cette année.

Ce projet, discuté en 1846 seulement par cette Chambre, et adopté à peu près dans les termes proposés par le gouvernement, ne fut porté à la Chambre des députés qu'en 1847.

Le rapport de la Commission, qui apportait d'assez profondes modifications au projet de la loi, ne fut soumis à la Chambre que dans les derniers jours de la session de 1847. Il n'avait pu être discuté lorsque la révolution de Février éclata.

La question fut reprise en 1850. Le Conseil général de l'agriculture, des manufactures et du commerce la discuta de nouveau dans la session de cette année, et, à la suite de sa délibération, un nouveau projet fut envoyé par le gouvernement au Conseil d'Etat, qui l'adopta, avec certaines modifications, le 17 juillet 1851. Mais les événements politiques vinrent, encore une fois, l'ajourner.

Aujourd'hui, Messieurs, le gouvernement pense que cette question des marques de fabrique et de commerce, si longuement, si complétement élaborée, est enfin mûre pour une solution. Il a voulu que le projet de loi, soumis de nouveau à une délibération approfondie dans le sein du Conseil d'Etat, fût présenté au Corps législatif.


## I.


Il s'agit, comme nous l'avons dit, de refondre, en la complétant et en la coordonnant, la législation existante sur les marques de fabrique et de commerce. Par conséquent, il convient, avant tout, de remettre sous vos yeux l'état actuel de la législation sur cette matière, en faisant précéder cet exposé d'une courte analyse des dispositions légales qui la régissaient sous l'ancien régime.

§ 1. — Avant 1789, une multitude de métiers étaient assujettis à l'obligation de la marque. Mais la marque n'était pas alors ce qu'elle est généralement aujourd'hui, la simple signature du fabricant ou du commerçant sur l'objet de sa fabrication ou de son commerce ; elle était de plus le certificat de l'autorité publique touchant la qualité du produit, son origine, son poids, etc...

Le gouvernement fixait, pour chaque nature de produits, l'espèce, la qualité et le poids des matières ; il déterminait les conditions de la fabrication, il inspectait même les opérations de la main-d'œuvre. Puis, vérifiant la conformité du produit avec le type réglementaire, il y apposait son estampille, qui prenait ainsi le caractère d'une garantie publique.

Cette mise en tutelle de l'industrie nationale et des consommateurs avait pour sanction une pénalité très-sévère : *confiscation des produits, amendes considérables, dégradation du corps de métier, exposition au carcan*... Et, pour la mise à exécution d'une telle législation, on comprend qu'il fallût une armée entière d'employés : *maîtres-gardes, grands et petits jurés, jurés généraux et particuliers, inspecteurs, contrôleurs, officiers prud'hommes*, etc., etc.

Comme on trouvait des ressources pour le Trésor royal dans la création de ces divers offices, l'esprit de fiscalité s'était emparé de cette institution et avait poussé jusqu'aux abus les plus criants et les plus préjudiciables au travail national cette réglementation de l'industrie, qui originairement avait eu l'intérêt public pour but, et qui avait été inspirée par l'excellente pensée de garantir la sincérité des marchandises, et de protéger l'honneur et les intérêts généraux du commerce français, en France et hors de France, contre les fraudes de marchands et fabricants déloyaux.

Ce régime suscitait des plaintes très-sérieuses. Il avait été l'objet des remontrances du tiers état dans les cahiers des états généraux de 1614 ; Colbert l'avait condamné dans son testament politique ; dès 1750, plusieurs villes de fabrique, celle de Nîmes entre autres, s'en étaient de fait affranchies. Il fut très-considérablement modifié, en ce qui touche la fabrication des tissus, par les lettres patentes du 5 mai 1779, et par celles du 4 juin 1780. Ces deux actes introduisirent un régime intermédiaire ; il fut désormais loisible aux fabricants d'adopter, dans la fabrication de leurs étoffes, telles dimensions et combinaisons qu'ils jugeraient à propos, ou de s'assujettir à l'exécution des règlements. Les produits devaient recevoir, comme auparavant, une marque, une estampille de l'autorité publique. Mais, dans le cas où les produits étaient conformes aux règlements, ils portaient le mot *réglé*, qui n'était pas apposé sur les tissus fabriqués librement. Il paraît même que, dans la pratique, et nonobstant les lettres patentes de 1779 et de 1780, le plomb de la libre fabrique avait disparu avant 1789.

La Révolution affranchit complétement l'industrie. Tous ces règlements périrent par la loi du 7 mars 1791, qui supprima les maîtrises et les jurandes.

Désormais, plus d'estampille de l'autorité, destinée à attester la loyauté des marchandises et à garantir le public contre la fraude ; suppression même de toute obligation pour le producteur de signer ou de marquer ses produits. La marque de fabrique ou de commerce, la signature du fabricant sur l'objet de sa fabrication ne fut plus qu'une faculté, qu'un droit; mais ce droit était illusoire, parce qu'il était sans protection légale suffisante, parce qu'il n'était pas protégé par une peine prononcée contre le contrefacteur.

« Sous l'ancien régime, » disait avec énergie le rapporteur du projet de loi sur les marques, présenté en 1847 à la Chambre des députés, « sous l'ancien régime, le patronage « s'était transformé en oppression, et la tutelle en servitude; « sous le régime nouveau, la liberté ne tarda pas à dégé- « nérer en licence. »

Il fallut donc mettre un frein aux abus graves qu'engendra la liberté absolue de l'industrie. Le législateur dut intervenir.

C'est ici que nous entrons dans l'exposé de la législation qui régit aujourd'hui la matière qu'il s'agit de reviser.

§ 2. — Après 1789, la première disposition réglementaire qui se rencontre sur les marques de fabrique est un arrêté des consuls du 23 nivôse an XI, qui autorise les fabricants de quincaillerie et de coutellerie à frapper leurs ouvrages d'une marque particulière dont la propriété leur était assurée, à la charge par eux de la faire empreindre sur des tables communes déposées à cet effet à la sous-préfecture de leur domicile.

Puis, vient un arrêté du 7 germinal an X, qui autorise *la manufacture nationale de bonneterie orientale* établie à Orléans à mettre sur les envois qu'elle fait à l'étranger un cartouche conforme au dessin qu'elle a soumis au gouvernement.

Mais ce droit de propriété de la marque, reconnu aux fabricants de quincaillerie et de coutellerie, puis à *la manufacture nationale de bonneterie orientale d'Orléans*, était dépourvu de sanction.

La loi du 22 germinal an XI généralisa la reconnaissance du droit appartenant à chaque fabricant et artisan d'apposer sa marque particulière sur les objets de sa fabrication, et édicta une sanction.

Par son article 16, elle déclarait que la contrefaçon des marques donnerait lieu:

1° A des dommages-intérêts ;

2° A l'application des peines prononcées contre le faux

en écritures privées. Toutefois, par son article 18, elle subordonnait l'exercice de l'action en contrefaçon de la marque au dépôt préalable d'un modèle de cette marque au Tribunal de commerce.

La loi de l'an XI ne statuait point sur la juridiction à laquelle devaient être soumis les litiges en matière de marques. On restait sous l'empire du droit commun.

Le décret du 11 juin 1809, rectifié par un avis du Conseil d'Etat approuvé le 20 février 1810, et contenant règlement sur les Conseils de prud'hommes, introduit quelques dispositions importantes relativement à la juridiction en matière de marques. Il investit les Conseils de prud'hommes d'un droit d'arbitrage à l'effet d'indiquer les différences à établir entre telle marque et telle autre. Si la voie de l'arbitrage ne réussit pas, la difficulté est portée au Tribunal de commerce.

Du reste, le décret de 1809 maintient l'action criminelle en contrefaçon, et maintient également la nécessité du dépôt pour l'exercice de cette action; mais il exige un double dépôt, l'un au greffe du Tribunal de commerce, l'autre au secrétariat du Conseil des prud'hommes.

Le 22 février 1810 fut promulgué le Code pénal, dont les articles 142 et 143 vinrent confirmer les dispositions de la loi de germinal an XI, et punirent des peines appliquées au faux en écritures privées, savoir : de la *reclusion*, la contrefaçon des sceaux, timbres ou marques des établissements particuliers de banque et de commerce; et du *carcan*, aujourd'hui remplacé par la *dégradation civique*, l'usage frauduleux des vrais sceaux, timbres ou marques de ces établissements.

Telles sont les dispositions générales sur les marques de fabrique.

Elles ont été complétées et plus ou moins modifiées, pour certains produits spéciaux, par des décrets que nous analyserons sommairement.


*Savons.*


Il y a trois décrets sur les marques des savons, l'un du 1er avril 1811, les autres du 18 septembre de la même année et du 22 décembre 1812.

Pour les savons, la marque du fabricant est obligatoire ;

elle doit être de forme différente, suivant que le savon est fabriqué à l'huile d'olive, à l'huile de graines ou à la graisse; elle doit porter le nom du fabricant et celui de la ville où il fait sa résidence.

La ville de Marseille jouit d'une marque particulière pour ses savons à l'huile d'olive.

Une peine correctionnelle, une amende frappe celui qui livre au commerce des savons non marqués ou indûment revêtus de la marque attribuée à une autre espèce de savons.

Une amende frappe également celui qui usurpe la marque spéciale des savons à l'huile d'olive de Marseille.

Quant à l'usurpation de la marque particulière appartenant à un fabricant, elle reste soumise à la peine criminelle édictée par la loi de germinal an XI et par les art. 142 et 143, C. pén.

### Quincaillerie et coutellerie.

La quincaillerie et la coutellerie sont l'objet de dispositions spéciales écrites dans le décret du 5 septembre 1810, qui dérogent assez notablement à la loi de l'an XI, au décret de 1809 et aux art. 141 et 143, C. pén.

La contrefaçon des marques n'est plus punie ici d'une peine criminelle, mais simplement d'une peine correctionnelle, une amende de 300 fr. pour un premier délit, une amende double et un emprisonnement de six mois en cas de récidive.

D'après le décret de 1809, les contestations civiles en matière de marques sont soumises, comme on l'a dit, à l'arbitrage des prud'hommes d'abord, et, si l'arbitrage ne réussit pas, au Tribunal de commerce. En matière de marques de quincaillerie, il n'en est point ainsi; les Conseils de prud'hommes sont investis d'une véritable juridiction, et non plus seulement du droit d'arbitrage; et, s'il n'y a pas de Conseils de prud'hommes, c'est le juge de paix qui prononce.

### Draps.

La marque des draps est également réglementée par une législation spéciale, savoir : par le décret du 25 juillet 1810, qui attribue aux fabricants de Louviers le droit exclusif de donner à leurs draps une lisière jaune et bleue, et qui frappe d'une amende les fabricants des autres villes qui emploieraient cette lisière ; et par le décret du 22 décembre 1812, qui dispose que chaque manufacture de draps pourra obtenir l'autorisation d'une lisière particulière exclusivement affectée à ses produits, et, de plus, rend obligatoire pour les draps la marque de fabrique.

Mais on ne fera que mentionner, en passant, ces deux décrets, parce qu'ils sont restés sans exécution : le premier, par suite d'un avis du Conseil d'Etat, approuvé par l'Empereur, le 30 avril 1811, portant que l'exécution de ce décret devait être suspendue jusqu'à la promulgation d'un règlement qui n'a jamais été fait ; le second, celui du 22 décembre 1812, par l'effet d'un autre avis du Conseil d'Etat, approuvé par l'Empereur, le 17 décembre 1813, qui a maintenu à toutes les manufactures le droit d'adopter telles lisières qu'elles jugeraient convenables.

§ 3. — Ici se présentent, dans l'exposé de la législation existante sur les marques, un certain nombre de lois, décrets ou ordonnances qui se rattachent au sujet, mais auxquels il ne peut être question de toucher dans le projet de loi actuel ; on verra tout à l'heure pour quelle raison.

Dans cette catégorie particulière, il faut comprendre notamment :

1° L'art. 59 de la loi du 28 avril 1816, qui oblige les fabricants de cotons filés et de tissus de coton et de laine à imprimer sur leurs produits une marque et un numéro de fabrication, afin de les distinguer des produits étrangers similaires prohibés ;

2° Les ordonnances des 8 août 1816, 23 septembre 1818, 26 mai 1819 et 3 avril 1836, qui déterminent, pour l'exécution de l'art 59, tout ce qui concerne l'estampillage et la marque des tissus de laine, coton ou autres de la nature de ceux qui sont prohibés, des tricots et produits de la bonneterie, des châles de laine, de coton ou de soie, des cotons filés, des tulles de coton, etc. ;

3° La loi du 28 germinal an IV, art. 1er, et la loi du 21 octobre 1814, art. 17, qui obligent l'imprimeur à indiquer son nom et sa demeure sur tous les produits de son industrie ;

4° L'ordonnance du 29 octobre 1846, art. 7, qui prescrit au pharmacien d'apposer, sur les substances vénéneuses

10

qu'il délivre, une étiquette indiquant son nom et son domicile ;

5° La loi du 19 brumaire an IV, qui enjoint aux fabricants de matières d'or et d'argent d'imprimer sur leurs produits un poinçon portant un emblème spécial choisi par eux et déposé, et la première lettre de leur nom, indépendamment des poinçons du titre et du bureau de garantie ;

6° Le décret du 9 février 1810, art. 4, qui oblige les fabricants de cartes à jouer à mettre sur chaque jeu une enveloppe indiquant leurs noms, demeures, enseignes et signatures en formes de griffes.

Le projet de loi actuel, qui a pour objet d'assurer une protection réelle à la marque de fabrique et de commerce, d'intéresser, par l'efficacité de la protection qui la couvrira désormais, le fabricant ou le commerçant qui la possède à lui donner de la valeur et à s'en faire une source de fortune par la loyauté de ses produits, et d'arriver, par ce moyen indirect, à sauvegarder les intérêts du consommateur lui-même, n'avait point à s'occuper des actes législatifs ou réglementaires ci-dessus rappelés, parce qu'ils procèdent d'un tout autre intérêt, l'intérêt de douane, l'intérêt de police, ou l'intérêt fiscal.

La loi du 28 juillet 1824 se rattache plus étroitement à l'intérêt que nous avons en vue. Cette loi est celle qui punit des peines portées en l'art. 423, C. pén, savoir : d'une peine correctionnelle (amende et emprisonnement), celui qui usurpe non plus la marque, c'est-à-dire le signe conventionnel qui remplace le nom du fabricant, mais le nom lui-même ou la raison commerciale du fabricant, ou même le nom du lieu de la fabrication. Bien qu'il y ait un rapport très-direct entre l'objet de cette loi et celui du projet actuel, on n'a point pensé qu'il y eût lieu de toucher à la loi de 1824, puisqu'elle édicte contre l'usurpation du nom une peine de la même nature que celle dont il s'agit de frapper l'usurpation de la marque, et puisqu'elle accorde au nom du fabricant la même protection qu'il s'agit d'assurer à sa marque. La loi de 1824 reste donc complétement en dehors du projet qui vous est soumis.

§ 4. — Revenons, par conséquent, à la législation qu'il s'agit de reviser, savoir : à la loi de germinal an XI, au décret du 11 juin 1809, aux art. 142 et 143 du C. pén. et aux différents décrets spéciaux sur les savons et sur la quincaillerie.

L'exposé qui a été fait plus haut de cette législation a démontré qu'elle présente un défaut d'harmonie qui ne s'explique pas, et des contradictions dans ses dispositions principales, celles qui sont relatives à la juridiction et à la peine.

Ainsi, en ce qui touche la juridiction, on a vu que, d'après le décret du 11 juin 1809, qui est général, les contestations civiles qui s'élèvent sur les marques sont d'abord soumises au Conseil de prud'hommes à titre de conciliation, puis, s'il n'y a pas conciliation, aux Tribunaux de commerce. Mais s'agit-il de contestations relatives aux marques de la quincaillerie et de la coutellerie, le décret postérieur du 5 septembre 1810, dérogeant au décret de 1809, attribue juridiction au Conseil de prud'hommes qui prononce comme juge, et à son défaut au juge de paix. Les prud'hommes paraissent aussi avoir juridiction relativement aux marques des savons, aux termes de l'art. 5 du décret du 1er avril 1811.

En ce qui touche les dispositions pénales, même contradiction.

D'après la loi du 22 germinal an XI, combinée avec les art. 142 et 143, C. pén., la contrefaçon des marques et l'usage frauduleux des véritables marques sont punis d'une peine criminelle, *la reclusion et la dégradation civique.* D'après le décret du 5 septembre 1810, la contrefaçon des marques de la coutellerie n'est punie que d'une peine correctionnelle, 300 *fr. d'amende.*

C'est aussi une peine correctionnelle qui frappe le contrefacteur de la marque spéciale attribuée aux savons à l'huile d'olive de la ville de Marseille. Mais la contrefaçon des marques particulières des fabricants de savon reste punie par la peine criminelle du Code pénal.

La législation des marques ne présente pas seulement des contradictions ; on y signale aussi des lacunes. Ainsi la loi de germinal an XI, non plus que le Code pénal, ne punissent point *le débit* des ouvrages à marques contrefaites ; d'où il suit que les produits étrangers revêtus de marques françaises contrefaites, qui viennent, en France même, faire la concurrence la plus déloyale à nos fabricants, ne donnent point lieu à l'application d'une peine. Des auteurs pensent qu'on ne peut poursuivre celui qui les débite que par la voie civile.

Mais le vice principal et considérable de cette législation, c'est l'exagération de la peine prononcée par la loi de germinal an XI et par le Code pénal, qui étant hors de proportion avec la criminalité du fait qu'il s'agit de réprimer, entraîne l'impunité. Un auteur, qui a écrit un livre estimé sur la matière, déclare que, comme il s'agit de la Cour d'assises, cette juridiction n'est saisie que dans des cas très-rares ; que la gravité de la peine a été et sera encore trop souvent une cause d'acquittement ; que, dans l'état de la législation, les intérêts lésés ne peuvent réellement poursuivre ces sortes d'affaires que par la voie civile (1). Or, il ne semble pas qu'il y ait à démontrer ni le droit qu'a la loi pénale d'intervenir pour la répression d'une action dont la criminalité est incontestable, puisque la contrefaçon des marques, c'est le détournement frauduleux de la clientèle ou de l'achalandage d'autrui, ni la nécessité et la convenance de mettre entre les mains des parties lésées un moyen de défense plus énergique que l'arme des dommages-intérêts.

Le but du projet de loi qui vous est soumis, Messieurs, est donc de combler les lacunes de la législation sur les marques, de faire cesser le défaut d'harmonie qui existe entre ses diverses dispositions, de déterminer la juridiction d'une manière uniforme, enfin de donner à la peine un degré d'énergie suffisant, mais qui ne dépasse pas le but. Vous aurez à apprécier si la solution du problème est heureusement donnée.

## II.

§ 1. — Avant d'entrer dans l'examen des questions spéciales que soulèvent les divers articles du projet de loi et des motifs qui les expliquent, il convient de déterminer le terrain sur lequel se sont placés les auteurs du projet, et de préciser l'esprit général et le principe des dispositions présentées à votre approbation.

Et d'abord, il n'est pas besoin de faire remarquer que la marque industrielle ou commerciale ne s'entend point ici de l'estampille au moyen de laquelle l'autorité inscrit son *visa* sur certains produits spéciaux qu'exceptionnellement elle vérifie, soit dans un intérêt de police, soit même dans un intérêt de garantie publique, mais uniquement de la marque personnelle au fabricant ou au commerçant, que celui-ci est dans l'usage d'apposer sur les objets de sa fabrication ou de son commerce pour en constater l'origine.

---

(1) Gastambide, *Traité des contrefaçons,* p. 425.

L'apposition du nom est la plus sûre et la plus claire de toutes les marques. Cependant l'usage des signes, emblèmes ou symboles destinés à remplacer le nom, usage qui remonte aux temps où la connaissance de l'écriture et de la lecture était rare, s'est conservé, non-seulement parce qu'il est traditionnel et passé dans les habitudes, mais parce qu'il est commode. Sur beaucoup d'objets, le nom occuperait une trop grande place, et la marque symbolique le remplace avantageusement.

Déjà nous avons dit que, quant au nom, la loi du 28 juillet 1824 a assuré la protection qui lui est due ; que cette protection est jugée suffisante, qu'il n'y a rien de plus à faire à cet égard. Le projet n'a donc à s'occuper et ne s'occupe que de la marque symbolique ou emblématique employée par le fabricant ou par le commerçant pour remplacer son nom sur les produits de sa fabrication ou de son commerce.

Messieurs, il est clair que le fabricant qui, par la supériorité de ses produits, par l'habileté et la sincérité de sa fabrication, s'est acquis une renommée méritée, a un grand intérêt à revêtir de sa marque les objets qui sortent de sa fabrique, puisque cette marque, qui les signale à la préférence du public, en facilite et en assure le débit. Il est clair encore que celui qui voit sa marque recherchée, préférée par le public, trouve, dans son intérêt même, de fortes raisons pour faire d'incessants efforts d'intelligence et de loyauté afin de lui conserver la préférence dont elle est l'objet. Il est clair enfin que l'exemple des marques honorées, recherchées dans le commerce et devenant pour ceux qui les possèdent une source de fortune, est pour les autres industriels une puissante incitation à marcher dans la même voie. Mais à quelle condition l'industrie trouvera-t-elle réellement dans la marque les avantages qui viennent d'être signalés ?

A la condition que la marque sera réellement et efficacement protégée par la loi ; que le fabricant trouvera une sécurité entière dans l'emploi qu'il pourra faire de sa marque ; enfin qu'il recevra de la loi des garanties suffisantes et faciles à réclamer contre le contrefacteur.

Et maintenant nous ajoutons que ce qui aura été fait directement au profit et dans l'intérêt du fabricant profitera largement, par une conséquence nécessaire, au public lui-même. En effet, si la marque est suffisamment protégée contre les usurpations, efficacement interdite à ceux qui n'y

10.

ont pas droit, si, peu à peu, les fabricants et commerçants honnêtes et intelligents sont amenés, par leur intérêt même, à marquer leurs produits, puis à maintenir et à augmenter la valeur de leur marque, par le soin qu'ils auront de ne l'apposer que sur des marchandises loyales, le public n'aura-t-il pas un moyen très-simple d'éviter les tromperies dont il est trop souvent victime, en exigeant des intermédiaires auxquels il s'adresse la marque qu'il sait devoir inspirer confiance et présenter des garanties ?

Fallait-il aller plus loin dans la protection du public, et prévoir les abus auxquels peut se prêter le droit de marque au détriment non plus des fabricants ou commerçants, mais des consommateurs ? Fallait-il profiter de l'occasion pour édicter des dispositions nouvelles contre les tromperies dont le public peut être victime par le moyen des marques ?

On ne l'a point pensé. Sauf une seule disposition dont il sera parlé ultérieurement, à l'occasion du titre III, on a écarté soigneusement du projet toute disposition qui ne tendrait pas directement au but indiqué plus haut, de faire de la marque une véritable propriété, et de lui donner de sérieuses garanties.

La loi, comme on le verra tout à l'heure, n'a voulu appliquer le bénéfice de ses dispositions protectrices qu'à la marque déposée ; c'est à celle-là seulement qu'elle entend accorder certains avantages, certains priviléges. Mais, si vous vous placez au point de vue de l'intérêt des consommateurs, des tromperies dont ils peuvent être les victimes par le moyen des marques, la distinction essentielle et fondamentale des marques déposées et de celles qui ne le sont pas disparaît ; car la tromperie est la même et a la même conséquence pour le public, soit qu'elle se pratique par une marque déposée, soit qu'elle s'exerce par une marque non déposée. Ici donc, et au point de vue de la tromperie pratiquée envers le public, il vous faudrait confondre ce qu'ailleurs, dans un autre point de vue, vous êtes obligés de distinguer soigneusement ; vous seriez conduits à altérer sensiblement la simplicité et la clarté de la loi.

Il y a plus : une fois dans cette voie, vous devez aller plus loin. Si vous prévoyez les tromperies pratiquées par le moyen des marques déposées ou non déposées, la force des choses vous oblige à prévoir également les tromperies qui s'exercent par des moyens très-voisins de ceux-là : l'annonce, le prospectus, l'artifice des indications de l'étalage, etc.

Eh bien ! il faut le dire, tout cela n'est peut-être pas du domaine de la loi pénale. Le public ne doit pas être constamment traité comme un mineur, et là où il peut faire ses affaires lui-même, où il peut se défendre contre le charlatanisme et contre la tromperie par un peu d'attention et de vigilance, il n'est pas toujours nécessaire et il n'est pas toujours prudent de mettre à son service la loi pénale et le ministère public.

D'ailleurs, il ne faut pas oublier que l'art. 423, C. pén. et la loi du 27 mars 1851 ont pourvu déjà et suffisamment, ce semble, à la protection due aux consommateurs contre les fraudes du commerce. Cet article et la loi de 1851 répriment, en effet, les tromperies sur la nature des marchandises, les falsifications différentes dont elles peuvent être l'objet, ainsi que les fraudes sur la quantité des choses livrées. Si l'expérience démontrait que la loi de police commerciale, faite en 1851, pour compléter et développer l'art. 423, C. pén., est elle-même insuffisante et incomplète, il y aurait à examiner si une loi nouvelle doit être faite. Mais ce n'est point ici le lieu.

Ainsi, la marque, signe convenu, qui remplace sur le produit le nom du fabricant ou du commerçant, tel est l'objet précis et limité du projet de loi. Assurer à la marque une protection suffisante, efficace, facile à obtenir, dans l'intérêt de celui à qui elle appartient, et, par voie de conséquence, dans l'intérêt du consommateur, tel est le principe fort simple et qui domine les dispositions nouvelles.

Cela dit, il ne nous reste plus qu'à faire connaître les motifs particuliers des articles qui ne s'expliqueraient pas d'eux-mêmes.

§ 2. — Le projet est divisé en cinq titres : le premier traite du caractère purement facultatif de la marque et des conditions auxquelles la propriété de la marque s'acquiert ou se conserve ; le second, des droits des étrangers ; le troisième, des pénalités ; le quatrième, des juridictions ; le cinquième contient les règles générales et les dispositions transitoires que comporte le sujet.

## TITRE I.

### DU DROIT DE PROPRIÉTÉ DES MARQUES.

Art. 1er. — L'article 1er pose en principe et d'une ma-

nière générale le caractère purement facultatif de la marque.
Une disposition de cette nature nous a paru être le véritable
point de départ de la loi projetée. La question du caractère
obligatoire ou facultatif de la marque a été fort agitée dans
ces derniers temps : c'est la question la plus grave du projet;
il fallait s'en expliquer tout d'abord.

Bien que le système absolu de la marque obligatoire ait
été plus ou moins complétement, plus ou moins explicite-
ment repoussé dans tous les projets antérieurs et par tous
les corps auxquels ils ont été soumis, nous devons rappeler en peu de mots les arguments sur lesquels il s'appuie.

Il faut mettre un terme, dit-on, aux fraudes qui se commettent sur le marché intérieur, plus encore sur le marché
extérieur. Ces dernières, surtout, ont la plus désastreuse
influence sur la prospérité de nos fabriques. Les pacotilleurs,
qui versent sur les plages étrangères des marchandises de
mauvais aloi, déshonorent notre industrie, lui font une réputation détestable, et l'excluent du marché. Si chaque fabricant était obligé d'apposer sa marque sur les produits de sa
fabrication, il y regarderait à deux fois avant de signer une
œuvre défectueuse ou déloyale ; il serait armé pour résister
aux obsessions du commerce intermédiaire, quand celui-ci
prétend spéculer sur la qualité inférieure des marchandises,
sur l'éloignement des marchés, sur l'incurie ou sur l'ignorance des acheteurs. La marque, si elle ne supprime pas la
fraude, en restreint au moins le champ. C'est le défaut de
responsabilité du fabricant qui la favorise : la marque obligatoire ne crée pas la responsabilité, sans doute, mais elle
donne à l'acheteur, au public, le moyen de l'invoquer et
d'en faire sentir la portée au fabricant déloyal, tout au moins
en repoussant ses produits ; elle assure donc à cette responsabilité une réalité et une sanction.

Aux objections tirées de ce que la marque obligatoire
serait en contradiction avec les principes de liberté de l'industrie consacrés par notre droit public moderne, les parti-
sans de la marque obligatoire répondent que plus la liberté
est grande, plus il importe de rendre sérieuse et réelle la
responsabilité de ceux qui en usent ; que ce n'est point porter
atteinte à la liberté de l'industrie que de lui dire : Vous usez
de votre liberté à votre gré; mais vous en userez à vos
risques et périls, sous votre responsabilité, et, pour que
cette responsabilité soit réelle, vous signerez vos œuvres.

Les adversaires du système de la marque obligatoire tien-
nent, à leur tour, le langage suivant:

D'abord, qu'entend-on par la marque obligatoire ? Apparemment, ce n'est pas le retour à l'ancienne législation d'après laquelle le gouvernement lui-même intervenait pour frapper la marchandise d'une estampille, d'un poinçon, constatant la vérification dont elle avait été, l'objet de la part de l'autorité. Ce ne serait pas, dans ce cas, la marque du fabricant qu'il s'agirait de rendre obligatoire, mais la marque de l'Etat. Eh bien ! sous l'ancienne législation, alors que l'industrie française était réglementée de toutes parts, habituée de longue main à un régime qui était loin d'être celui de la liberté, alors que d'ailleurs elle était si peu développée, ce système souleva de telles plaintes, entraîna de tels abus, de telles tracasseries, que, même avant la Révolution, il avait succombé. Que serait-ce donc aujourd'hui, avec les habitudes de liberté dans lesquelles l'industrie et le commerce ont vécu depuis soixante ans, avec les développements immenses que l'industrie a pris, avec la variété infinie de ces combinaisons ? Quelle armée d'employés ne faudrait-il pas maintenant pour suffire à la tâche ? Et pour arriver à quoi ? A rendre l'administration, l'Etat, caution responsable de la bonne qualité des marchandises livrées au public !

Il existe, assurément, certains cas exceptionnels où l'on a reconnu qu'il était possible, utile, nécessaire même, de faire intervenir la vérification de l'autorité, puis de faire constater cette vérification par une estampille.

Ainsi, le titre des matières d'or et d'argent est vérifié par les bureaux de garantie, et le produit reçoit deux poinçons de l'autorité, celui du titre et celui du bureau de garantie ; les armes à feu sont éprouvées, et le fonctionnaire qui en fait l'épreuve revêt de son poinçon le canon éprouvé ; l'enveloppe des cartes à jouer est frappée du timbre de la régie qui constate que l'impôt a été payé ; les poids et mesures portent une empreinte par laquelle les vérificateurs certifient qu'ils sont conformes aux types réglementaires.

Mais ce n'est plus qu'à titre très-exceptionnel que l'autorité intervient aujourd'hui dans la vérification de certains produits de l'industrie, et, on ne craint pas de le dire, le système de la marque obligatoire de l'Etat, pour peu qu'on lui donnât un peu d'étendue, à plus forte raison si on l'entendait d'une manière générale, est un système qui ne soutient pas l'examen.

Que, s'il s'agit seulement de rendre obligatoire la marque du fabricant, peu de mots suffiront pour établir que ce système, même entendu ainsi, serait à peu près impraticable, fort préjudiciable aux intérêts des fabricants, et qu'il n'offrirait aucune garantie sérieuse au public.

Nous disons d'abord qu'il serait impossible à mettre en pratique pour un très-grand nombre de produits.

Il est une foule d'objets comme les dentelles, les châles, les écharpes, les mouchoirs, les cristaux, etc., qu'on ne peut marquer autrement que par une étiquette mobile, facile à enlever, à changer, qui ne porterait pas par conséquent avec elle la preuve qu'elle appartient bien à l'auteur du produit.

Les menus objets, comme les aiguilles, les épingles, etc., ne peuvent être marqués que par l'enveloppe, qui offre les mêmes inconvénients, puisqu'il est facile de remplacer les objets qu'elle couvre.

Les tissus en pièces ne peuvent être marqués qu'aux deux extrémités de la pièce. Or, les fragments de pièces, les coupons, suivant le langage du commerce, ne peuvent pas porter la marque, et les consommateurs n'achètent guère que des coupons.

Ainsi, la première objection : impossibilité matérielle d'apposer la marque sur un très-grand nombre de produits, au moins de manière qu'elle garantisse l'origine de la fabrication.

Nous disons, en second lieu, que le système de la marque obligatoire serait fort préjudiciable aux industriels. En effet, il y a des cas nombreux où les fabricants les plus honnêtes, les plus intelligents, sont obligés de livrer au commerce des produits défectueux ou de qualité inférieure. Ce sont les produits d'essai, les produits mal réussis, les produits d'un prix peu élevé, destinés aux consommateurs de la classe la plus nombreuse, pour qui le bon marché est indispensable. Font-ils en cela une opération déloyale ? Nullement, si le public est averti de ce qu'il achète. Cependant le fabricant ne signe point de tels produits qui nuiraient à sa réputation. Si vous l'obligez à les signer, vous lui interdirez la fabrication très-licite et très-utile des objets destinés à la consommation du peuple, vous l'obligez à détruire les produits d'essai et les produits mal réussis, c'est-à-dire que vous le ruinez, ou que vous le forcez à compromettre sa marque.

Et puis, enfin, le public dont vous avez voulu sauvegarder les intérêts, vous ne lui donnez qu'une garantie illusoire et bien inférieure à celle que lui assure la marque facultative.

Avec la marque facultative, en effet, le public peut reconnaître, sait reconnaître celle qui a une bonne réputation :

il s'adresse à celle-là de préférence, et il a une certitude morale que le fabricant honorable à qui elle appartient ne l'aurait pas apposée sur le produit qu'il achète, s'il était défectueux. Mais, avec la marque obligatoire, tous les produits sont marqués ou signés ; c'est la confusion des langues ; à moins d'une étude spéciale, il est impossible de s'y reconnaître, de distinguer la bonne marque de la mauvaise ; et, lors même qu'on sait la distinguer, elle n'est plus une garantie pour le public, puisqu'elle couvre également tous les produits du fabricant, les bons comme les mauvais.

Ces raisons, et d'autres qu'il serait trop long d'énumérer, ont fait repousser le système absolu de la marque obligatoire.

Toutefois, le système opposé, celui de la marque facultative, entendu d'une manière absolue, pouvait avoir aussi ses inconvénients, et l'on a compris que, pour certains produits spéciaux et à titre exceptionnel, il pourrait y avoir utilité, nécessité même de rendre la marque de fabrique ou de commerce obligatoire.

Cette nécessité est démontrée par les faits existants. Nous avons déjà cité certains actes législatifs auxquels il ne s'agit point, auxquels personne ne propose de porter atteinte, et qui ont rendu la marque ou le nom du fabricant obligatoire pour les produits auxquels ils s'appliquent.

En ce moment, la marque ou le nom est et restera obligatoire pour l'imprimerie, pour les matières d'or et d'argent, pour les tissus français et similaires aux tissus étrangers prohibés, pour les cartes, pour les matières vénéneuses. Or, la variété des combinaisons de l'industrie est telle aujourd'hui, qu'on peut comprendre qu'il apparaisse tout à coup des produits nouveaux ou des combinaisons nouvelles de produits anciens qu'il soit nécessaire d'assujettir à la marque, soit dans un but de police s'il s'agit d'un produit qui présente certains dangers pour la société, soit dans un but de garantie publique s'il s'agit d'un produit que le public serait absolument hors d'état de vérifier quand il l'achète, et dont il aurait intérêt à pouvoir constater ultérieurement l'identité, soit enfin pour satisfaire à des intérêts semblables ou analogues à ceux qui ont motivé les dispositions légales précitées.

Mais c'est seulement à titre exceptionnel, on l'a dit expressément dans le paragraphe 2 de l'article 1er, que l'obligation de la marque pourrait être imposée à certains produits spéciaux, et sous la garantie d'un décret délibéré en Conseil

d'Etat. Il peut y avoir grande utilité, et on n'aperçoit aucun
danger à reconnaître ce droit au gouvernement dans ces
limites et en cette forme.

Art. 2. — L'article 2 détermine la condition essentielle
et absolue à laquelle est subordonnée la propriété de la
marque, sans laquelle on ne peut revendiquer le bénéfice de
la loi et la protection spéciale qu'elle accorde à la marque.
Cette condition, c'est le dépôt du modèle de la marque en
double exemplaire au greffe du Tribunal de commerce.

Le motif de cette disposition est facile à comprendre.

Les différents emblèmes, symboles ou signes dont les
fabricants peuvent se servir pour remplacer leur nom ne
sont à vrai dire la propriété de personne ; ils sont dans le
domaine public, tout le monde peut s'en emparer. Si donc
vous voulez déposséder le public, au profit d'un seul, du
droit de se servir de tel ou tel signe, il est juste et il est
nécessaire que vous obligiez le fabricant qui désire s'en
réserver l'usage exclusif à rendre son intention publique, à
la porter à la connaissance de tous, et que vous fournissiez
aux autres fabricants le moyen de connaître les signes dont
l'emploi leur est interdit. Tel est l'objet principal de l'obligation du dépôt, qui équivaudra à une notification faite
au public par le fabricant qui a pris possession d'une
marque, pour informer ses confrères de cette prise de possession, et faire naître son droit de propriété exclusive. Un
des deux exemplaires du modèle restera déposé au greffe
du Tribunal de commerce pour servir au jugement des contestations qui pourront s'élever ; l'autre exemplaire est destiné, dans la pensée du gouvernement, au Conservatoire
des arts et métiers, où les marques seront centralisées et
classées de manière à pouvoir être mises facilement à la disposition des intéressés.

Il est bien entendu, d'ailleurs, qu'il ne saurait être interdit
à personne d'user d'une marque non déposée ; mais la
marque, dans ce cas, ne constituera pas pour celui qui s'en
servira une propriété interdite à tous autres. Il ne jouira
pas du bénéfice de la loi, il n'aura pas l'action correctionnelle, et s'il lui reste l'action civile, en réparation des dommages causés, ouverte par l'art. 1382, C. Nap., toujours
est-il qu'il ne pourra trouver dans l'usage habituel, dans la
possession antérieure d'une marque, autre chose qu'un élément insuffisant par lui-même, et ne pouvant que concourir
avec d'autres circonstances pour établir son droit à des

dommages-intérêts. Telle est la pensée qui a fait écrire, dans les articles 2 et 3, que la propriété de la marque ne pouvait être acquise et conservée qu'au moyen du dépôt et à partir du dépôt. S'il était nécessaire d'accorder à la marque une protection efficace, il ne l'était pas moins de fournir aux fabricants les moyens de se mettre en règle, et d'éviter des contrefaçons ou des usurpations involontaires.

ART. 3. — C'est ce même ordre d'idées qui a amené les rédacteurs du projet à limiter, par l'article 3, les effets du dépôt à une durée de quinze années, sauf à reconnaître au propriétaire de la marque le droit de renouveler son dépôt tous les quinze ans pour conserver sa marque. Il eût été, en effet, illusoire d'accorder aux parties intéressées la faculté de rechercher les marques employées, si ces recherches eussent dû s'étendre à une époque trop reculée. Et, d'autre part, ce n'était point imposer une condition bien difficile ni bien coûteuse, que d'exiger un dépôt nouveau tous les quinze ans, quand le dépôt a lieu au greffe du Tribunal de commerce du domicile, et quand les frais de ce dépôt ont été réduits à une somme minime.

## TITRE II.

### DISPOSITIONS RELATIVES AUX ÉTRANGERS.

ART. 5. — Les principes généraux du droit accordant aux étrangers le libre exercice du commerce et de l'industrie en France, l'article 5 du projet ne fait que traduire ce principe, en disant que le bénéfice de la loi est acquis à tous ceux qui possèdent en France des établissements industriels ou commerciaux ; la propriété de leurs marques leur sera garantie aussi longtemps que leur travail et leurs capitaux contribueront à la richesse du pays.

ART. 6. — Mais on n'a point pensé que le même avantage dût être étendu, sans réserve, aux établissements situés hors de France et exploités, soit par des étrangers, soit même par des Français. Le bénéfice de notre législation ne peut être accordé à des établissements situés en pays étrangers qu'autant que des garanties équivalentes nous seront offertes en retour et qu'une réciprocité réelle aura été stipulée dans une convention diplomatique. Cette condition fait l'objet de l'article 6. Elle satisfait à une pensée de moralité que le gouvernement s'est efforcé déjà de faire prévaloir dans les relations internationales. La réciprocité, en fait de marques, tend d'ailleurs à faciliter les transactions commerciales entre les divers peuples, et à les rendre de plus en plus avantageuses aux uns et aux autres, en les fondant sur la plus solide des bases, le respect mutuel des droits légitimement acquis.

Les fabriques et maisons de commerce établies à l'étranger ne ressortissant à aucune de nos juridictions, il devient indispensable de déterminer d'une manière particulière le mode à suivre pour le dépôt des marques étrangères. Le second paragraphe de l'article 6 porte que cette formalité devra s'accomplir au greffe du Tribunal de commerce de la Seine. L'existence d'un seul lieu de dépôt facilitera les recherches et les vérifications des intéressés.


# TITRE III.

### PÉNALITÉS.

Art. 7. — L'article 7 prévoit trois délits qu'il punit de la même peine.

Le premier consiste dans la contrefaçon de la marque appartenant régulièrement à un fabricant ou à un commerçant, ou dans l'usage de la marque contrefaite. Ce délit avait été assimilé au faux en écritures privées par la loi du 22 germinal an XI et par l'art. 142, C. pén., qui le punissait par conséquent de la réclusion. Nous avons déjà dit que cette pénalité excessive n'était point appliquée et qu'elle entraînait l'impunité. La peine prononcée par l'article 7 et celle des articles suivants ne seront plus qu'une peine correctionnelle.

Le second délit prévu par l'article 7 est celui que commet l'individu qui, s'étant procuré d'une manière quelconque une marque, un timbre, un poinçon véritables, s'en sert pour marquer frauduleusement des produits autres que ceux des fabricants ou des commerçants auxquels appartiennent ces marques, timbres ou poinçons.

Vient, en troisième lieu, le délit de ceux qui, sciemment, vendent ou exposent en vente les produits portant des marques contrefaites ou frauduleusement apposées. Nous avons déjà dit que ce délit, complétement assimilable aux deux premiers, n'avait point été prévu par la législation existante.

On n'a pas cru devoir mentionner spécialement les recéleurs parce que, d'après les principes du droit pénal, les recéleurs sont punis comme complices.

ART. 8. — L'article 8 punit d'une peine qu'on a cherché à rapprocher le plus possible de celle prononcée par l'article 7 :

1° Celui qui se fait, de la marque déposée, un moyen de tromper le public, en y insérant des indications propres à induire les acheteurs en erreur sur la nature du produit qui en est revêtu ;

2° Celui qui, sciemment, vend ou expose en vente des produits présentant ce genre de fraude.

L'art. 423, C. pén., punit déjà les tromperies sur la nature de la marchandise ; mais il ne s'applique qu'à la tromperie réalisée. Il a paru juste d'aller plus loin et d'atteindre même la tentative de tromperie, lorsqu'elle a lieu par l'abus des faveurs mêmes qu'accorde la loi. Cette disposition, qui est en parfaite harmonie avec le caractère de moralité que la loi présente, n'a point paru d'ailleurs compromettre la simplicité de son but, qu'on a tenu à conserver en écartant, comme nous l'avons dit, toute disposition plus spécialement destinée à protéger le public contre les fraudes dont il peut être victime.

ART. 9. — Enfin l'article 9 attache une peine, mais moindre que les deux précédentes, à la violation, soit des dispositions des décrets qui, aux termes de l'article 1er, auront assujetti à l'obligation de la marque certains produits spéciaux, soit des autres dispositions d'exécution de ces mêmes décrets.

ART. 10, 11 et 12. — Les articles 10, 11 et 12, empruntés à la loi du 5 juillet 1844 sur les brevets d'invention, ont pour objet d'interdire le cumul des peines lorsque le délinquant a à répondre, devant le Tribunal, de plusieurs des délits antérieurs au premier acte de poursuites, sauf l'application, en ce cas, de la peine la plus forte ; — de permettre aux Tribunaux d'élever les peines au double, lorsqu'il a été prononcé contre le prévenu, dans les cinq années antérieures, une condamnation pour un des délits prévus par la loi ; et de les autoriser à modérer la peine suivant les circonstances, en permettant l'application de l'art. 463, C. pén.

ART. 13. — Les peines mentionnées ci-dessus atteignent le délinquant dans ses biens et sa liberté. Le juge peut, suivant les cas, cumuler l'amende et l'emprisonnement, ou n'appliquer qu'une seule de ces pénalités. Mais il a paru juste et nécessaire de les fortifier par d'autres peines purement morales. En conséquence, les Tribunaux sont autorisés par l'article 13 à interdire aux délinquants toute participation aux élections des Tribunaux de commerce, des Chambres de commerce, des Chambres consultatives des arts et manufactures et des Conseils de prud'hommes pendant un temps qui n'excédera pas dix ans. De plus, les Tribunaux pourront ordonner que les jugements de condamnation soient affichés et publiés dans les journaux. Cette dernière disposition, indépendamment de l'effet moral qu'elle doit produire, aura l'utilité de prémunir les consommateurs et les fabricants contre le renouvellement de fraudes déjà commises à leur préjudice.

ART. 14. — La confiscation des objets dont la marque serait reconnue contraire aux dispositions des articles 7 et 8, et des instruments ayant spécialement servi à commettre le délit, est le complément de la répression.

En matière de contrefaçon des œuvres d'art et d'esprit, l'art. 427, C. pén., prononce la confiscation comme une conséquence nécessaire de la peine dont le délit est frappé. Toutefois, il n'a pas paru possible d'aller aussi loin en matière de contrefaçon des marques ; l'article 14 ne rend point la confiscation obligatoire pour le juge, qui appréciera les circonstances, notamment l'importance du dommage causé par la contrefaçon et les conséquences que pourrait avoir la confiscation.

Il se peut en effet que, d'une part, le dommage causé aux tiers par le délit, soit de peu d'importance et que, d'autre part, la confiscation soit de nature à entraîner la ruine du délinquant ou à compromettre les intérêts de ses créanciers.

Toute latitude doit donc être laissée au juge sur ce point, ainsi que sur la question de savoir si les produits confisqués devront être ou non remis au propriétaire de la marque qui a été contrefaite ou frauduleusement apposée, sans préjudice de plus amples dommages-intérêts, s'il y a lieu.

Ce qui est obligatoire pour le juge, dans tous les cas, même dans celui où il y aurait acquittement, c'est d'ordonner la destruction des marques reconnues contraires aux dispositions de la loi.

Art. 15. — L'article 15, prévoyant le cas où il s'agirait d'infraction aux dispositions des décrets qui ont rendu la marque obligatoire, veut que le Tribunal ordonne toujours, même s'il y a eu acquittement, l'apposition de la marque sur les produits objets de la poursuite. Mais la confiscation, dans ce cas, et pour un premier délit, serait excessive et ne peut point être prononcée par le juge.

Toutefois, ce complément de la répression se justifie, et le second paragraphe de l'article 15 l'autorise, si le délinquant, condamné une première fois pour infraction à l'obligation de la marque, est poursuivi de nouveau pour un délit de même nature, avant le laps de cinq années. La menace de confiscation peut être, en effet, le seul moyen d'empêcher l'individu qui est rentré dans la possession des objets poursuivis pour infraction à l'obligation de la marque, de résister à l'injonction du juge et de les remettre dans le commerce sans les marquer.


# TITRE IV.

### JURIDICTIONS.


Art. 16. — Dans la législation actuelle, et d'après le décret du 11 juin 1809, les Conseils de prud'hommes ont une part d'action au moins consultative en matière de marques de fabrique ; ils interviennent même comme juges, d'après le décret du 5 septembre 1810 sur les marques de la coutellerie. Le projet de loi discuté devant les anciennes Chambres législatives avait maintenu l'intervention conciliatrice des prud'hommes. Le Conseil général de l'agriculture, des manufactures et du commerce, dans l'une de ses dernières sessions, a demandé que cette intervention fût supprimée comme une formalité inutile. Il faut bien le reconnaître, en effet, les Conseils de prud'hommes sont institués pour vider les différends qui s'élèvent entre les patrons et les ouvriers. Leur intervention en matière de marques de fabrique les introduit dans des débats d'une tout autre nature, puisqu'il s'agit alors de contestations entre fabricants seulement. Les Tribunaux de commerce sont d'ailleurs parfaitement aptes à prononcer sur les affaires de marques. Enfin, il se présente des affaires de cette nature dans un grand nombre de villes où il n'existe pas de Conseils de prud'hommes, et où l'arbitrage préliminaire est supprimé sans qu'il en résulte aucun inconvénient. Par ces motifs, l'article 16 énonce purement et simplement que les actions civiles sont portées devant les Tribunaux de commerce.

En cas de poursuites à fins pénales, l'action est dévolue au Tribunal de police correctionnelle, conformément au droit commun. Si, sur une poursuite en contrefaçon, le prévenu soulève pour sa défense des questions relatives à la propriété de la marque, le même Tribunal prononcera sur l'exception ; il a aussi qualité pour statuer sur toutes les demandes qui se rattachent à l'objet principal. Cette dernière disposition, empruntée à la loi du 5 juillet 1844 sur les brevets d'invention, a pour but de donner à l'action de la justice un cours beaucoup plus prompt et de mettre obstacle aux incidents que les contrefacteurs ont intérêt à multiplier afin de gagner du temps.

Il était inutile d'ajouter dans la loi que le ministère public est autorisé à poursuivre d'office, pour l'application de la peine, les infractions aux dispositions qu'elle renferme. Cela est de droit en matière pénale, toutes les fois qu'il n'y est pas dérogé expressément. Il était inutile également de mentionner que la juridiction assignée aux Tribunaux de commerce et aux tribunaux correctionnels de France, en cette matière, ne déroge point à la juridiction de nos consuls, si le litige s'élève hors de France entre Français, juridiction qui reste réglée conformément à d'anciens édits et ordonnances et, pour certains pays, à des capitulations, traités ou usages encore en vigueur, ainsi qu'à des lois récemment promulguées.

ART. 17. — L'article 17 règle les formalités de la description, avec ou sans saisie, à laquelle il peut être procédé à la requête de la partie lésée. Il est nécessaire, dans ce cas, de prendre certaines précautions pour empêcher des poursuites vexatoires inspirées par l'intérêt privé. Lorsque ces mêmes opérations ont lieu à la requête du ministère public, il y est

procédé dans les formes déterminées par le Code d'instruction criminelle.

Le projet de loi confère éventuellement au juge de paix
le pouvoir d'autoriser la description avec ou sans saisie. Ce
droit ne lui avait pas été accordé dans le projet discuté en
1847 ; mais on a considéré que ce magistrat est plus rap-
proché des justiciables ; que, dans bien des cas, l'obligation
de se pourvoir auprès du président du Tribunal civil entraî-
nerait des retards préjudiciables à la partie lésée, en facili-
tant la suppression du corps du délit.

Art. 18. — L'article 18 est emprunté, comme plusieurs
des dispositions qui ont été mentionnées ci-dessus, à la loi
du 5 juillet 1844 sur les brevets d'invention. On ne doit pas
permettre au plaignant de prolonger à son gré l'état de sus-
picion dans lequel son adversaire est placé, et surtout l'espèce d'interdit qui résulte de cette dernière mesure. Si, dans
un certain délai, le requérant n'a pas donné suite à ses premières poursuites, cette inaction sera regardée comme un
aveu implicite de l'injustice de sa prétention. La description,
avec ou sans saisie, sera nulle de plein droit, sans préjudice des dommages-intérêts qui pourront être réclamés
devant le Tribunal de commerce, d'après les principes du
droit commun.


# TITRE V.

## DISPOSITIONS GÉNÉRALES OU TRANSITOIRES.


Il ne nous reste plus, messieurs, à vous entretenir que de
quelques dispositions générales ou transitoires qui com-
plètent le projet.

Art. 19. — L'article 19 a pour objet de combattre un
abus qui a soulevé de vives réclamations dans divers centres
manufacturiers. Il arrive fréquemment que des produits
étrangers portant frauduleusement, soit la marque, soit le
nom d'un fabricant résidant en France, soit l'indication du
lieu d'une fabrique française, sont présentés pour le transit
et gagnent le bureau de sortie sans que l'administration des
douanes puisse agir et avant que les intéressés aient pu in-

tervenir. Ces fraudes, qui ont pour but d'enlever des débouchés à notre commerce, peuvent avoir des effets d'autant plus fâcheux que les produits sont souvent de mauvaise qualité et servent à discréditer les marques ou les noms dont ils sont revêtus. Afin de combattre cet abus, l'article 19 autorise la saisie de tout produit de cette nature, à la requête du ministère public ou de la partie lésée.

Il ne faut pas d'ailleurs se préoccuper de la crainte que cette disposition puisse compromettre les intérêts d'ordre supérieur qui se rattachent au développement du transit étranger envers la France. En effet, nous nous sommes assurés qu'elle n'entraînera et qu'elle ne peut entraîner, de la part de la douane, aucune recherche, aucune vérification plus étendue que celle qu'exigent les intérêts habituels de son service ; par conséquent, il ne résultera de la disposition aucun retard, aucune formalité et aucune gêne nouvelle pour le commerce. Qui effrayera-t-elle donc, qui détournera-t-elle ? Uniquement le commerce frauduleux et déloyal ; et ce n'est point celui-là dont, au surplus, les proportions sont restreintes et qui cependant cause un préjudice notable à nos fabriques, ce n'est point celui-là qu'on doit craindre de détourner et de décourager.

**Art. 20.** — L'article 20 étend l'application de la loi aux vins, eaux-de-vie, farines et autres produits de l'agriculture. Il y a, en effet, des avantages sérieux pour les producteurs agricoles et même pour ceux qui font le commerce des produits de cette nature, à pouvoir s'assurer la propriété d'une marque qui distingue leurs produits et qui les signale à la confiance du public, et à jouir, sous ce rapport, des mêmes faveurs qui sont accordées aux producteurs industriels.

**Art. 21.** — L'article 21 contient une disposition transitoire qui s'explique et se justifie d'elle-même, au profit de ceux qui, antérieurement à la loi, ont déposé leur marque au Tribunal de commerce ; elle les dispense d'un nouveau dépôt au moins pour une première période de quinze ans.

**Art. 22.** — Un règlement d'administration publique doit déterminer, aux termes de l'article 22, toutes les mesures d'exécution que comporte la loi, notamment ce qui concerne les formalités du dépôt des marques, la formation de la collection au Conservatoire des arts et métiers, etc. La publication ultérieure de ce règlement et les mesures à prendre par le commerce et par l'industrie ponr se mettre en règle vis-à-vis de la loi nouvelle obligeaient à déclarer que la loi ne sera exécutoire que six mois après sa promulgation.

ART. 23. — L'article 23 et dernier porte qu'il n'est pas dérogé aux dispositions antérieures qui n'ont rien de contraire à la nouvelle loi. Cela est de principe ; il a été jugé utile de le dire cependant pour faire mienx ressortir que la loi nouvelle a un but restreint et ne touche qu'à une partie de la législation des marques. Nous avons eu soin plus haut de préciser ce but et d'énumérer les principaux monuments de la législation, qui restent en dehors de l'action de la loi nouvelle.

Nous espérons, messieurs, que les dispositions du projet que nous venons d'avoir l'honneur de vous exposer vous paraîtront résoudre avec prudence et mesure les questions délicates engagées dans la réforme de la législation sur les marques de fabrique et qu'elles mériteront votre approbation.

*(Suivent les signatures.)*

---

# RAPPORT PRÉSENTÉ AU CORPS LÉGISLATIF.

### Par M. BUSSON (25 avril 1857).

MESSIEURS,

Le projet de loi dont vous nous avez confié l'examen est la réalisation de vœux incessamment exprimés par les représentants de l'industrie et du commerce, qui le réclament comme une protection nécessaire et un véritable bienfait. Aussi votre Commission vous eût-elle soumis son travail dès la session dernière, si elle n'eût été amenée à l'ajourner par la pensée même de mieux servir les intérêts qui s'y trouvent engagés.

Divers projets de lois sur les brevets d'invention, les dessins de fabrique, étaient à l'étude, et il y avait avantage, suivant nous, à les réunir dans le même examen et la même délibération. Régir par les mêmes principes des matières

11.

identiques, tout au moins connexes, donner à la loi le caractère si désirable d'harmonie et de simplicité, tel était notre désir, favorablement accueilli par le Gouvernement, jaloux de donner à l'industrie, qui le demande si vivement, son Code Napoléon.

L'étude de ces projets paraît avoir soulevé des difficultés qui en retardèrent la présentation, et nous avons dû reprendre l'examen de la loi spéciale que vous nous avez renvoyée. Nous avons d'ailleurs la ferme confiance que le Gouvernement n'abandonnera pas la pensée qu'il avait paru partager, et dont la réalisation serait pour l'industrie et le commerce une amélioration considérable ; nous l'attendons de ses intentions libérales et sagement progressives.

Les marques sont tout signe par lequel un fabricant ou un commerçant distingue les produits de sa fabrique ou de son commerce. Leur usage, qui remonte au temps où l'écriture et la lecture étaient peu connues, et qui est presque aussi ancien que le commerce lui-même, s'est conservé et étendu : il est simple, facile et passé dans les habitudes. Mais leur caractère, leur but ont changé plus d'une fois ; il importe de les déterminer nettement.

Au moyen âge, l'industrie et le commerce avaient, comme la propriété foncière, une organisation féodale. Les corporations, les maîtrises, les jurandes avaient tout hiérarchisé ou asservi. Le législateur faisait lui-même la division du travail ; enfin, appliquant faussement la louable pensée de prévenir les fraudes commerciales, il en était venu à réglementer la fabrication et à en contrôler les opérations.

Alors était apposée la marque, qui n'était pas seulement la signature du commerçant, mais le certificat de garantie de l'autorité publique. De là une véritable servitude pour l'industrie nationale, asservie à des types légaux, frappée de peines énormes en cas d'erreurs dans la fabrication, qui devenaient des manquements à la loi, vexée enfin par tous les jurés, contrôleurs, inspecteurs, dont l'esprit de fiscalité et les besoins du Trésor avaient multiplié les offices.

Ce régime souleva de fréquentes et sérieuses réclamations. Les états généraux de 1614 en demandèrent formellement la modification. Condamné par Colbert, abandonné en fait dans plusieurs centres importants de fabrication, il fut notablement adouci, en ce qui concerne les tissus, par le règlement du 5 mai 1779 et les lettres patentes du 4 juin 1780. Désormais les fabricants purent, dans la fabrication de leurs étoffes, ou s'assujettir à l'exécution des règlements, ou adopter telles dimensions et combinaisons qu'ils préféraient. Dans l'un et l'autre cas, les produits recevaient la marque de l'autorité publique, mais, dans le premier, ils portaient le mot : *réglé.*

La loi du 7 mars 1791, en supprimant l'ancien régime commercial, affranchit complétement l'industrie ; mais, il faut bien le dire, en ce qui concerne les marques, à l'oppression succéda la licence.

Sans doute le droit qu'a tout fabricant ou commerçant d'apposer son nom ou sa marque ne pouvait périr, car il dérive de la nature des choses et se confond avec le droit même de travailler ; mais, destitué de toute garantie pour le faire respecter, ce droit restait illusoire : c'était une propriété privée de tout moyen de se défendre.

Un pareil état de choses ne pouvait durer et motiva de promptes et énergiques réclamations. Le 28 messidor an VII, un message du Conseil des Cinq cents recommande au Directoire la pétition d'un grand nombre de fabricants de coutellerie et quincaillerie, réclamant les garanties de la marque, et un arrêté des Consuls, du 23 nivôse an IX, autorise ces fabricants à frapper leurs ouvrages d'une marque spéciale, et leur en assure la propriété à charge de dépôt. Un autre arrêté de germinal an X donne une marque spéciale à la manufacture nationale de bonneterie établie à Orléans.

Conçue dans des vues générales, et destinée à réglementer les manufactures et ateliers, la loi du 22 germinal an XI proclame le droit pour tout manufacturier et artisan d'appliquer un signe particulier sur ses produits, et punit la contrefaçon des peines portées contre le faux en écriture privée. L'exercice de cette action est subordonné au dépôt préalable de la marque.

Le décret du 11 juin 1809, relatif à l'organisation des Conseils de prud'hommes, leur attribue le soin de veiller à l'exécution des mesures conservatrices de la propriété des marques. Un avis du Conseil d'Etat rectifie et complète ce décret, en décidant que cette juridiction est purement gracieuse et que, à défaut de conciliation par les prud'hommes, la difficulté est portée devant les Tribunaux de commerce.

Enfin le Code pénal, promulgué le 22 février 1810 (art. 142 et 143), punit de la réclusion la contrefaçon des sceaux, timbres ou marques des établissements particuliers de banque ou de commerce, et de la peine du carcan, remplacée depuis 1832 par la peine de la dégradation civique l'usage frauduleux des sceaux, timbres et marques de ces établissements.

Dans un ordre d'idées analogue, mais qu'il est essentiel cependant de ne pas confondre, la loi du 28 juillet 1824 punit des peines portées en l'art. 423, C. pén., les altérations ou suppositions de noms sur les produits fabriqués.

A ces dispositions générales s'ajoutent des décrets et ordonnances relatifs à certains produits spéciaux et qu'il importe de rappeler.

Les lois du 28 germinal an v (art. 1er) et du 21 octobre 1814 (art. 17) astreignent l'imprimeur à indiquer son nom et sa demeure sur tout ce qu'il imprime.

La loi du 19 brumaire an VI ordonne aux fabricants de matières d'or et d'argent d'imprimer sur leurs produits une marque spéciale et déposée, indépendamment des poinçons du titre et du bureau de garantie.

Le décret du 9 février 1810 impose aux fabricants de cartes à jouer l'obligation de donner à chaque jeu une enveloppe indiquant leurs noms, demeures et signatures.

Le 25 juillet 1810, un décret rend à la fabrique de Louviers le droit exclusif dont elle jouissait avant la loi de 1791, d'avoir pour ses draps une lisière jaune et bleue, et un second décret du 22 décembre 1812 prescrit les formalités à suivre par les villes qui voudront obtenir la faveur d'une semblable mesure.

La quincaillerie et la coutellerie sont l'objet de dispositions particulières dans le décret du 5 septembre 1810, qui abaisse la peine pour rendre la répression plus efficace, et donne compétence pour les marques de ces industries aux Conseils de prud'hommes et, à leur défaut, aux juges de paix.

Un autre décret du 1er avril 1811, suivi des décrets des 18 septembre 1811 et 22 décembre 1812, prescrit aux fabricants de savons d'apposer leur marque sur leurs produits et d'en déposer l'empreinte. La ville de Marseille obtient une marque particulière pour ses savons à l'huile d'olive.

La loi du 28 avril 1816, pour faciliter la recherche à l'extérieur des tissus prohibés, enjoint aux fabricants français de produits similaires d'y apposer leur marque ; le mode d'application de cette marque, et les indications qu'elle doit renfermer, sont déterminés par les ordonnances des 8 août 1816, 23 septembre 1818, 26 mai 1819 et 3 avril 1836.

Enfin l'ordonnance du 29 octobre 1846 oblige les pharmaciens à apposer sur les substances vénéneuses une étiquette indicative de leur nom et de leur demdure.

Depuis longtemps les défauts et les lacunes de cette législation sont signalés : composée d'éléments divers, souvent contradictoires, elle soulève des critiques qu'il serait trop long d'énumérer, mais dont les plus graves cependant doivent être rapportées.

La marque, dans les lois qui viennent d'être rappelées, est tantôt obligatoire, tantôt facultative.

La condition préalable d'une poursuite en contrefaçon est le dépôt de la marque. Mais où ce dépôt doit-il être effectué ? L'arrêté du 23 nivôse an IX veut que ce soit à la sous-préfecture ; la loi du 22 germinal an XI, au greffe du Tribunal de commerce ; le décret du 11 juin 1809, au secrétariat du Conseil des prud'hommes ; la loi du 8 août 1816, à la sous-préfecture et au ministère du commerce.

De quelle juridiction relèvent les contestations en cette matière ? Le décret du 11 juin 1809 les soumet aux prud'hommes, mais à titre de conciliation ; et, à défaut de conciliation, aux Tribunaux de commerce. Au contraire, le Conseil des prud'hommes et le juge de paix, là où ce Conseil n'existe pas, prononcent comme juges sur les difficultés relatives aux marques de la quincaillerie, de la coutellerie et des savons. (Décrets des 5 septembre 1810 et 1er avril 1811.)

La diversité n'est pas moins grande en ce qui touche les peines.

La loi du 22 germinal an XI et le Code pénal qualifient crime et punissent comme tels la contrefaçon et l'usage frauduleux des marques. La contrefaçon des marques de coutellerie, des savons et des draps est punie d'une peine correctionnelle. Mais la quotité de la peine n'est pas la même dans chacun des décrets relatifs à ces divers produits.

Omission non moins fâcheuse : ces lois et décrets punissent la contre-façon des marques, mais laissent impuni le débit fait sciemment de produits dont la marque est contrefaite.

Enfin, l'exagération de la peine portée par la loi du 22 germinal an XI et le Code pénal a rendu toute répression impossible. Les rares poursuites qui ont eu lieu ont abouti à des acquittements ; elles ont cessé depuis longtemps. Seule, l'action civile est exercée, mais entravée, énervée par les contradictions et les difficultés que nous avons indiquées. Aussi les Conseils généraux des manufactures et du commerce, ceux des départements, les Chambres de commerce ne cessent de demander une législation plus simple, plus complète, plus efficace.

Un projet de loi fut préparé en 1841 par les Conseils généraux des manufactures et du commerce, élaboré en 1845 par le Conseil d'Etat et adopté en 1846 par la Chambre des pairs. Le rapport était fait et déposé à la Chambre des députés, quand éclata la révolution de Février.

En 1850, le Conseil général du commerce et des manufactures prépara les bases d'un nouveau projet que le Conseil d'Etat vota en 1851.

De ces longues et consciencieuses études est né le projet dont vous êtes saisis.

Quel en est le but, quel en est le caractère? C'est ce qu'il faut tout d'abord préciser.

Le principe fécond de la liberté de l'industrie inscrit dans nos lois est entré si avant dans nos mœurs qu'il n'en saurait disparaître. Il ne pouvait donc s'agir de considérer et d'organiser la marque comme une vérification faite au nom de l'Etat réglementant la fabrication, une garantie de l'autorité publique en certifiant la nature et les conditions. S'il en est autrement pour certains produits, ce sont là des exceptions édictées dans l'intérêt de tous pour la sécurité de chacun ou la défense du travail national, et dont des nécessités d'ordre public pourraient seules justifier la rare extension.

Le projet s'occupe uniquement de la marque que le fabricant ou le commerçant oppose sur les objets de sa fabrication ou de son commerce, pour en constater l'origine, pour leur imprimer autant que possible, aux yeux du public, le caractère de sa personnalité.

La marque est donc une propriété privée que la loi doit défendre. Tel est le principe du projet de loi, principe dont nous aurions voulu tirer des conséquences plus nombreuses et plus fécondes, et que nous nous sommes efforcés de maintenir, sans le compliquer de dispositions étrangères. Son application n'est pas seulement un acte de justice, c'est un avantage précieux pour le commerce loyal, une garantie donnée au public. Protéger efficacement la marque, c'est amener l'industriel, le commerçant à l'employer, c'est aussi les intéresser à en rehausser la valeur par la loyauté et la perfection des produits dont ils revendiquent la responsabilité ; c'est donc, en résumé, servir les intérêts de la production et du consommateur.

Excepté quelques innovations qu'il nous avait paru possible d'étendre, le projet de loi qui vous est soumis ne constitue pas, à vrai dire, une législation nouvelle. Il résume, coordonne, rectifie ou complète les prescriptions légales existant aujourd'hui, dans une série de dispositions dont il faut analyser les motifs particuliers.


# TITRE PREMIER.

### DU DROIT DE PROPRIÉTÉ DES MARQUES.

ART. 1ᵉʳ. — La marque est le signe de la personnalité du fabricant, du commerçant, imprimée à leurs produits ; elle constitue donc une véritable propriété que proclame l'intitulé même de ce titre, et qui est le premier mot de la loi. Mais cette manifestation de sa personnalité par l'industriel ou le commerçant doit-elle rester libre ; doit-elle, au contraire, être une obligation légale ? En un mot, la marque doit-elle être obligatoire ou seulement facultative ? Telle est, messieurs la grave question que soulève toute loi sur les marques, qu'ont agitée les organes de l'industrie, qui partage les Chambres de commerce, et qu'il fallait résoudre dès le début de la loi.

C'est au nom du commerce et dans son intérêt qu'on réclame l'obligation de la marque. La liberté de l'industrie n'a qu'un correctif, la responsabilité de l'industriel, sinon elle dégénère en licence. Que le fabricant soit tenu de signer son œuvre, le marchand les objets qu'il vend, et les fraudes qui ont si gravement compromis notre commerce à l'étranger, qui troublent si souvent le marché intérieur, disparaissent presque complétement, car nul n'en osera prendre publiquement la responsabilité. La marque obligatoire ne protége pas seulement la consommation, elle protége l'industrie elle-même contre les fraudes plus nombreuses encore du commerce intermédiaire qui, chaque jour, compromet la réputation du fabricant en trompant le consommateur. Sans doute elle ne crée pas la responsabilité, mais elle donne les moyens, nuls aujourd'hui, de l'appliquer. Qu'on ne parle pas de difficultés d'application. Pendant des siècles, et jusqu'à la loi de 1791, l'obligation de la marque a été le droit commun de l'industrie. Elle a existé avec des conditions de vérification et de surveillance qu'il ne s'agit pas de ressusciter ; elle existe aujourd'hui sans obstacles dans plusieurs pays étrangers ; elle est donc pratiquement possible.

Si graves que soient ces raisons, messieurs, elles n'ont pas persuadé votre Commission, pas plus que tous ceux qui ont élaboré tous les projets de loi antérieurs.

La répression des fraudes est un résultat excellent sans doute, mais fort hypothétique dans l'espèce. Respectera-t-il sa marque, le commerçant peu jaloux de se faire un nom commercial ? La marque actuellement obligatoire pour les tissus de laine et de coton a-t-elle empêché les fraudes ? Ce qui est certain, au contraire, ce sont les restrictions gênantes imposées au commerce même le plus loyal par une pareille obligation. L'expérience de plusieurs siècles le démontre. Obliger le producteur à signer tous ses produits, n'est-ce pas, sous peine de compromettre sa marque, l'empêcher de vendre les produits d'essai ou mal réussis, de faire pour les besoins de la consommation elle-même des produits inférieurs ou mélangés ? Comment faire pour les produits les plus exigus, ceux non susceptibles d'être marqués, ceux dont la marque doit disparaître dans la vente en détail, ceux enfin qui sont l'œuvre de plusieurs fabricants ?

Comprend-on aussi qu'il faille marquer tous les objets, même les plus simples et les plus vulgaires qui sont dans le commerce ?

La marque obligatoire ne diminue-t-elle pas enfin les garanties que donne la marque facultative ? Avec ce dernier système, tout fabricant habile, tout marchand loyal use de la faculté consacrée par la loi, et le public s'adresse à eux avec confiance, certain qu'ils n'apposeront pas leur marque sur un produit défectueux. Si tous, au contraire, sont tenus d'apposer leurs marques, il en résultera une confusion dans laquelle le consommateur ne pourra distinguer les bonnes et les mauvaises.

Nous n'hésitons donc pas à vous proposer de déclarer la marque simplement facultative. Toutefois, à ce principe le projet de loi apporte un tempérament propre à désintéresser la plupart des objections formulées contre lui et à concilier tous les intérêts. C'est presque toujours en se préoccupant exclusivement d'une ou de plusieurs industries particulières, qu'on réclame l'obligation de la marque, et l'on est alors porté à généraliser une mesure dont apparaît l'utilité spéciale. Déjà des actes législatifs qui ont eu, qui ont encore leur raison d'être dans des principes d'ordre ou d'intérêt public, et dont nul ne demande la modification, ont rendu pour certains produits la marque ou le nom obligatoire : ainsi pour les matières d'or et d'argent, les tissus français simi-

.aires à ceux prohibés, l'imprimerie, les substances véné-neuses, etc.

Des raisons du même ordre, d'autres non moins puissantes, l'intérêt évident de la consommation ou de grandes industries nationales peuvent rendre utile, nécessaire même, de déclarer obligatoire la marque de fabrique ou de commerce. Dans ce but, les intéressés devront s'adresser au Gouvernement, à qui nous vous proposons de déléguer ce soin, convaincus que lui seul est à même d'apprécier exactement l'utilité de semblables mesures, certains enfin qu'il usera avec prudence de son pouvoir discrétionnaire. Hâtons-nous d'ajouter que son exercice est soumis aux garanties des règlements d'administration publique, et que ce seront là, en tous cas, des exceptions rares au principe qui doit rester debout de la marque facultative.

Il est presque inutile d'ajouter qu'en déclarant la marque obligatoire, les décrets détermineront le mode et les conditions de cette marque.

En quoi consistent les marques ? Le projet de loi, évitant le péril d'une définition, et laissant à la doctrine et à la jurisprudence le soin de la faire, était resté muet à cet égard. Votre Commission a pensé que la donner serait prévenir de nombreuses difficultés, et elle en a pris le principe dans les les projets présentés aux précédentes assemblées. Le Conseil d'Etat a adopté son amendement. La marque est tout signe servant à distinguer les produits d'une fabrique ou les objets d'un commerce, et la loi énumère non pas tous ces signes, mais les plus usités et les principaux parmi eux. Si la marque est la représentation du nom, il faut reconnaître que l'apposition du nom est la plus claire et la plus sûre de toutes les marques.

Le nom lui-même est donc une marque, mais à la condition que, pour éviter toute confusion, il affectera une forme distinctive, et qu'il aura été satisfait aux prescriptions de la présente loi. Ce n'est pas là, disons-le tout de suite, une observation théorique ; elle a, au contraire, des conséquences pratiques évidentes. La loi actuelle a pour objet les marques ; la loi du 28 juillet 1824, qu'elle n'abroge nullement, protége le nom des commerçants et punit les usurpations, retranchements et altérations dont ils peuvent être l'objet, et cela sans aucune condition de dépôt ou de forme particulière. La loi actuelle va plus loin et fait autre chose : elle protége comme toute autre marque le nom devenu marque, par l'exécution de ses diverses prescriptions.

ART. 2. — La première, la principale de ces prescriptions est le dépôt de la marque. Adopter une marque, c'est se réserver propre l'emploi d'un signe, c'est en interdire désormais l'emploi aux autres. Il est donc nécessaire de faire connaître à tous que tel signe, hier dans le domaine public, est devenu maintenant une propriété particulière et exclusive. S'il convient de protéger cette propriété, il faut aussi prévenir les contrefaçons involontaires. Le dépôt est la constatation officielle de cette prise de possession, la notification au public de ce droit de propriété ; il ne le crée pas, elle le révèle.

Le dépôt est-il attributif ou seulement déclaratif de la propriété des marques ? C'est là une question grave, controversée encore sous la législation existant aujourd'hui, et que le projet du Gouvernement tranchait en faisant acquérir la propriété par le dépôt.

Que tout fabricant, que tout commerçant doive, pour s'assurer le bénéfice de la loi, déposer une marque qui est une source de fortune pour lui, un gage de confiance pour le public, cela est évident ; il y a imprudence à agir autrement, et la loi n'a pas à le protéger plus qu'il ne le fait lui-même. Mais fallait-il le dépouiller de sa propriété, cet industriel, si négligent qu'il fût, à ce point qu'il pût être poursuivi par un tiers qui, non content d'usurper sa marque, en aurait opéré le dépôt ? Telle eût été, en effet, la conséquence fatale d'un principe rigoureux : il nous a paru dangereux de faire dépendre de l'accomplissement d'une formalité, de soumettre à la chance d'une diligence plus active, la propriété d'une marque qui, le plus souvent, tire son importance de son ancienneté et n'a pas été déposée à cause de son ancienneté même.

Cette pensée a inspiré à notre honorable collègue, M. Legrand, un amendement consistant à remplacer les premiers mots de l'article 2 par ceux-ci : *Nul ne peut revendiquer la propriété exclusive*, etc. ; cet amendement, adopté par votre Commission, l'a été également par le Conseil d'Etat.

Les mêmes raisons nous avaient porté, avec M. Legrand, à demander le changement du premier paragraphe de l'art. 3, en ne reconnaissant la propriété de la marque qu'à partir du jour du dépôt ; cette disposition paraissait faire du dépôt la cause de la propriété. Le Conseil d'Etat, par la suppression de ce paragraphe, a écarté toute difficulté et rendu inutile l'amendement par lequel nous écrivions, dans l'art. 3 comme dans l'art. 2, ce principe que le dépôt est simplement déclaratif de la propriété des marques. Ainsi donc, au propriétaire d'une marque déposée le bénéfice de la loi actuelle, des garanties spéciales qu'elle institue et des actions qu'elle organise ; à celui qui n'effectue pas le dépôt, le droit commun. Il se servira de sa marque, sans pouvoir en être dépouillé, et il demandera à l'art. 1383 C., Nap., les moyens de se défendre contre toute concurrence déloyale.

Le dépôt a d'autres avantages qui en justifient surabondamment la nécessité. Il donne, dans les questions de priorité, un élément de certitude ; dans les questions de contrefaçon, une pièce de comparaison irrécusable. Ce dépôt sera fait au greffe du Tribunal de commerce en un double exemplaire. MM. les commissaires du Gouvernement nous ont déclaré que le projet du Gouvernement, en demandant un second exemplaire, est de centraliser les marques au Conservatoire des arts et métiers, de former ainsi pour tout l'empire un dépôt général qui permettra toutes les recherches et facilitera la répression des fraudes. Votre Commission n'a pu qu'applaudir à cette pensée, éminemment utile à l'industrie et au public.

Art. 3 et 4. — Les avantages de cette réunion et du dépôt lui-même seraient illusoires si, pour connaître une marque, les recherches devaient embrasser un grand nombre d'années. Il importe également à tous de savoir si une marque est conservée, ou si, au contraire, elle est tombée dans le domaine public. C'est donc avec raison que la loi limite à une période de quinze années l'effet du dépôt. Il peut, d'ailleurs, toujours être renouvelé. Les frais de ce dépôt sont minimes ; il ne fallait pas cependant que ces actes fussent sans compensation pour les officiers publics chargés de les recevoir. Le même fabricant, le même commerçant peut, s'il a plusieurs marques, en faire le dépôt dans un seul procès-verbal ; mais le droit de rédaction sera perçu autant de fois qu'il y aura de marques déposées. Tel était sans doute le sens de l'article 4 ; mais la Commission a cru devoir le dégager plus nettement par un amendement que le Conseil d'Etat a adopté.

Dans la pensée de donner aux dispositions relatives à la propriété des marques un caractère particulier de moralité et de loyauté, notre honorable collègue M. Quesné a proposé l'amendement suivant, qui se serait ajouté à l'article 3 :
« Nul ne peut faire usage d'une marque à lui cédée, et comprenant le nom d'un fabricant ou d'un commerçant, s'il

n'ajoute à cette marque son propre nom, suivi du mot *successeur.* » La loi sarde du 12 mars 1855 contient une disposition analogue.

Lorsqu'une industrie change de mains, il est nécessaire, suivant notre honorable collègue, que le public ne l'ignore pas et ne continue sa confiance qu'en connaissance de cause. Ne doit-on pas craindre aussi qu'un successeur, moins soucieux de l'honneur d'un nom qu'il ne porte pas, n'en exploite et n'en compromette le renom mérité, par une fabrication moins bonne ou même par des fraudes criminelles ?

Tout en rendant justice à la pensée morale et élevée de cet amendement, votre Commission n'a pas cru pouvoir l'accueillir. Il lui a paru ne se rattacher qu'indirectement à la loi, et avoir plutôt pour objet le nom du commerçant régi par la loi du 28 juillet 1824, tandis que la loi actuelle s'occupe exclusivement des marques. Lorsqu'un commerçant, par sa loyauté et la supériorité de ses produits, a su donner confiance à sa marque, conquérir un nom respecté, il trouve des avantages considérables et la juste récompense d'une vie commerciale honorable dans la cession de sa maison, du nom qui la recommande au public, de la marque qui en signale les produits. L'adoption de l'amendement rendrait impossible toute cession semblable, tarirait, pour le commerçant, une source légitime de profits, et supprimerait un élément puissant de loyale émulation.

# TITRE II.

### DISPOSITIONS RELATIVES AUX ÉTRANGERS.

ART. 5 et 6. — Admettre les étrangers à exercer en France le commerce ou l'industrie, c'est leur garantir sécurité et protection. Elles leur sont dues en échange du contingent qu'ils fournissent à la richesse et à l'activité de notre pays. Il était donc juste, et l'article 5 consacre ce principe, d'accorder aux étrangers, pour leurs établissements en France, le bénéfice de la loi, à la charge d'en remplir les obligations. Ce n'est, d'ailleurs, à leur égard, que l'application du droit commun en matière de commerce.

La même faveur devait-elle être accordée aux établissements situés hors de France et appartenant à des étrangers ou même à des Français ? Le projet ne le propose point ; il établit une règle plus équitable, plus protectrice de nos intérêts : la réciprocité. Pourquoi gêner par des restrictions l'imitation des marques d'un pays où la marque de nos nationaux n'est point respectée ? Pourquoi le faire, surtout quand des préjugés dont le temps fera justice n'acceptent certains produits nationaux, même supérieurs, que s'ils sont revêtus de marques étrangères ?

La loi va plus loin : elle exige, et avec raison, que cette réciprocité résulte de conventions diplomatiques. Il ne suffira pas que la loi étrangère punisse les usurpations et les contrefaçons de nos marques. L'on ne peut accorder la garantie de notre législation sans savoir si des garanties égales nous seront accordées, si nous n'échangeons pas une protection efficace contre une protection illusoire. La réciprocité n'existera que si elle est stipulée dans un traité.

Cette hypothèse se réalisant, il fallait déterminer le lieu où les étrangers opéreraient le dépôt qui est la condition absolue pour user du bénéfice de la loi. Il a paru plus facile pour eux, plus avantageux pour le commerce général, de décider que cette formalité sera remplie au greffe du Tribunal de la Seine.


# TITRE III.

### PÉNALITÉS.

Art. 7. — Les reproches les plus graves adressés à la législation actuelle sur les marques sont la diversité, la contradiction et l'énormité des peines qu'elle prononce, et qui ont pour résultat l'impuissance et l'impunité.

La loi du 22 germinal an XI et le Code pénal qualifient crime la contrefaçon des marques, et la punissent des mêmes peines que le faux en écriture privée. C'est là une exagération évidente, démontrée par ses regrettables conséquences. Il n'y a, en effet, aucune assimilation à faire entre l'atteinte plus ou moins directe portée à une propriété et la création criminelle d'un acte contenant obligation pour autrui.

Aussi le projet de loi range-t-il uniformément dans la catégorie des délits les attaques contre la propriété des marques ; mais là s'arrête l'uniformité de la loi. La peine, tout en conservant le caractère correctionnel, n'est pas la même pour

tous les délits. Pour les uns le maximum s'élève, pour les
autres le minimum s'abaisse davantage, sans que votre Commission ait pu se rendre un compte exact de la gravité différente de ces délits et de la convenance d'en varier la
répression. Divers amendements de MM. Legrand et Tesnière,
qui se confondent avec ceux de la Commission, avaient pour
but de faire disparaître cette imperfection.

Pénétrée de l'idée mère du projet, votre Commission a
voulu donner à la loi un caractère de simplicité et d'harmonie toujours désirable dans les œuvres législatives, plus
précieuse peut-être encore ici, puisque l'absence de ces avantages est une des causes principales de la réforme qui nous
est proposée. Elle a pensé qu'il convenait d'édicter la même
peine contre tous les délits relatifs aux marques, en laissant
aux juges toute la latitude possible pour en faire une équitable application. Cette peine, elle l'a cherchée dans des
dispositions légales punissant, si l'on peut parler ainsi, des
délits de la même famille. Nous trouvions, en effet, punies
des peines portées par l'art. 423, C. pén., les tromperies sur
la nature de la chose vendue (art. 423, C. pén.), les usurpations et altérations de nom (loi du 28 juillet 1824), les
contrefaçons en matière de brevets d'invention (loi du
5 juillet 1844), certaines fraudes dans la vente des marchandises (loi du 27 mars 1851), les mêmes fraudes relativement
aux boissons (loi du 5 mai 1855). Nous avons donc proposé
de punir des peines portées en l'art. 423, C. pén. tous les
délits contre les marques de fabrique ou de commerce.

Au nombre de ces délits, ne doit-on pas faire figurer la
destruction et l'altération frauduleuse de la marque ? Pour
encourager l'usage de la marque facultative, suffit-il de punir
les contrefacteurs ? Souvent la marque peut être supprimée
sans le consentement et même malgré la défense du producteur, par des intermédiaires qui se donnent pour fabricants,
par des concurrents jaloux de substituer leur marque à celle
d'un autre et de se créer avec ses produits une réputation
commerciale. Sans doute celui qui achète un produit en a la
libre disposition, mais cela ne va pas jusqu'à enlever au
fabricant l'honneur que lui procure l'exécution. Il en est
ainsi pour les œuvres de l'art et de l'esprit, pourquoi en
serait-il autrement des œuvres industrielles ? Toute marque
est une propriété, nous l'avons reconnu, et c'est le premier
mot de la loi actuelle. Elle doit être préservée du vol et de
la destruction. Plusieurs Chambres de commerce en ont
manifesté le vœu avec instances ; le projet de la Commis-

sion de la Chambre des députés, en 1845, contenait une disposition formelle en ce sens ; la loi sarde du 12 mars 1855 a consacré ce principe, que MM. Tesnière et Legrand nous ont également proposé d'inscrire dans la loi.

Votre Commission a formulé ces idées dans deux amendements successivement présentés au Conseil d'Etat et tous deux rejetés par lui, sauf un point spécial qui se rattache à l'article 8. Voici le second de ces amendements :

« Sont punis des peines portées en l'art. 423, C. pén. :

« 1° Ceux qui ont contrefait une marque ou fait usage d'une marque contrefaite ;

« 2° Ceux qui ont frauduleusement apposé sur leurs produits ou les objets de leur commerce une marque appartenant à autrui ;

« 3° Ceux qui ont frauduleusement imité une marque ou se sont servis d'indications tendant à tromper sur la marque d'autrui ;

« 4° Ceux qui ont frauduleusement détruit ou altéré une marque ;

« 5° Ceux qui ont sciemment vendu ou mis en vente un ou plusieurs produits dont la marque serait ou aurait fait l'objet d'un des délits punis par les paragraphes précédents. »

Nous avons dit que ces amendements ont été repoussés. Deux changements toutefois ont été introduits dans la rédaction primitive ; le minimum de la peine a été abaissé à 50 francs ; l'application de l'art. 463, C. pén., permet d'ailleurs d'adoucir encore la répression ; enfin nous avons proposé, dans cet article et les suivants, de substituer aux mots : « exposé en vente, » qui semblent supposer une sorte de manifestation extérieure, ceux-ci : « mis en vente, » qui permettent d'appliquer la peine dès que l'objet du délit est destiné à être vendu.

Cette modification a été adoptée.

Ainsi modifié, l'article 7 prévoit et punit trois délits ;

1° La contrefaçon d'une marque, c'est-à-dire sa production aussi parfaite qu'on aura pu y parvenir ;

2° L'apposition frauduleuse de la marque d'autrui, c'est-à-dire le fait de celui qui s'est procuré la marque véritable d'une autre personne et s'en est servi pour marquer ses produits ;

3° La vente et la mise en vente de produits défectueux : c'est là le fait le plus important à punir ; la fraude serait restreinte dans le débit qui la rend productive.

Il est superflu de rappeler que les dispositions de droit commun sur la complicité, et, notamment, la complicité par recel, s'appliquent à ces délits comme à tous les autres.

Art. 8. — L'article 8 du projet émane d'un tout autre ordre d'idées. Il ne punit plus des délits contre la propriété des marques, mais des délits commis au moyen de l'emploi des marques ; il réprime l'usage de marques portant des indications propres à tromper l'acheteur sur la nature du produit et la mise en vente ou la vente de produits ainsi marqués.

Que cette disposition ait quelque utilité, votre Commission ne le conteste pas. Elle comblerait une des nombreuses lacunes qu'on regrette dans l'art. 423, C. pén. Qu'au lieu d'atteindre seulement la tromperie consommée, si difficile à saisir, la loi punisse toutes les tentatives de tromperies ; que la loi du 27 mars 1851 s'applique à toutes les denrées et marchandises ; que toutes ces fraudes, qu'il serait trop long d'énumérer, et qui sont la honte et la ruine du commerce, soient réprimées, rien de mieux, et nous exprimons le vœu formel qu'une loi de police commerciale réalise les améliorations réclamées de tous côtés et indiquées par l'expérience ; mais il nous a semblé que pour opérer une réforme peu importante par elle-même, c'était introduire dans la loi une disposition étrangère à son principe, et n'ayant avec lui qu'un rapport de mots, s'exposer au reproche, si bien rappelé dans l'exposé des motifs, d'altérer la simplicité et la clarté de la loi. Prévoir, dans une loi sur la propriété des marques, les abus auxquels peut se prêter ce droit, cela conduirait, dans une loi sur la vente des armes de guerre ou des substances vénéneuses, à punir l'usage homicide qu'on en pourrait faire.

Votre Comission vous eût donc proposé de rejeter l'art. 8 comme nuisant à l'harmonie du projet de loi et le compliquant sans grande utilité ; mais un des amendements qu'elle avait proposés à l'art. 7 ayant été reporté à l'art. 8 par le Conseil d'Etat, elle s'est vue placée dans la nécessité, si elle persistait, de rejeter une amélioration qu'elle considère comme indispensable.

L'art. 7 punit la contrefaçon, c'est-à-dire la reproduction brutale, complète, de la marque. Mais la fraude cherche toujours à se soustraire à l'application de la loi. On ne contrefait pas une marque, on l'imite. Si elle consiste dans des lettres, on prend d'autres lettres, mais affectant les mêmes formes ; un vernis, des couleurs dissimuleront les différences, ou bien encore on se sert de la même dénomination qu'un fabricant, en ajoutant, sous une forme plus ou moins perceptible, le mot *façon*. Ces fraudes sont innombrables et se cachent de mille manières ; mais les magistrats sauront les reconnaître, et ils auront le moyen de les atteindre efficacement. L'amendement adopté par le Conseil d'Etat punit en effet ceux qui, sans contrefaire une marque, en ont fait une imitation frauduleuse, de nature à tromper l'acheteur, ou ont fait usage d'une marque imitée frauduleusement.

Les deux autres paragraphes de l'art. 8, que nous acceptons, non sans regret, punissent ceux qui, au moyen d'une marque, ont trompé ou tenté de tromper l'acheteur sur la nature du produit, et ceux qui ont vendu des produits ainsi marqués.

L'honorable M. Tesnière a proposé d'appliquer l'art. 8 aux tromperies et tentatives de tromperies sur l'origine des produits.

Votre Commission n'a pas accueilli cet amendement. Il aggravait d'abord l'inconvénient reproché à l'art. 8 de compromettre la simplicité de la loi. Et puis, comment déterminer d'une manière nette, incontestable, le lieu d'origine ou de fabrication ? La circonscription industrielle s'étend, se restreint, se déplace. On appelle dans le commerce : articles de Lyon, de Rouen, de Roubaix, d'Amiens, d'Elbeuf, de Sedan, etc., des objets qui sont fabriqués dans un certain rayon autour de ces villes. Les eaux-de-vie de Cognac ne se récoltent pas seulement sur cette commune. Où donc sera la limite à laquelle commencera le délit ? Ce serait aussi, dans plusieurs cas, atteindre et même détruire plusieurs grandes industries nationales dont les produits égalent au moins les produits étrangers similaires. Que leur origine soit nécessairement signalée, ils sont délaissés immédiatement pour des objets souvent inférieurs, mais que recommandent l'habitude et le préjugé.

Enfin, c'est interdire à l'industrie française la faculté d'imiter, par représailles, des industries étrangères, et l'exposer sans défense suffisante à une concurrence désastreuse.

Des abus sans doute peuvent se produire ; le remède en est dans la faculté donnée au Gouvernement de rendre la marque obligatoire dans certains cas exceptionnels. Lorsqu'enfin l'usurpation d'un lieu d'origine aura pour effet d'établir une confusion avec les marques d'autres commerçants, ceux-ci trouveront dans les art. 7 et 8 les moyens de poursuivre tout ce qui serait une contrefaçon ou une imitation. Le droit commun enfin autorise à demander la réparation du préjudice éprouvé par tout fait de concurrence déloyale.

Art. 9. — Après avoir attribué au Gouvernement le droit d'assujettir certains objets spéciaux à l'obligation de la marque, il fallait donner à ce droit une sanction ; tel est le but de l'art. 9.

Un paragraphe additionnel a été proposé par M. Legrand; il est ainsi conçu : « Dans les cas prévus par l'art. 7, la poursuite ne pourra être intentée par le ministère public que sur la plainte de la partie lésée. » Convaincu que l'intervention du ministère public dans les affaires particulières des fabricants et commerçants ne doit être admise qu'avec une extrême réserve, notre honorable collègue a voulu la restreindre aux seuls cas où l'ordre public est sérieusement intéressé. Votre Commission a pensé que cette restriction aurait de graves inconvénients, notamment dans l'hypothèse prévue par l'art. 19, et elle s'est refusée à l'inscrire dans la loi, certaine que le ministère public fera toujours un exercice prudent et mesuré du droit dont il est armé.

Art. 10, 11 et 12. — Dans une pensée de concordance et de simplicité, le projet emprunte à la loi du 5 juillet 1844, qui régit une matière analogue, les brevets d'invention, ses dispositions sur le cumul des peines, la récidive, les circonstances qui la constituent et l'atténuation, si utile et si équitable, de l'art. 463, C. pén.

Art. 13. — Indépendamment des peines matérielles que ces articles prononcent, l'art. 13 donne aux tribunaux le pouvoir de priver temporairement les délinquants du droit de participer aux élections consulaires et commerciales ; ils pourront ainsi ordonner l'affiche de leurs jugements et leur insertion dans les journaux. Nous avons proposé au Conseil d'Etat, qui a adopté notre amendement, de reproduire les termes de la loi, art. 6, du 27 mars 1851, pour ces utiles dispositions. Au mérite de l'exemplarité, ces peines joignent l'avantage d'appliquer au délinquant une peine analogue au délit. Il a voulu nuire à ses concurrents, surprendre la con-

fiance du public par l'usage de signes frauduleux ou men-
songers : l'insertion dans les journaux et l'affiche, surtout
l'affiche à la porte de son domicile et de ses magasins, met-
tront le public en défiance et l'obligeront à s'abstenir de
fraudes désormais signalées.

Art. 14. — La répression serait illusoire, si les produits
dont la marque fait l'objet d'un délit pouvaient continuer à
circuler librement. Aussi le tribunal peut-il, même en cas
d'acquittement, en prononcer la confiscation, ainsi que celle
des ustensiles et instruments ayant servi à commettre le
délit. Mais il doit dans tous les cas, et c'est là une disposition impérative, ordonner la destruction des marques contraires aux art. 7 et 8. On ne peut les conserver après avoir
reconnu qu'elles sont une violation de la loi et du droit de
propriété.

Une réparation est due évidemment au propriétaire de la
marque qu'on a contrefaite ou frauduleusement apposée et
imitée. La plus naturelle, celle qui se présente à la pensée,
c'est de lui attribuer jusqu'à due concurrence les objets
mêmes du délit dont il se plaint. Ce n'est là, toutefois, qu'un
droit dont il est libre de ne pas user et que les tribunaux
sont maîtres de rejeter ou de consacrer.

Le plaignant consultera son intérêt, le magistrat la justice.

Art. 15. — Le délit de n'avoir pas apposé une marque
obligatoire, ou d'avoir vendu contrairement à cette prescription, peut avoir des conséquences graves ; cela est évident,
si l'on se rappelle que le plus souvent la marque est rendue
obligatoire dans des intérêts d'ordre public ou pour la défense du travail national. Le tribunal devra donc toujours,
même au cas d'acquittement, faire disparaître le délit, en
ordonnant l'apposition de la marque. Cette infraction, grave
par elle-même, le devient encore plus quand elle se répète ;
aussi, pour le cas de récidive, la loi permet aux juges de
prononcer la peine rigoureuse de la confiscation.


## TITRE IV.

### JURIDICTIONS.

Art. 16. — La propriété des marques définie et protégée,

les délits contre elle prévus et punis, à quel tribunal faut-il confier cette défense et cette répression ?

La législation qu'il s'agit de réformer, sur ce point encore, offre une diversité vraiment remarquable.

Tantôt ce sont les prud'hommes et les juges de paix, tantôt les tribunaux de commerce et aussi les tribunaux ordinaires.

En matière de compétence, l'unité est une règle impérieuse dont on ne saurait s'écarter sans danger.

Tous les délits relatifs aux marques seront, comme tous les autres délits, jugés par les tribunaux de police correctionnelle ; c'est le droit commun, et il n'y a aucun motif d'y déroger. Souvent le prévenu soulève, pour sa défense, des questions relatives à la propriété de la marque, dont l'examen, s'il fallait le renvoyer devant la juridiction compétente, suspendrait le jugement de la poursuite et deviendrait souvent un moyen de la retarder et de gagner du temps. Par un heureux emprunt à la loi du 5 juillet 1844 sur les brevets d'invention, la loi donne compétence aux tribunaux correctionnels pour juger l'exception et statuer sur toutes les demandes qui se rattachent nécessairement à la poursuite. Il n'est pas besoin de dire que toutes les poursuites peuvent être dirigées par la partie lésée aussi bien que par le ministère public, et qu'elles sont régies par les dispositions du Code d'instruction criminelle.

Mais si l'action civile est seule engagée, quel tribunal en connaîtra ? Il était difficile de la soumettre aux conseils de prud'hommes, dont le nombre est encore trop restreint, et dont l'institution a surtout pour objet de terminer les difficultés entre patrons et ouvriers. Il fallait opter entre les tribunaux de commerce, ainsi que l'indiquait le projet, et les tribunaux ordinaires, comme l'ont proposé plusieurs membres de la Commission et l'honorable M. Tesnière.

C'est à cette dernière idée que votre Commission s'est arrêtée.

La marque de fabrique ou de commerce est une propriété: c'est donc aux tribunaux chargés d'apprécier les questions de propriété qu'il faut attribuer ces litiges. Les difficultés relatives aux brevets d'invention sont soumises aux tribunaux civils par la loi du 5 juillet 1844, dont l'expérience a justifié les dispositions sur ce point. Pourquoi, d'ailleurs, ne pas rendre ces tribunaux uniformément compétents pour les marques ? Sinon, il serait loisible au plaignant, en engageant l'action correctionnelle, de porter, à son gré, l'affaire devant les juges civils ou les juges de commerce. Ce serait à coup sûr une disposition législative fort critiquable, celle qui commettrait à une partie la faculté de choisir la juridiction et de décider la compétence.

La détermination de la juridiction commerciale n'eût pas été sans inconvénients : l'art. 20 de la loi en étend l'application aux produits de l'agriculture ; on eût donc soumis à la juridiction exceptionnelle des tribunaux de commerce, et peut-être à ses sanctions rigoureuses, des personnes qui jamais n'ont fait ni ne veulent faire le commerce.

Enfin, dans un grand nombre d'arrondissements, les tribunaux civils jugent les affaires commerciales. Nous n'avons donc vu, avec ces raisons de principes, que des avantages considérables à leur confier une mission dont l'accomplissement et le succès nous sont présagés par l'expérience de la loi sur les brevets d'invention.

Des motifs de célérité et d'économie dans le jugement nous ont fait emprunter une autre disposition à la loi du 5 juillet 1844, pour dire que ces affaires, attribuées uniformément aux tribunaux civils, seront jugées comme matières sommaires.

L'amendement a été adopté par le Conseil d'Etat.

Art. 17. — Pour réprimer le délit, pour reconnaître le droit de propriété, il importe de saisir l'objet du délit ou de la contestation. La loi réglemente donc le droit de saisie, en donnant au magistrat qui l'autorise le pouvoir d'en modérer la rigueur et d'exiger des garanties pour empêcher les poursuites vexatoires.

A défaut de tribunal dans le lieu où se trouvent les objets à saisir ou à décrire, le juge de paix pourra autoriser ces mesures. La loi a voulu rapprocher ainsi le magistrat du justiciable, et ne pas désarmer le droit de propriété par des retards fâcheux.

Art. 18. — L'art. 18, emprunté à la loi du 5 juillet 1844, est une garantie donnée à la partie saisie. Si la plainte est sérieuse, elle doit se produire devant la justice. Tout retard devient une vexation ou est un aveu d'impuissance ; la saisie tombera donc, à défaut de poursuites dans le délai de quinze jours, augmenté à raison de la distance, et des dommages-intérêts pourront être réclamés contre le plaignant téméraire ou de mauvaise foi.

12.

# TITRE V.

### DISPOSITIONS GÉNÉRALES OU TRANSITOIRES.

Certaines dispositions sont nécessaires pour compléter la loi ou en assurer l'exécution. Il nous reste à les analyser.

ART. 19. — Parmi les fraudes dirigées contre notre industrie et notre commerce, il en est une qui mérite d'être signalée et surtout réprimée. L'on fabrique à l'étranger des produits portant la marque ou le nom d'un fabricant français, ou bien l'indication d'un lieu de fabrique française ; on les présente en France pour le transit ; elles en sortent avant qu'on ait pu les saisir, mais portant avec elles la preuve d'un séjour en France qui semble justifier leurs indications mensongères. Ces fraudes s'exercent le plus souvent avec des marchandises de mauvaise qualité et causent le plus grave préjudice à ceux dont on usurpe le nom et les marques.

Le projet a donc fait sagement, en prohibant ces produits à l'entrée, et en autorisant leur saisie à la requête du ministère public ou de la partie lésée.

Nous avons cru qu'il fallait aller plus loin et conférer le même droit à l'administration des douanes, qui seule peut connaître ces fraudes, les constater, les saisir ; et contre la fraude, la rapidité de la poursuite est la condition du succès.

Les marchandises saisies serviront à indemniser ceux dont les marques et noms ont été ainsi compromis. L'emploi en sera fait conformément à l'art. 14.

Il a paru juste seulement de prolonger le délai pour former la demande en condamnation. La partie lésée peut avoir un domicile éloigné, et même ignorer la saisie, si ce n'est pas elle qui l'a fait pratiquer.

Ces divers amendements ont été adoptés par le Conseil d'Etat, qui y a apporté d'utiles améliorations.

ART. 20. — Les progrès de l'agriculture, les efforts heureux et persévérants d'un grand nombre d'agriculteurs et d'éleveurs doivent appeler la protection de la loi. Il leur importe comme à ceux qui font le commerce des mêmes objets, de pouvoir s'assurer l'usage exclusif d'une marque pour distinguer leurs produits et appeler la confiance du public.

Nous avons proposé au Conseil d'Etat, qui l'a acceptée, une énumération plus complète, et dans laquelle nous avons compris une industrie agricole considérable, celle des éleveurs.

Un amendement de M. Tesnière, tendant à étendre aux produits indiqués dans cet article le bénéfice de la loi du 28 juillet 1824, a été écarté comme ne se rattachant pas au projet actuel.

ART. 21. — Beaucoup d'industriels et de commerçants ont, dès longtemps, déposé leurs marques; il était inutile de leur imposer un dépôt nouveau : celui qu'ils ont opéré avant la loi actuelle sera valable pour une période de quinze ans, à partir du jour où la loi sera exécutoire.

ART. 22. — Cet effet de la loi sera nécessairement retardé. Un règlement d'administration publique est nécessaire pour organiser le dépôt des marques, la formation du dépôt général, la publicité à donner aux marques, en un mot assurer la bonne exécution de la loi. Afin que ce règlement puisse être mûrement préparé, la loi ne sera exécutoire que six mois après sa promulgation.

ART. 23. — L'article dernier maintient les dispositions antérieures que ne contredit pas la loi. C'est là sans doute une formule ; mais il était utile ici de rappeler que la loi actuelle a un objet spécial, limité ; qu'elle n'abroge en rien les lois, décrets et ordonnances sur les marques déjà obligatoires, la juridiction des consuls français en pays étranger, la loi du 28 juillet 1824, etc. Nous avions proposé au Conseil d'Etat une rédaction qui nous semblait exprimer plus nettement cette idée, mais il n'a pas cru devoir l'accueillir. C'est là, au surplus, un dissentiment sans importance, puisque la même pensée nous anime : la marque de fabrique et de commerce *déposée*, voilà l'objet exclusif du projet de loi (art. 2).

Ce projet, Messieurs, met fin à une législation diffuse, contradictoire, impuissante. Il donne satisfaction à des vœux exprimés de toutes parts, et il réalise de notables améliorations pour l'industrie et le commerce. Peut-être était-il possible de les étendre encore. Le projet, s'il les ajourne, ne les rend pas du moins impossibles, et nous les attendons, confiants dans l'expérience et la protection éclairée du Gouvernement.

Nous avons l'honneur de vous proposer l'adoption du projet de loi suivant.

# DISCUSSION DE LA LOI AU CORPS LÉGISLATIF.

## Séance du 12 mai 1857.

L'ordre du jour appelle la délibération sur le projet de loi relatif aux marques de fabrique et de commerce, projet dont plusieurs articles ont été modifiés d'accord par le Gouvernement et le Conseil d'Etat.

MM. Vuillefroy, président de section au Conseil d'Etat, Cornudet et Gréterin, conseillers d'Etat, siégent au banc des commissaires du Gouvernement.

Aucun membre ne demandant la parole pour la discussion générale, la Chambre passe à la délibération sur les articles.

Les six premiers articles sont mis aux voix et adoptés.

L'art. 7 est ainsi conçu :

« Sont punis d'une amende de 50 fr. à 3,000 fr., et d'un emprisonnement de trois mois à trois ans, ou de l'une de ces peines seulement :

« 1° Ceux qui ont contrefait une marque ou fait usage d'une marque contrefaite ;

« 2° Ceux qui ont frauduleusement apposé sur leurs produits ou les objets de leur commerce une marque appartenant à autrui ;

« 3° Ceux qui ont sciemment vendu ou mis en vente un ou plusieurs produits revêtus d'une marque contrefaite ou frauduleusement apposée. »

M. Legrand a la parole ; il rappelle que, conjointement avec l'honorable M. Tesnière, il avait présenté, sur cet art. 7, deux amendements que leurs auteurs croyaient de nature à augmenter, dans les relations commerciales, les garanties de loyauté et de sécurité. Le premier de ces amendements avait pour but d'interdire et de punir l'altération et la dissimulation frauduleuse des marques de fabrique, c'est-à-dire d'empêcher que, lorsqu'un produit sincère et loyal a été mis dans le commerce sous la garantie de la marque du fabricant, un négociant puisse, au grand préjudice de ce fabricant, détruire la marque de ce dernier et faire circuler les produits sous sa propre marque. Le second amendement avait pour objet d'atteindre une manœuvre qui consiste à insérer sous la marque véritable d'un fabricant, connu par l'excellence de ses produits, des produits de qualité inférieure.

Ces amendements avaient été accueillis par la commission, et l'orateur dit qu'il se plaît à citer, à cet égard, un passage du remarquable rapport de M. Busson. Dans les phrases citées, M. le rapporteur soutient qu'on ne doit pas souffrir que la marque soit détruite sans le consentement, et quelquefois même contre la défense expresse du fabricant ; ce document rappelle que le projet de la commission de l'ancienne Chambre des députés contenait une disposition formelle sur ce point, et qu'une loi sarde consacre le même principe. L'orateur regrette que ces dispositions n'aient pas été acceptées par le Conseil d'Etat ; il espère qu'il sera tôt ou tard donné satisfaction aux intérêts qu'il avait voulu sauvegarder. Il a été, du moins, plus heureux sur un autre point ; il avait cru devoir signaler à la commission une autre espèce de fraude dont la répression lui paraît complétement assurée par la nouvelle rédaction de l'art. 7, où se trouvent insérés ces mots : *Les objets de leur commerce.* L'honorable membre explique qu'il existe certains produits sur lesquels, à raison de leur nature, la marque de fabrique ne peut pas être appliquée d'une manière immédiate ; tels sont, par exemple, les fils retors. Les produits de cette espèce sont recouverts d'une enveloppe sur laquelle la marque du fabricant est apposée ; cette marque a une très-grande importence ; les produits s'écoulent plus ou moins facilement et à un prix plus ou moins élevé, à raison du plus ou moins de crédit dont jouit dans le commerce la marque du fabricant.

L'orateur dit que les enveloppes revêtues de la marque, dans lesquelles sont ordinairement expédiés les fils retors, sont devenues l'objet d'une fraude trop fréquemment pratiquée ; certains habitants se font les intermédiaires entre les fabricants et les consommateurs de ces produits ; ils s'adressent aux filateurs les plus renommés. Dans les commencements, pour donner le temps à la confiance de s'établir, ils rendent à leurs commettants les marchandises telles qu'ils les ont reçues ; mais, bientôt après, lorsque la bonté des produits a fait apprécier toute la valeur de la marque, ils ouvrent les paquets et substituent aux fils qu'ils contiennent des produits de qualité inférieure et d'une moindre valeur, qui se trouvent ainsi protégés par une marque qui ne devait pas leur appartenir.

L'honorable membre est convaincu qu'il est d'accord avec MM. les commissaires du Gouvernement en exprimant la pensée que les fraudes de cette nature pourront être punies en vertu du paragraphe 3 de l'art. 7.

M. Vuillefroy, *président de section au Conseil d'Etat, commissaire du Gouvernement,* déclare que, sur ce dernier point, le Gouvernement est effectivement d'accord avec l'honorable préopinant ; les substitutions d'enveloppes dont il vient d'être parlé seront atteintes, soit par le deuxième, soit par le troisième paragraphe de l'art. 7.

Un autre amendement avait été proposé par l'honorable M. Legrand, et soumis par la commission au Conseil d'Etat ; cet amendement avait pour but de punir ceux qui auraient frauduleusement détruit ou altéré des marques de fabrique ; l'organe du Gouvernement indique les motifs pour lesquels le Conseil d'Etat a repoussé cet amendement. Le projet de loi est destiné à consacrer la propriété de la marque apposée par le fabricant sur ses produits, mais il ne déclare pas la marque obligatoire pour lui : devait-on la rendre obligatoire vis-à-vis des commissionnaires qui achètent en fabrique ? Le Conseil d'Etat n'a pas cru qu'il en dût être ainsi ; il a pensé que l'intermédiaire qui aurait acheté un produit pouvait avoir intérêt à n'en pas faire connaître l'origine ; dès lors la loi ne devait pas s'opposer à ce qu'il pût supprimer la marque du fabricant, et même, s'il le jugeait convenable, apposer sur les produits ce qu'on appelle une marque de commerce.

L'orateur dit que, sur ce point, l'opinion des chambres de commerce est loin d'être unanime ; dans beaucoup de localités, les fabricants admettent cette pratique ; quant au public, ce qui lui importe, ce n'est pas de savoir d'où vient la marchandise, mais seulement de savoir que ce qu'il achète est de bonne qualité.

M. le commissaire du Gouvernement fait remarquer, d'ailleurs, qu'en général, dans le cas prévu par l'auteur de l'amendement, le fabricant, dont les rapports avec le consommateur ne peuvent être immédiats, n'a pas un grand intérêt à assurer la perpétuité de sa marque ; ce qui lui importe surtout, c'est que le commissionnaire prenne les meilleurs moyens de lui procurer le plus grand écoulement possible de marchandises.

Au surplus, si le fabricant croyait avoir intérêt, d'ailleurs plutôt pour l'honneur que pour le profit, à assurer la perpétuité de sa marque, il pourrait imposer au commissionnaire la condition expresse de laisser subsister cette marque en vendant les produits ; en cas d'infraction à cette convention, il y aurait lieu à exercer une action civile ; mais le Conseil d'Etat n'a pas pensé que des poursuites correctionnelles pussent être autorisées pour ce fait, il a mieux aimé rester dans les termes du droit commun.

M. Levavasseur dit que dans presque toutes les villes où se fabriquent des tissus, et notamment à Rouen, il existe des commissionnaires qui les achètent en fabrique pour les revendre, le plus souvent sous une forme différente de celle que leur a donnée le fabricant : ainsi, ils divisent les étoffes en coupons, leur font subir des apprêts particuliers et appropriés aux convenances des consommateurs auxquels ces marchandises sont destinées. Ces tissus reçoivent chez l'apprêteur une forme tout à fait nouvelle, et le commissionnaire, pour en assurer le débit, y appose sa marque, qui seule est connue de ses commettants. C'est de cette manière que sont apprêtées, expédiées et vendues la plupart des étoffes de Rouen, qui se consomment en Amérique.

La chambre de commerce de cette ville a réclamé dans l'intérêt des nombreux commissionnaires qui ont des marques de commerce, et elle avait suggéré à ce sujet une disposition additionnelle que l'honorable membre avait traduite en amendement. Sans les explications qui viennent d'être données, il aurait regardé comme un devoir de demander à MM. les commissaires du Gouvernement si le paragraphe 3 de l'article ne risquerait pas d'atteindre, comme coupable de fraude le commissionnaire qui aurait apposé sur un produit sa propre marque dans les conditions qui viennent d'être indiquées. Les paroles de M. le commissaire du Gouvernement l'ont complétement rassuré; et si l'honorable membre n'a pas cependant cru devoir garder le silence, c'est qu'il s'agit d'une question qui intéresse au plus haut point un grand nombre de villes commerçantes et particulièrement celle qu'il a l'honneur de représenter.

M. Busson, *rapporteur*, dit que deux questions ont été soulevées par M. Legrand. La première est relative au paragraphe 3 de l'art. 7, qui est ainsi conçu :

« Sont punis, etc..., 2° ceux qui ont frauduleusement apposé sur leurs produits ou les objets de leur commerce une marque appartenant à autrui. » L'honorable M. Legrand a demandé si la loi en discussion permettrait de punir l'emploi qui serait fait de la marque d'un fabricant pour en couvrir les produits d'un autre fabricant. Il a été déclaré au nom du Conseil d'Etat que par la rédaction actuelle de l'art. 7, où l'on introduit les mots : *Ou les objets de leur commerce*, ces faits étaient punis. M. le rapporteur ajoute que telle est aussi la manière dont l'article est entendu par la commission.

La seconde question dont M. Legrand a parlé était plus importante. La commission entière a eu le regret de se séparer en cela du Conseil d'Etat, avec lequel elle avait été d'accord sur tant d'autres points. MM. Legrand et Tesnière avaient proposé de punir l'altération de toute espèce de marques. Les raisons données tout à l'heure par M. le commissaire du Gouvernement n'ont pas changé la conviction de la commission. M. le rapporteur entrera dans quelques détails à cet égard.

Le premier objet, le bienfait du projet de la loi, c'est de déclarer les marques de fabrique et de commerce une véritable propriété. Plusieurs fois, et surtout à l'occasion de l'art. 7, la commission a regretté que ce principe n'eût pas reçu toute son application. Si la propriété doit être protégée, elle doit l'être avant tout contre la destruction ou le vol : or, ce sont là des atteintes qui, selon M. le rapporteur, ne sont pas punies par le projet de loi. M. Legrand a signalé cette lacune dans le projet. La commission la signale aussi; elle espère que plus tard cette lacune pourra être comblée par une disposition législative. Il y a là un intérêt grave à satisfaire.

Le Corps législatif déclare, il est vrai, que la marque est facultative; mais il espère en même temps que tous les fabricants en feront usage. Si l'on veut que ce qui est une faculté devienne un usage constant, il faut qu'il y ait à cet égard sécurité pour le commerce, il ne faut pas engager les fabricants à mettre leur marque sur leurs produits et permettre en même temps que cette marque puisse être immédiatement enlevée ou effacée. M. le commissaire du Gouvernement a dit que le fabricant pouvait toujours faire une convention spéciale avec les intermédiaires et stipuler que sa marque resterait sur ses produits ; que si cette convention n'était pas observée, il y aurait condamnation à des dommages-intérêts. M. le rapporteur est porté à croire que, si une telle condamnation peut être requise, elle restera inutile, du moins le plus souvent, attendu l'impossibilité d'apprécier le préjudice qui aura été causé. D'ailleurs, si le fabricant peut faire une telle convention avec celui auquel il livre de première main ses produits, il ne peut rien exiger du deuxième, du troisième intermédiaire, et c'est peut-être ce dernier qui commettra la fraude à laquelle on aurait voulu mettre obstacle.

Mais il y avait une fraude encore plus grave et que la commission se proposait d'atteindre par la disposition qu'elle avait présentée. Un négociant fonde une maison ; il veut se faire un nom, une clientèle ; au lieu de fabriquer lui-même, ce qui nécessiterait une mise de fonds considérable, il commence par acheter les produits de fabricants en renom, et à leur marque il substitue la sienne ; il fera ainsi à sa maison une réputation illégitime, car pour cela il se sera paré de produits habilement et consciencieusement créés par d'autres. Cela est signalé par M. le rapporteur comme une conséquence très-fâcheuse du rejet de l'amendement qui avait été proposé par la commission.

L'idée formulée dans cet amendement n'était pas une innovation dans notre législation ; déjà elle a pris place dans la loi sur la propriété intellectuelle. Il n'est pas permis d'acheter le livre d'autrui et d'y mettre son propre nom. Or, c'est, selon l'orateur, ce que le projet de loi permet à l'égard des produits de l'industrie. On aurait pu d'autant mieux insérer dans la loi la disposition indiquée par la commission, que l'on avait pour se guider l'exemple de plusieurs législations étrangères. M. le rapporteur cite notamment, à cet égard, la loi sarde, en date du 12 mars 1855, loi faite en partie d'après le projet de loi élaboré par la commission de la Chambre des députés, et qui a déjà été cité.

La commission, dont M. le rapporteur est l'organe, attachait à cette question une grande importance. Après le rejet d'un premier amendement proposé par elle, elle en a présenté un second qui était fondé sur le même principe, et qui n'a pas été davantage admis par le conseil d'État. Elle a regretté ce rejet, et elle a cru devoir exprimer son regret devant le Corps législatif. M. le rapporteur le répète en terminant, la commission espère que si la pensée indiquée par elle est demeurée stérile pour le moment, il sera possible plus tard d'y donner satisfaction.

M. Vuillefroy, *commissaire du Gouvernement*, dit qu'une expression qu'a employée M. le rapporteur ne lui semble pas exacte. M. le rapporteur a parlé de vol à propos de l'enlèvement d'une marque. L'enlèvement d'une marque de fabrique par le commissionnaire à qui un produit a été vendu ne paraît pas à M. le commissaire du Gouvernement pouvoir être qualifié de vol. Le fabricant, en vendant son produit, a aliéné son droit, s'il n'a pas fait de réserve expresse.

13

L'unique question est donc de savoir si dans le projet de loi on devait aller plus loin qu'on ne l'a fait.

Selon M. le commissaire du Gouvernement, lorsqu'on se plaint d'une lacune que présenterait ici le projet, on ne se rend pas assez compte des difficultés d'application. L'honorable M. Levavasseur a parlé d'un fabricant vendant une pièce d'étoffe qui n'est pas destinée à rester dans son entier. Le commissionnaire qui la reçoit de première main la divise en plusieurs coupons avant de la transmettre à un second commissionnaire ; évidemment, dans ce cas, la conservation de la marque de fabrique serait impossible. Cela se présente dans d'autres cas encore. En cet état de choses, il a paru au conseil d'État que mieux valait rester dans le droit commun, et maintenir le principe que celui qui achète un objet est maître d'en disposer. À côté de cela, celui qui voudra faire des conventions pour se réserver un droit quant à sa marque, le pourra toujours, et ces conventions resteront sous l'empire du droit commun.

L'art. 7 est mis aux voix et adopté.

L'art. 8 est également adopté.

M. Legrand a la parole sur l'art. 9, qui est ainsi conçu :

« Sont punis d'une amende de 50 fr. à 1,000 fr., et d'un emprisonnement de quinze jours à six mois ou de l'une de ces peines seulement :

« 1° Ceux qui n'ont pas apposé sur leurs produits une marque déclarée obligatoire ;

« 2° Ceux qui ont vendu ou mis en vente un ou plusieurs produits ne portant pas la marque déclarée obligatoire pour cette espèce de produit ;

« 3° Ceux qui ont contrevenu aux dispositions des décrets rendus en exécution de l'art. 1ᵉʳ de la présente loi. »

L'honorable membre ne se propose pas de combattre l'art. 9 ; il est au contraire tout disposé à l'adopter, mais il demande la permission de rappeler un amendement qu'il avait présenté, amendement qui a été combattu par M. le rapporteur dans la partie de son travail relative à cet art. 9.

Aux termes du projet de loi, il n'y a pas d'exception. Tous les faits prévus peuvent être poursuivis à la requête du ministère public, sans intervention de la partie lésée. L'honorable membre avait cru qu'il y avait à cet égard une distinction à faire. Autant il reconnaît au ministère public le droit et la mission d'intervenir quand un intérêt général est en jeu, autant il considère cette intervention comme dangereuse lorsque c'est seulement d'un intérêt privé qu'il s'agit. L'amendement qu'il avait proposé portait que, dans les cas prévus par l'art. 7, la poursuite ne pourrait être intentée par le ministère public sur la plainte de la partie lésée. M. le rapporteur, s'exprimant sur cet amendement, a dit dans son rapport : « Convaincu que l'intervention du ministère public dans les affaires particulières des fabricants et commerçants ne doit être admise qu'avec une extrême réserve, notre honorable collègue, M. Legrand, a voulu la restreindre aux seuls cas où l'ordre public est sérieusement intéressé. Votre commission a pensé que cette restriction aurait de graves inconvénients, notamment dans l'hypothèse prévue dans l'art. 19, et elle s'est refusée à l'inscrire dans la loi, certaine que le ministère public fera toujours un exercice prudent et mesuré du droit dont il est armé. »

L'orateur craint que M. le rapporteur n'ait pas saisi sa pensée, et il lui semble que le passage qu'il vient de citer du rapport n'a pas de corrélation avec son amendement. L'honorable membre admet que, dans les cas prévus par l'art. 19, le ministère public intervienne d'office, à raison de l'intérêt général qu'il est essentiel de sauvegarder ; mais il rappelle que, dans son amendement repoussé par la commission, il se référait uniquement à l'art. 7, c'est-à-dire à des cas où il s'agissait d'intérêts particuliers, de débats privés, qui ne réclament pas l'initiative du ministère public.

Par exemple, la mort d'un fabricant, chef de famille, donne ouverture à un conflit d'intérêts ; ses enfants prétendent tous avoir un droit égal au nom qui était celui de sa maison de commerce. Ou bien encore une marque appartient à une Société ; les associés se séparent ; chacun d'eux veut conserver la marque. Il y a lieu de régler ces sortes de difficultés par un procès civil et non d'introduire une action correctionnelle. L'intervention du ministère public paraît, dans ce cas, à l'orateur, être quelque chose de très-fâcheux.

Il est vrai que la commission, dans son rapport, se montre tout à fait rassurée : elle a la conviction que le ministère public fera toujours de son droit un exercice prudent et mesuré. Mais l'orateur fait observer qu'il est permis de n'avoir pas cette confiance absolue. Les lois se font pour l'avenir ; ce qui est réglé pour l'avenir n'est blessant pour personne. C'est ainsi que le Code pénal prévoit de nombreuses prévarications de fonctionnaires, et que cela n'a jamais été regardé comme offensant pour ceux qui étaient en fonctions lorsque ce Code fut promulgué. Il y a d'ailleurs une foule de cas où l'intervention du ministère public n'a lieu que sur la plainte de la partie lésée.

M. Riché répond que la commission dont il fait partie s'est montrée moins défiante que l'honorable préopinant à l'égard du ministère public. C'est qu'en effet, dans le système de nos lois, l'action privée se dissimule presque toujours : il n'y a plus maintenant cette accusation privée qui existait dans les sociétés anciennes, cette nécessité pour chacun de venir demander justice à l'autorité. Aujourd'hui, tous les citoyens sont représentés par un officier public, organe de la société, qui est chargé de poursuivre en son nom, même lorsqu'il s'agit de délits qui semblent intéresser plus particulièrement la propriété privée, le vol, par exemple, dont l'usurpation ou la contrefaçon des marques de fabrique n'est qu'une variante, et qui intéresse spécialement la personne volée ; le vol est poursuivi d'office. Le ministère public agit sans avoir besoin d'attendre l'impulsion de l'action privée. Il n'y a que deux cas où l'action du ministère public ne puisse intervenir sans avoir été provoquée : ces deux cas sont l'adultère et la diffamation. Pourquoi ? parce que ce sont là des circonstances délicates dont la partie lésée a la première à apprécier la portée. Dans ces deux cas exceptionnels, et à raison de leur nature, le ministère public n'a pas d'initiative à prendre ; il n'est ici qu'un auxiliaire de l'action privée. Mais, s'il s'agit d'usurpation ou d'altération de marques de fabrique, l'intérêt privé est-il seul engagé dans la question ? Sans doute, il y a là intérêt privé en ce sens que le fabricant n'était pas obligé d'apposer sa marque sur ses produits ; mais s'il a usé du droit que lui donne la loi, il s'est mis, par ce fait même, sous la sauvegarde sociale, il a créé une véritable propriété qui doit être placée, comme toutes les autres, sous l'égide du ministère public. Dès lors, l'intérêt privé n'est plus seul en cause ; l'intérêt général de l'industrie et du commerce se trouve engagé en même temps dans les poursuites.

L'honorable membre demande d'ailleurs quels peuvent être les abus que l'on redoute. Le ministère public va-t-il, sans provocation aucune, poursuivre les marques de fabrique qui ne lui paraîtront pas complétement légitimes et loyales ? Les parquets vont-ils être transformés en bureaux d'expertise à l'égard de marchandises que les officiers du ministère public ne voient pas et qu'ils n'ont apparemment pas mission d'aller inspecter ? En fait, le ministère public n'agira jamais spontanément ; il attendra que l'intérêt privé se plaigne d'un préjudice. Le ministère public est économe des deniers de l'Etat ; il n'exposera pas les finances publiques à des frais qu'il ne serait peut-être pas facile de recouvrer. Si l'orateur avait, quant à lui, un reproche à adresser au ministère public, ce serait d'être parfois trop circonspect. Ainsi, quelquefois, lorsqu'il s'agissait de coups et blessures, mais sans qu'il y eût eu effusion de sang, il a vu le ministère public laisser à la partie lésée le soin de provoquer son intervention. Aux yeux de la commission, aucune nécessité ne justifiait donc l'amendement présenté par M. Legrand : l'adopter, c'eût été introduire dans la loi une exception au droit commun. Le droit commun, en effet, donne au ministère public, en matière de fraude commerciale, le droit de poursuivre d'office. Or, l'usurpation d'une marque de fabrique est une fraude commerciale de la nature la plus grave : il n'y avait donc pas lieu de la rejeter dans l'exception ; c'eût été affaiblir la portée, la moralité, l'orateur dira presque la dignité de la loi. Voilà pourquoi la commission, d'accord sur ce point avec le conseil d'Etat, n'a pas cru devoir adopter l'amendement.

L'art. 9 est mis aux voix et adopté.

M. le président donne lecture des art. 10 et suiv. jusqu'à l'art. 23 et dernier, qui sont successivement mis aux voix et adoptés.

L'ensemble du projet de loi est ensuite adopté au scrutin, à l'unanimité de 236 votants.

M. le président indique l'ordre des prochains travaux de la Chambre.

La séance est levée.

Approuvé par la commission, le 13 mai 1857.

*Le chef des secrétaires-rédacteurs,*

DENIS-LAGARDE.

---

# RAPPORT PRÉSENTÉ AU SÉNAT.

## Par M. DUMAS (4 juin 1857).

MESSIEURS LES SÉNATEURS,

L'industrie moderne procède selon des règles nouvelles.

La rapidité avec laquelle les inventions se succèdent, le mouvement d'association qui agglomère de puissants capitaux, l'importance que la force de la vapeur oblige d'attribuer à la proximité des dépôts du combustible minéral qui l'engendre, les règles qu'un sentiment chrétien introduit dans les rapports des chefs de manufactures et des ouvriers, tout indique qu'il est nécessaire et opportun de préparer un Code industriel où les devoirs et les droits des manufacturiers, ceux des ouvriers et de la société trouvent une expression réfléchie et des garanties coordonnées avec soin.

En attendant que ce travail considérable puisse être soumis aux délibérations du Corps législatif et du Sénat, le Gouvernement a voulu donner satisfaction à un droit de propriété délicat à régler, qui a souvent été l'objet de l'attention publique, et il a préparé une loi spéciale sur les marques de fabrique.

Les marques constituent une véritable signature, par laquelle le commerçant et l'industriel caractérisent les produits de leur commerce ou de leur industrie. Leur emploi a précédé la connaissance de l'écriture et se retrouve comme étant d'un usage familier chez tous les peuples et à toutes les époques.

En France, toutefois, sous le régime des jurandes et des maîtrises, avant Louis XIV, la marque, étant obligatoire, n'était appliquée qu'après que la marchandise avait été reconnue par la corporation comme étant fabriquée en conformité des règles qu'elle s'était imposées. C'était une signature dont l'application, autorisée par la corporation, devenait une garantie envers la société.

Ce régime, qui s'opposait évidemment à tout changement, à tout progrès individuel, fut adouci dans la pratique par Colbert, perdit beaucoup de sa rigueur dès les premiers temps du règne de Louis XVI et disparut tout entier sous le régime révolutionnaire.

La licence prit alors la place d'une règle trop étroite. Le producteur demeurait bien libre de déposer sa signature sur les objets qui sortaient de ses ateliers, mais la loi, qui l'eût protégé avec tant d'énergie contre un faussaire qui eût contrefait sa signature au bas d'un engagement de cinq francs, demeurait muette lorsque, par une marque de fabrique imitée ou contrefaite, une concurrence déloyale venait le frapper de ruine.

On citerait par centaines des inventeurs honnêtes qui ont dû les revers sous lesquels ils ont succombé à ce silence de la loi, et même plus tard à la répugnance que les tribunaux éprouvaient à faire usage d'une loi trop sévère.

Sous le Consulat, en effet, la marque de fabrique fut rétablie d'abord en faveur des fabricants de coutellerie et de quincaillerie et de la manufacture de bonneterie d'Orléans. Bientôt la loi du 22 germinal an XI reconnut à la marque dont il était fait dépôt préalable toute la valeur d'une signature ; elle en assimila la contrefaçon aux faux en écriture privée.

La sévérité des conséquences de cette assimilation rendrait presque toujours illusoire l'application de la loi. Dans la pratique, on a essayé de pourvoir aux difficultés qui en naissaient, au moyen d'un grand nombre de règles spéciales provoquées par les demandes de certaines industries ou de certaines villes, et formulées dans des décrets, des ordonnances et même des lois. C'est ainsi que la loi du 28 avril 1816 prescrit aux fabricants français, pour faciliter la recherche des tissus prohibés, d'apposer leur marque sur tous les objets similaires sortant de leurs ateliers.

La loi actuelle est destinée à faire disparaître cette confusion et à ramener sous une pensée et sous une action unique tous ces faits épars, toutes ces règles discordantes, toutes ces juridictions mal définies.

Elle a été l'objet d'une longue élaboration. Un projet préparé par les conseils généraux des manufactures et du commerce, en 1841, étudié par le Conseil d'Etat, en 1845, adopté par la Chambre des Pairs, en 1846, avait été déjà l'objet d'un rapport près la Chambre des Députés, en 1847, lorsque la révolution de février survint.

La question fut reprise, en 1850, devant le Conseil général d'agriculture, du commerce et des manufactures, dont le projet fut approuvé, en 1851, par le Conseil d'Etat.

C'est donc une loi longuement étudiée et sagement mûrie que le Gouvernement vous demande de sanctionner ; en voici l'économie :

La marque de fabrique, telle que la loi entend la garantir, n'est point obligatoire, elle est facultative ; sa garantie n'engage en rien la responsabilité de l'Etat qui ne répond en aucune façon de la qualité des produits.

S'il est des exceptions à cette règle générale, elles se justifient par des nécessités d'ordre public et doivent demeurer rares.

La marque de fabrique reste donc une signature que l'industriel est libre de déposer sur ses produits, et dont la société lui garantit l'usage exclusif quand il a déclaré qu'il entend s'en réserver la propriété, au moyen d'un dépôt préalable effectué au greffe du tribunal de commerce de son domicile.

Quelques personnes auraient désiré que la marque fût obligatoire pour tous les manufacturiers. Evidemment, il y aurait excès dans une telle prescription. Que dans un intérêt public, pour des matières alimentaires, pour des médicaments, la marque de fabrique qui en garantit la nature, la pureté et l'origine, qui permet de remonter au coupable en cas de fraude, soit exigée, rien n'est plus légitime assurément ; c'est un devoir que le Gouvernement a compris de tout temps, un droit qu'il s'est réservé dans la loi nouvelle.

Dans le système de la loi, il peut toujours, en effet, pour une classe déterminée de produits, rendre la marque de fabrique obligatoire.

D'autres intérêts auraient souhaité qu'une marque de fabrique fût à jamais garantie à l'industriel qui l'aurait adoptée, une fois le premier dépôt effectué. La loi veut au contraire que ce dépôt soit renouvelé tous les quinze ans.

Le système de la loi est sage ; la limite choisie pour la durée du droit ouvert par le dépôt correspond à celle des brevets d'invention ; elle est pratique et suffisamment protectrice des intérêts du propriétaire de la marque.

Il faut, en effet, que l'industriel qui veut adopter une marque personnelle ne soit pas exposé à devenir contrefacteur sans s'en douter. C'est assez qu'il soit obligé de vérifier toutes les marques déposées pendant les quinze années antérieures : n'exigeons pas qu'il soit exposé à des réclamations qui remonteraient plus loin. L'ouverture donnée à ces réclamations sans terme exposerait les plus honnêtes gens à toutes les entreprises de la cupidité ; certaines marques devenues célèbres par des succès récents seraient l'objet de procès suscités par des propriétaires de marques semblables, anciennes, ignorées et discréditées par le peu de succès des produits qu'elles caractérisaient.

Enfin, pourquoi la propriété industrielle serait-elle plus particulièrement protégée que la propriété ordinaire ? Si les droits de l'une sont frappés de prescription dans certains cas déterminés, pourquoi en serait-il autrement des droits de l'autre ?

Votre Commission appelle en terminant l'attention du Sénat sur la seule des dispositions de la loi qui ait été devant elle l'objet de réclamations qu'elle ait cru devoir écoutre avec intérêt. Il s'agissait du cas où la marque n'étant ni contrefaite, ni imitée, elle aurait été pourtant l'objet d'une usurpation pratique par l'emploi de certaines formes ou figures qui, par leur analogie avec elle, seraient propres à induire en erreur l'acheteur inattentif.

Il nous a paru que les tribunaux étaient clairement armés, et les industriels sûrement garantis à cet égard, par l'article de la loi qui punit ceux qui, sans contrefaire une marque, en ont fait une *imitation frauduleuse*, de nature à tromper l'acheteur, ceux qui ont fait usage d'une marque frauduleusement imitée, ou même ceux qui ont mis en vente sciemment des marchandises portant de telles marques.

La loi soumise à votre sanction rétablit donc la règle dans une matière délicate, où les intérêts des consommateurs, ceux du commerce et de l'industrie se trouvaient depuis longtemps en souffrance.

Elle donne au Gouvernement impérial, si jaloux de maintenir le commerce dans une voie droite et morale, les moyens de frapper ceux qui s'en écartent, et de défendre l'industrie honnête contre leurs agressions. Elle lui garantit les pouvoirs nécessaires pour faire plus efficacement encore cette guerre à la fraude que l'administration et la magistrature ont fermement inaugurée au moment même où l'Empereur prenait possession du pouvoir, et dont les populations pauvres, qui en ressentent mieux les bénéfices, lui gardent au fond du cœur une reconnaissance sincère.

Nous avons l'honneur de vous proposer, par tous ces motifs, de déclarer que le Sénat ne s'oppose pas à sa promulgation.

# CIRCULAIRE

### DE S. E. M. LE MINISTRE DE LA JUSTICE.

### 27 juin 1857.

Monsieur le procureur général, la loi relative aux marques de fabrique, qui va être incessamment promulguée, établit pour la répression des fraudes qui se commettent en cette matière de nouvelles pénalités. Son exécution exigera dans certains cas le concours de l'administration des douanes et de l'autorité judiciaire.

Lorsque les agents des douanes auront, aux termes de la loi, opéré la saisie des produits venus de l'étranger avec une marque française, ils devront dresser procès-verbal de cette saisie et le transmettre immédiatement au ministère public. — Outre l'envoi de ce procès-verbal, il arrivera quelquefois que, pour l'instruction de la procédure, les marchandises seront transportées en tout ou partie au greffe du tribunal, ce qui suspendra nécessairement l'accomplissement des formalités de douane et l'exercice des droits appartenant à l'administration. — Afin de garantir à cet égard toute sécurité aux intérêts de l'industrie et de l'Etat, que la douane a également mission de protéger, M. le ministre des finances demande que, dès que le tribunal aura, soit prononcé la confiscation, soit ordonné la remise aux propriétaires de la marque contrefaite des marchandises arrêtées à la douane, ces marchandises, lorsqu'elles auront été déposées au greffe, soient réintégrées au bureau de la douane, pour y demeurer jusqu'à ce que toutes les formalités légales aient été accomplies. — Le chef de service des douanes de la localité sera d'ailleurs tenu, d'après les instructions qui lui seront adressées, de justifier au procureur impérial de l'exécution des dispositions du jugement du tribunal.

M. le ministre des finances a exprimé, en second lieu, le désir que, dans tous les cas, les frais du procès-verbal de transport et autres qui auraient été avancés par la douane, soient liquidés dans le jugement à la charge de la partie condamnée.

Ces demandes m'ayant paru fondées, je vous prie, monsieur le procureur général, de vouloir bien y donner dès à présent satisfaction, en adressant à vos substituts des instructions pour qu'ils veillent à ce que les mesures ci-dessus spécifiées ne soient jamais négligées, et en les invitant à se concerter, toutes les fois qu'il en sera besoin, avec les chefs de douane de leur arrondissement, pour aplanir les difficultés qui pourraient se présenter. Je désire que vous m'accusiez réception de cette circulaire, et m'informiez de ce que vous aurez prescrit pour son exécution.

*Le garde des sceaux, ministre de la justice,*

*Signé :* ABBATUCCI.

# CIRCULAIRE

DE LA DIRECTION DES DOUANES ET DES CONTRIBUTIONS INDI-
RECTES.

## 6 août 1857.

Le *Bulletin des Lois*, n° 514, du 27 juin dernier, a publié la loi sur les marques de fabrique et de commerce, qui
a été sanctionnée par l'Empereur le 23 du même mois. Une
ampliation de cette loi est jointe à la présente. Les dispositions de l'art. 19 comportent quelques explications pour
guider le service dans l'application qu'il aura à en faire.

Et d'abord, je dois faire remarquer qu'une saisie de l'espèce, quoique exercée à la diligence de l'administration des
douanes, ne s'opère en réalité que dans un intérêt d'ordre
public, et à la requête du ministère public. — Le procès-
verbal à rédiger dans ces occasions devra donc être libellé
à la requête de M. le procureur impérial près le tribunal auquel ressortira le bureau de douane où cet acte sera rédigé. Il
devra donner une description exacte des marchandises arrêtées et des marques dont elles sont revêtues ; si ces marques consistent en étiquettes ou autres impressions susceptibles d'être enlevées, on en annexera une ou plusieurs au
procès-verbal de saisie, en les y fixant par une empreinte
en cire du cachet en usage dans le bureau. Les marchandises
seront d'ailleurs, dans tous les cas, scellées sur l'enveloppe
extérieure d'une ou plusieurs empreintes du même cachet.

Les procès-verbaux de ces sortes de saisies n'étant de nature à faire foi en justice que jusqu'à preuve contraire, il
n'est pas nécessaire qu'ils soient suivis de toutes les formalités prescrites par la loi de douane du 9 floréal an VII, notamment de l'affirmation ; mais il sera indispensable qu'ils
soient enregistrés avant l'expiration du terme de quatre
jours, fixé par l'art. 20 de la loi du 22 frimaire an VII, le délai
de deux mois spécifié dans le dernier paragraphe de l'art.
19 devant courir d'une date certaine.

Les receveurs transmettront immédiatement au procureur impérial les procès-verbaux ainsi régularisés, et si aucun avis ne leur parvient touchant la suite qui y sera
donnée, ils devront, dix jours au moins avant l'expiration du

délai de deux mois dont je viens de parler, réclamer d'office de ce magistrat un avis qui puisse fixer le service sur le sort ultérieur de la saisie. Les marchandises déposées au bureau après la saisie y seront conservées avec soin, à moins que le tribunal n'en ordonne l'apport au greffe. Dans ce dernier cas, l'expédition s'en effectuera sous la garantie du plombage et d'un acquit-à-caution qui devra être souscrit par l'agent chargé du transport, et dans lequel on stipulera l'obligation de le rapporter dans un bref délai, revêtu d'un certificat de réception des objets par le greffier du tribunal.

Conformément aux instructions que Son Excellence le garde des sceaux vient d'adresser, de son côté, à MM. les procureurs généraux, instructions dont je joins une ampliation à la suite de la présente, les marchandises amenées au greffe seront, après la solution du procès, réintégrées au bureau de la douane où la saisie en aura été opérée, à l'effet d'y être soumises à l'application du régime qui leur sera propre, selon qu'elles seront ou non frappées de prohibition à l'entrée. Ce renvoi devra être accompagné, soit d'une expédition, soit d'un extrait authentique du jugement du tribunal. Si cette pièce n'était pas produite, les receveurs devraient la réclamer immédiatement près du procureur impérial.

Les quatre cas différents qui sont à prévoir peuvent se résumer ainsi : — 1° ou il y aura abstention de poursuites de la part du ministère public et de la partie lésée ; — 2° ou le tribunal aura déclaré la saisie nulle pour défaut de fondement, et ordonné la remise des marchandises au détenteur dépossédé ; — 3° ou il aura ordonné la remise des marchandises à la partie lésée ; — ou enfin, il aura prononcé la confiscation de ces mêmes marchandises.

Dans le premier cas, le receveur, après la notification reçue du ministère public, remettra la marchandise pour la destination indiquée dans la déclaration au détenteur saisi, contre son récépissé motivé et écrit sur papier timbré. Il conservera ce récépissé pour la décharge de sa responsabilité.

Dans le second cas, le receveur devra également, contre récépissé, remettre les marchandises aux mains de qui il aura été ordonné par le jugement, dont ampliation ou extrait authentique sera entre ses mains. Ces marchandises demeureront soumises au régime sous lequel les plaçait la déclaration de l'importateur réintégré dans sa propriété.

Dans le troisième cas, la remise des marchandises s'opé

rera dans les mêmes conditions, avec cette seule différence, que la confirmation de la saisie et l'attribution de la propriété faite à un tiers, faisant tomber la déclaration faite en douane par le premier détenteur, le nouveau propriétaire devra être admis à déposer une autre déclaration pour le transit, la réexportation, l'entrepôt ou la consommation, selon que le comporteront, d'ailleurs, la nature des produits et le régime sous lequel la législation des douanes les place.

Enfin, dans la quatrième hypothèse, c'est-à-dire quand le tribunal aura prononcé la confiscation des marchandises, les receveurs se concerteront avec leurs collègues des domaines, pour que la vente soit effectuée sous le plus court délai possible, et avec insertion dans le cahier des charges de la clause stipulant que la vente a lieu, suivant les cas, à charge de paiement des droits de douane ou de réexportation, et avec la faculté, s'il y a lieu, de transit et d'entrepôt. La marchandise ne sera livrée à l'acquéreur que sous l'accomplissement préalable des dispositions qui précèdent.

Le service ne perdra pas de vue, au surplus, que, selon les termes de l'art. 14 de la loi, lorsque le tribunal prononcera la confiscation ou la remise à la partie lésée des marchandises dont la marque a été reconnue contraire aux dispositions des art. 7 et 8, le jugement devra prescrire la *destruction* de ces marques. Lors donc que le jugement contiendra cette prescription, les receveurs des douanes devront veiller à ce que la destruction ordonnée ait lieu en présence, soit du receveur des domaines, s'il y a confiscation, soit en celle de la partie mise en possession de la marchandise, si telle est la destination donnée à cette marchandise. Les frais de cette opération suivront le sort des autres frais occasionnés par la saisie. Les directeurs référeront à l'administration des difficultés d'application qui pourraient surgir en cette matière. Les receveurs devront informer sans délai le procureur impérial qui aura été saisi de l'affaire, de l'exécution, en ce qui concerne la douane, des dispositions résultant des jugements intervenus.

Aux termes de la circulaire de Son Excellence le garde des sceaux, les frais dont l'avance aura été faite par la douane pour le procès-verbal, le transport des marchandises, s'il y a lieu, etc., seront liquidés dans le jugement à la charge de la partie condamnée. Les receveurs devront, en conséquence, fournir au procureur impérial un relevé exact et complet de ces frais de toute nature.

Je ferai remarquer en terminant que, ainsi que le porte

l'art. 22, la loi du 23 juin ne sera exécutoire que six mois après la date de sa promulgation, c'est-à-dire le 27 décembre prochain. — Jusqu'à cette époque, on continuera à procéder comme par le passé, en informant directement et sans retard Son Excellence le ministre de l'agriculture, du commerce et des travaux publics, de la saisie qui sera faite en douane, à l'arrivée de l'étranger, de produits revêtus de marques françaises.

Les directeurs des douanes sont invités à donner, chacun dans son ressort, des ordres conformes aux dispositions de la présente, et à tenir la main à leur ponctuelle exécution.

*Le Conseiller d'État, Directeur général,*

*Signé :* Th. Gréterin.

---

## DÉCRET DU 26 JUILLET 1858,

*Portant règlement d'administration publique pour l'exécution de la loi du 23 juin 1857, sur les*

### MARQUES DE FABRIQUE *et* DE COMMERCE.

NAPOLÉON, etc.—Vu l'art. 22 de la loi du 23 juin 1857, sur les marques de fabrique et de commerce, ainsi conçu : — « Un règlement d'administration publique déterminera « les formalités à remplir pour le dépôt et la publicité des « marques et de toutes les autres mesures nécessaires pour « l'exécution de la loi ; » — Notre Conseil d'Etat entendu, — Avons décrété et décrétons ce qui suit :

Art. 1er. Le dépôt que les fabricants, commerçants ou agriculteurs peuvent faire de leur marque au greffe du tribunal de commerce de leur domicile, ou, à défaut de tribunal de commerce, au greffe du tribunal civil, pour jouir des droits résultant de la loi du 23 juin 1857, est soumis aux dispositions suivantes.

Art. 2. Ce dépôt doit être fait par la partie intéressée ou par son fondé de pouvoir spécial. La procuration peut être sous seing privé, mais enregistrée ; elle doit être laissée au greffier.

Le modèle à fournir consiste en deux exemplaires, sur

papier libre, d'un dessin, d'une gravure ou d'une empreinte représentant la marque adoptée.—Le papier forme un carré de 18 centimètres de côté, dont le modèle occupe le milieu.

Art. 3. Si la marque est en creux ou en relief sur les produits, si elle a dû être réduite pour ne pas excéder les dimensions du papier, ou si elle présente quelque autre particularité, le déposant l'indique sur les deux exemplaires, soit par une ou plusieurs figures de détail, soit au moyen d'une légende explicative.

Ces indications doivent occuper la gauche du papier où est figurée la marque ; la droite est réservée aux mentions prescrites à l'art. 5, conformément au modèle annexé au présent décret.

Art. 4. Un des deux exemplaires de la marque est collé par le greffier sur une des feuilles d'un registre tenu à cet effet et dans l'ordre des présentations. L'autre est transmis dans les cinq jours, au plus tard, au ministre de l'agriculture, du commerce et des travaux publics, pour être déposé au Conservatoire impérial des arts et métiers.

Le registre est en papier libre, du format de 24 centimètres de largeur sur 40 de hauteur, coté et paraphé par le président du tribunal de commerce ou du tribunal civil, suivant les cas.

Art. 5. Le greffier dresse le procès-verbal du dépôt dans l'ordre des présentations, sur un registre en papier timbré, coté et paraphé comme il est dit à l'article précédent. Il indique dans ce procès-verbal : 1° le jour et l'heure du dépôt ; 2° le nom du propriétaire de la marque et celui de son fondé de pouvoir ; 3° la profession du propriétaire, son domicile et le genre d'industrie pour lequel il a l'intention de se servir de la marque.

Chaque procès-verbal porte un numéro d'ordre. Ce numéro est également inscrit sur les deux modèles, ainsi que le nom, le domicile ou la profession du propriétaire de la marque, le lieu et la date du dépôt, et le genre d'industrie auquel la marque est destinée.

Lorsque, au bout de quinze ans, le propriétaire d'une marque en fait un nouveau dépôt, cette circonstance doit être mentionnée sur les modèles et dans le procès-verbal de dépôt.

Le procès-verbal et les modèles sont signés par le greffier et par le déposant ou par son fondé de pouvoir. — Une expédition du procès-verbal de dépôt est délivrée au déposant.

Art. 6. Il est dû au greffier, outre le droit fixe de 1 fr. pour le procès-verbal de dépôt de chaque marque, y compris le coût de l'expédition, le remboursement des droits de timbre et d'enregistrement. Le remboursement du timbre du procès-verbal est fixé à 35 c. — Toute expédition délivrée après la première donne également lieu à la perception de 1 fr. au profit du greffier.

Art. 7. Le greffier du tribunal de commerce du département de la Seine, chargé, dans le cas prévu par l'art. 6 de la loi du 23 juin 1857, de recevoir le dépôt des marques des étrangers et des Français, dont les établissements sont situés hors de France, doit en former un registre spécial, et mentionner, dans le procès-verbal de dépôt, le pays où est situé l'établissement industriel, commercial ou agricole du propriétaire de la marque, ainsi que la convention diplomatique par laquelle la réciprocité a été établie.

Art. 8. Au commencement de chaque année, les greffiers dressent sur papier libre et d'après le modèle donné par le ministre de l'agriculture, du commerce et des travaux publics, une table ou répertoire des marques dont ils ont reçu le dépôt pendant le cours de l'année précédente.

Art. 9. Les registres, procès-verbaux et répertoires déposés dans les greffes, ainsi que les modèles réunis au dépôt central du Conservatoire impérial des arts et métiers, sont communiqués sans frais.

Art. 10. Notre ministre de l'agriculture, du commerce et des travaux publics, et notre garde des sceaux, ministre de la justice, sont chargés, chacun en ce qui le concerne, de l'exécution du présent décret.

Fait à Plombières, le 26 juillet 1858.

*Signé* : NAPOLÉON.

Par l'Empereur :

*Le Ministre Secrétaire d'État au département de l'agriculture et des travaux publics,*

*Signé* : E. ROUHER.

*Réduction, à la moitié, du* MODÈLE *annexé au décret du 26 juillet 1858, pour l'exécution de la loi sur les marques de fabrique et de commerce, en ce qui concerne le dépôt.*

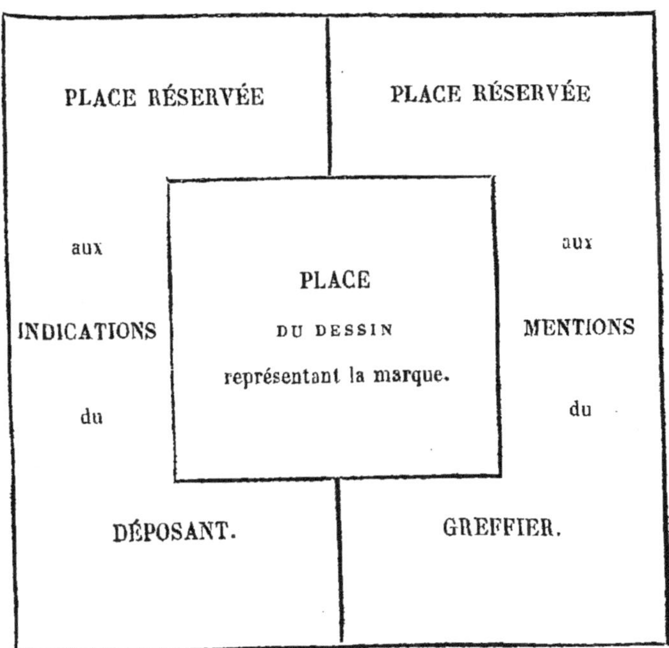


Nota. Le papier doit former, en tout, un carré de 18 centimètres de chaque côté; la place réservée au dessin de la marque occupe le centre et ne doit pas excéder un cadre de 10 centimètres de large sur 8 centimètre de haut.

---

## INSTRUCTION MINISTÉRIELLE

*Arrêtée de concert entre le Garde des sceaux, Ministre de la justice, et le Ministre de l'agriculture, du commerce*

*et des travaux publics, pour l'exécution de la loi du
23 juin* 1857 *et du décret du* 26 *juillet* 1858, *sur les*
marques de fabrique et de commerce.

Les fabricants, commerçants ou agriculteurs qui veulent
déposer leurs marques au greffe du tribunal de commerce, ou,
à défaut de tribunal de commerce, au greffe du tribunal civil, peuvent, soit s'y présenter eux-mêmes, soit se faire représenter par un fondé de pouvoir spécial. Dans ce dernier
cas, la procuration peut être dressée sous seing privé ; mais
elle doit être enregistrée et laissée au greffier pour être an-
nexée au procès-verbal mentionné ci-après.

Le déposant doit fournir, en double exemplaire, sur papier libre, le modèle de la marque qu'il a adoptée. Ce modèle consiste en un dessin, une gravure ou une empreinte,
exécutés de manière à représenter la marque avec netteté et
à ne pas s'altérer trop aisément. Le papier sur lequel le modèle est tracé doit présenter la forme d'un carré de 18 centimètres de côté, et la marque doit être tracée au milieu du
papier. Dans le modèle annexé au décret, un espace de 8
centimètres de hauteur sur 10 centimètres de largeur est réservé à la marque. On ne pourrait admettre un dessin excé-
dant sensiblement cette limite et ne laissant pas les espaces
nécessaires pour les mentions à insérer en vertu du décret.

Si la marque est en creux ou en relief sur les produits, si
elle a dû être réduite pour ne pas excéder les dimensions
prescrites, ou si elle présente quelque autre particularité, le
déposant doit l'indiquer sur les deux exemplaires, soit par
une ou plusieurs figures de détail, soit au moyen d'une légende explicative.

Ces indications doivent occuper la gauche du papier où
est figurée la marque ; la droite est réservée aux mentions
qui doivent être ajoutées par le greffier, ainsi qu'il sera dit
ci-après.

Le greffier vérifie les deux exemplaires. S'ils ne sont pas
dressés sur papier de dimension ou conformément aux prescriptions énoncées ci-dessus, ils sont rendus aux déposants
pour être rectifiés ou remplacés.

Dans le cas où les deux modèles de la marque ne seraient
pas exactement semblables l'un à l'autre, le greffier devrait
également refuser de les admettre. Le déposant désigne au
greffier celui des deux exemplaires qui doit rester au greffe,
et sur lequel doit être écrit le mot *primata*, et celui qui est

destiné à être déposé au Conservatoire impérial des arts et métiers, et sur lequel on écrit le mot *duplicata*.

Le greffier colle le premier de ces exemplaires sur une des feuilles d'un registre qu'il tient à cet effet. Les modèles y sont placés à la suite les uns des autres, d'après l'ordre des présentations. Le registre est fourni par le greffier ; il doit être en papier libre, du format de 24 centimètres de hauteur. Le papier de chaque modèle ayant 18 centimètres de côté, il doit en tenir deux sur le recto ou le verso de chaque feuillet, et il doit rester une marge de 3 centimètres à gauche et à droite, et de 2 centimètres en haut et en bas. Le registre est côté et paraphé par le président du tribunal de commerce ou du tribunal civil, suivant les cas. Le nombre des feuillets est proportionné au nombre des dépôts qui s'effectuent ordinairement dans la localité.

Le greffier dresse ensuite sur un registre en papier timbré, coté et paraphé comme le registre mentionné ci-dessus, le procès-verbal du dépôt, dans l'ordre des présentations. Il indique : 1° le jour et l'heure du dépôt ; 2° le nom du propriétaire de la marque et, le cas échéant, le nom de son fondé de pouvoir ; 3° la profession du propriétaire, son domicile et le genre d'industrie pour lequel il a l'intention de se servir de la marque. Le greffier inscrit en outre un numéro d'ordre sur chaque procès-verbal, et reproduit ce numéro dans l'espace réservé à la droite de chacun des deux exemplaires du modèle. Il y joint le nom, le domicile et la profession du propriétaire de la marque, le lieu et la date du dépôt, et le genre d'industrie auquel la marque est destinée. De plus, lorsqu'au bout de quinze ans le propriétaire d'une marque en fera un nouveau dépôt, cette circonstance devra être mentionnée sur les deux modèles et dans le procès-verbal du dépôt.

Le greffier et le déposant ou son fondé de pouvoir doivent apposer leur signature : 1° au bas du procès-verbal ; 2° au-dessous des mentions portées à droite et à gauche sur les deux exemplaires du modèle. Si le déposant ne sait ou ne peut signer, il doit se faire représenter par un fondé de pouvoir qui signe à sa place.

Pour le registre des procès-verbaux comme pour le registre des modèles, le nombre des feuillets est proportionné à celui des dépôts qui s'effectuent ordinairement dans la localité.

Il est dû au greffier, outre le droit fixe de 1 fr. pour le procès-verbal de dépôt de chaque marque, y compris le coût de l'expédition, le remboursement des droits de timbre et d'enregistrement. Le remboursement du timbre du procès-verbal est fixé à 35 c.

Dans le cas où une expédition du procès-verbal est demandée ultérieurement au greffier par une personne quelconque, elle doit être délivrée moyennant l'acquittement d'un droit fixe de 1 fr. et le remboursement du droit de timbre.

Les modèles déposés au greffe, ainsi que les procès-verbaux dressés par le greffier, doivent être communiqués sans frais à toute réquisition.

Le second exemplaire de chaque modèle déposé sera transmis par le greffier, dans les cinq jours de la date du procès-verbal, au ministre de l'agriculture, du commerce et des travaux publics. Cet exemplaire est destiné au Conservatoire impérial des arts et métiers, où il sera communiqué sans frais à toute réquisition.

Au commencement de chaque année, le greffier dressera sur papier libre, et d'après le modèle qui sera donné par le ministre de l'agriculture, du commerce et des travaux publics, un répertoire des marques dont il aura reçu le dépôt pendant le cours de l'année précédente. Ce répertoire sera conservé au greffe et communiqué sans frais à toute réquisition, comme les documents ci-dessus.

---

# INSTRUCTION

## DE LA DIRECTION GÉNÉRALE DE L'ENREGISTREMENT

### ET DES DOMAINES.

*Sur les droits de timbre et autres en matière de marques de fabrique et de commerce.*

6 octobre 1858.

Cette instruction reproduit les articles de la loi du 23 juin 1857 et du règlement du 26 juillet 1858 relatifs au dépôt des marques, puis elle ajoute :

Il résulte des dispositions ci-dessus transcrites : 1° qu'il doit être tenu au greffe du tribunal de commerce, ou, à défaut du tribunal de commerce, au greffe du tribunal civil, deux registres, dont l'un, *en papier non timbré*, sur lequel seront collés les modèles de marques, également exemptés du timbre, et l'autre, *en papier timbré*, pour la rédaction des procès-verbaux de dépôt des marques ; 2° que ces procès-verbaux sont assujettis à l'enregistrement comme les autres actes du greffe, et passibles du droit fixe de 3 fr. ; mais qu'il n'est dû de droits de greffe, ni pour la rédaction ni pour l'expédition des procès-verbaux, la loi du 23 juin 1857 et le décret réglementaire ayant attribué au greffier, pour ces formalités, un salaire spécial, sans parler de la perception des droits de greffe.

L'art. 7 du décret du 26 juillet impose au greffier du tribunal de commerce du département de la Seine l'obligation de tenir un registre spécial pour les dépôts des marques des étrangers et des Français dont les établissements sont situés hors de France. Ce registre, destiné à recevoir les modèles des marques, est exempt du timbre. Il en est de même du répertoire dont la formation est prescrit par l'art. 8 du décret.

Lors de la vérification des greffes, les employés supérieurs auront à s'assurer que le registre des procès-verbaux de dépôt est en papier timbré, et que ces procès-verbaux ainsi que les procurations sous seing privé laissées au greffier, en conformité de l'art. 2 du décret, ont été enregistrés. Les procurations dont il s'agit ne sont pas affranchies du timbre.

La loi du 23 juin 1857 et le décret réglementaire du 26 juillet 1858 ne concernent que les marques de fabrique, et remplacent le décret du 11 juin 1809, mentionné au paragraphe 5 de l'instruction, n° 1755. Il n'y a donc pas lieu d'en faire l'application aux dépôts de dessins qui continuent à être régis par la loi du 18 mars 1806, par la décision du 20 juin 1809 (instruction n° 437) et par l'ordonnance du 17 août 1825, d'après lesquelles le registre de dépôt est exempt du timbre, tandis que le certificat remis au déposant doit être rédigé sur papier timbré et enregistré gratis.

*Le directeur général de l'enregistrement et des domaines,*

*Signé :* TOURNUS.

# LOI DU 28 JUILLET 1824

relative aux

## ALTÉRATIONS ET SUPPOSITIONS DE NOMS

sur les

## PRODUITS FABRIQUÉS.

### CHAMBRE DES DÉPUTÉS.

#### EXPOSÉ DES MOTIFS.

MESSIEURS,

La réputation des produits fabriqués est pour le manufacturier une véritable propriété que la loi garantit.

Il est des villes de fabrique dont les produits ont aussi une
réputation qu'on peut appeler *collective*, et c'est encore une
propriété.—Les draps de Louviers ou de Sedan sont distingués dans le commerce comme des *espèces* particulières ; et il
importe aux fabricants de ces villes d'empêcher que d'autres tissus plus ou moins semblables ne se confondent avec
les leurs, à la faveur d'une déclaration mensongère, qui aurait le double inconvénient de les discréditer et de tromper
le consommateur.

La législation, par des motifs de haute importance, s'est
abstenue d'assujettir en général les produits industriels à
une marque apposée par l'autorité ; mais elle a donné ce droit
à tout fabricant, et l'art. 16 de la loi du 12 avril 1803, qui
le confère, attache à la contrefaçon la peine de faux en écriture privée, avec dommages-intérêts. L'art. 143, Cod. pén.,
confirme cette disposition ou ne la modifie que relativement

à la peine : il prononce la réclusion contre quiconque aura falsifié *la marque d'un établissement de commerce* ou aura fait usage des marques contrefaites.

Toutefois ces dispositions pénales n'atteignent point celui qui, sans contrefaire la marque, ni usurper le nom d'autrui, et en employant son propre nom, ne falsifie que le nom *du lieu* de fabrication.

A la vérité la même loi du 12 avril 1803 porte, art. 13, que « *la marque sera considérée comme contrefaite*, quand on y aura inséré ces mots : *façon de*, et à la suite le nom d'un autre fabricant ou d'une autre ville. » Mais l'impunité résulte de l'excessive sévérité d'une assimilation qui confond et punit sans distinction, comme crime de faux, l'aveu d'une imitation avec une supposition de lieu, ou si l'on veut une supposition de lieu avec la contrefaçon directe d'une marque personnelle. Aussi les fraudeurs se sont mis facilement à couvert, en évitant matériellement la seule manœuvre décrite dans la loi, et on a vu des draps originairement marqués de tel domicile, *près* Louviers ou *rue* de Louviers, et des marchands complices de la supposition ainsi préparée, couper sur l'étoffe les mots *près* ou *rue de*, en faire *des draps de Louviers* et les vendre pour tels, etc.

Le projet de loi que le roi nous a ordonné de vous présenter doit mettre un terme à ces coupables abus.

Il n'ôte rien à la juste sévérité dont le Code pénal frappe la contrefaçon directe. Il fait cesser l'assimilation, tout à la fois trop rigoureuse et insuffisante qui résulte de la loi du 12 avril 1803 entre la contrefaçon et la simple manœuvre avec laquelle, sur une marque non contrefaite, on fait paraître un nom supposé.

Il complète la définition du délit qu'il s'agit de punir, et embrasse les diverses fraudes possibles que la loi de 1803 n'avait pas prévues ; il atteint celui qui *apposerait* ou ferait *apparaître* par une altération *quelconque*, sur des produits fabriqués, le nom d'un fabricant autre que le véritable, ou d'un lieu autre que celui de la fabrication, et classe ce délit, quant à la peine, avec ceux d'une égale gravité, c'est-à-dire avec les fraudes qui se commettent du vendeur à l'acheteur, et que le Code pénal a réunies dans son art. 423. La peine portée par cet article est suffisante, sans qu'il y ait lieu de craindre qu'on hésite à la prononcer pour excès de rigueur : c'est l'emprisonnement de trois mois au moins, d'un an au plus, et une amende qui ne peut excéder le quart des restitutions ou dommages-intérêts, ni être moindre de 50 fr. ; et en outre la confiscation des objets du délit, *s'ils appartiennent encore au vendeur.*

Ces derniers mots de la loi pénale ont averti qu'une distinction était à introduire dans le projet de loi. Le délit a été commis ou préparé par le fabricant, quand il a supposé un nom, ou introduit à dessein, dans sa marque, un mot destiné à favoriser la fraude, au moyen d'un retranchement ou de toute autre altération. Ce fabricant est le principal coupable.

Le débitant peut être complice, soit qu'il ait demandé la fabrication frauduleuse, soit qu'il ait lui-même exécuté les altérations, il subira les peines ordinaires de sa complicité ; c'est le droit commun.

Si la marchandise appartient encore aux vendeurs (auteurs ou complices), l'art. 423, Cod. pén., assure la confiscation.

Mais un marchand de bonne foi peut exposer en vente dans son magasin, innocemment, sans être instruit de la fraude, des marchandises dont la marque se trouve ainsi falsifiée ou altérée. Il ne faudrait pas laisser un prétexte d'abuser de la lettre de la loi pour prétendre contre un tel *vendeur* la confiscation qui n'a pu être exercée que contre l'*auteur* ou *complice du délit.* On propose donc ici de déclarer que le simple débitant ne sera passible des effets de la poursuite, qu'autant qu'il aurait exposé en vente, *sciemment,* les objets marqués des noms supposés ou altérés.

Tels sont, Messieurs, les principaux motifs des deux articles de loi que nous vous proposons. Leurs dispositions n'étaient pas moins conseillées par l'expérience que réclamées par nos villes manufacturières, par les conseils généraux de leurs départements. Vous les accueillerez, nous n'en doutons pas, avec une égale sollicitude, puisqu'elles doivent avoir pour objet de donner de nouvelles garanties à la fabrication, au débit de nos produits industriels, et d'accroître par là, dans l'étranger comme dans l'intérieur du royaume, la juste réputation dont ils jouissent.

## RAPPORT,

### Par M. Lemoine des Mares.

Messieurs,

La commission que vous avez nommée pour examiner le

projet de loi tendant à réprimer les altérations ou les substitutions de noms sur les produits fabriqués m'a chargé de soumettre à la chambre le résultat de cet examen.

L'industrie, Messieurs, est une source des plus fécondes de la prospérité publique et de la richesse des États. Il n'est pas de Français qui n'ait parcouru avec orgueil, pas d'étranger qui n'ait visité avec une jalouse admiration ces vastes et superbes portiques du palais de nos rois, que la sollicitude éclairée du monarque bien-aimé ouvrit récemment à l'émulation de ses sujets et où vinrent à l'envi s'exposer à nos regards étonnés tant de magnifiques chefs-d'œuvre et de brillants essais.

Si l'industrie, Messieurs, contribue à la richesse des États, elle contribue aussi à la fortune du manufacturier, et la réputation des objets fabriqués est, pour lui, ainsi que l'a dit le ministre de l'intérieur, une véritable propriété que la loi doit garantir.

Il est des villes de fabrique dont les produits ont aussi une réputation qu'on peut appeller *collective*, et c'est encore une propriété.

Les draps de Louviers ou de Sedan sont distingués dans le commerce comme des espèces particulières ; et il importe aux habitants de ces villes d'empêcher que d'autres tissus, qui y ressemblent plus ou moins, ne se confondent avec les leurs, à la faveur d'une déclaration mensongère qui aurait le double inconvénient de les discréditer et de tromper les consommateurs.

La legislation, par des motifs de haute importance, s'est abstenue d'assujettir les produits industriels à une marque apposée par l'autorité ; mais la loi du 12 avril 1803 confere à tout fabricant le droit d'une marque personnelle et locale.

Cette marque, lorsqu'elle a acquis toute l'authenticité dont elle est susceptible, devient la propriété du manufacturier ; c'est sous l'égide de cette marque qu'il conserve à sa fabrication la réputation qui en assure le succès ; elle est la sauvegarde de son industrie : c'est aussi une signature sous la foi de laquelle il garantit des produits qu'il offre au consommateur.

Celui qui contrefait cette marque commet donc un attentat à la propriété, puisqu'il enlève à celui à qui seul elle appartient le fruit d'une fabrication qu'il cherche toujours à perfectionner.

C'est pourquoi l'art. 10 de la loi précitée du 12 avril 1803 attache à la contrefaçon la peine du faux en écriture privée, avec dommages et intérêts.

L'art. 143, Cod. pén., confirme cette disposition ou ne la modifie que relativement à là peine : il prononce la réclusion contre quiconque aura falsifié la marque d'un établissement de commerce ou aura fait usage des marques contrefaites.

Toutefois ces dispositions pénales n'atteignent point celui qui, sans contrefaire la marque ni usurper le nom d'autrui, et en employant son propre nom, ne falsifie ou ne simule que le nom du lieu de sa fabrication.

A la vérité, la même loi du 12 avril 1803 porte, art. 13, que « *la marque sera considérée comme contrefaite quand on y aura inséré ces mots :* façon de, et, à la suite, le nom *d'un autre fabricant ou d'une autre ville.* » Mais l'impunité résulte de l'excessive sévérité d'une assimilation qui confond et punit sans distinction, comme crime de faux, une imitation avec supposition de lieu, ou si l'on veut une supposition de lieu avec la contrefaçon directe d'une marque personnelle.

D'ailleurs, les fraudeurs se sont mis facilement à couvert, en évitant matériellement la seule manœuvre décrite dans la loi, et l'on a vu des draps originairement marqués de tel domicile ; *près* de Louviers, ou *rue* de Louviers, à *l'instar* de Sedan, ou *filature* de Sedan, et des marchands, se rendant par une de ces additions complices de la simulation ainsi préparée, couper sur le chef les mots *près de* ou *rue de*, à *l'instar de* ; en faire par ces retranchements des draps de Louviers ou de Sedan, et les vendre pour tels, etc. J'occuperais trop longtemps votre attention, Messieurs ; ma position personnelle rendrait d'ailleurs ma tâche trop pénible, si je devais vous réciter ici tous les exemples de ce genre de fraude ; exemples que plusieurs manufacturiers se sont empressés de porter à la connaissance de votre commission.

Cette fraude est devenue si commune, et la sécurité de ceux qui s'y livrent si parfaite, qu'on serait tenté de croire qu'il n'existe point de lois de répression, surtout quand on voit dans des circulaires imprimées, et revêtues de signatures à la main, annoncer tout simplement au commerce que l'on fabrique dans tel endroit des draps qu'on se propose de présenter sous la marque de tel autre lieu auquel se rattache une grande célébrité.

On assure que, d'un autre côté, des commissionnaires expéditeurs à l'étranger commandent périodiquement, dans certaines manufactures, cinquante ou cent pièces d'étoffe, à la condition que le manufacturier y fera apposer une marque de telle ou telle ville qui n'est pas celle de fabrication.

Vous êtes frappés, Messieurs, du préjudice immense qui résulte de ces coupables abus ; ils tendent à détruire une réputation précieuse, en la prostituant à des produits qui ne méritent pas d'y participer ; ils introduisent dans le commerce le dol et la mauvaise foi, en trompant le consommateur qui, privé des connaissances nécessaires pour bien juger l'objet qu'on lui présente, s'en rapporte au nom qu'il y voit inscrit, et, sous cette perfide apparence, le paye souvent bien au delà de sa vraie valeur.

C'est encore à ces manœuvres déloyales que plusieurs branches de notre industrie doivent la perte de leurs relations avec l'étranger qui leur a fermé ses marchés du moment qu'il a vu les plus grossières productions arriver chez lui sous un nom qu'il était habitué à honorer, et qui avait jusque-là obtenu toute sa confiance.

Le Gouvernement, Messieurs, ne veut point comprimer l'essor de l'industrie ni en paralyser les conceptions ; mais, sans entrer ici dans la question de savoir s'il serait convenable d'en régler l'exercice en réunissant chacune des diverses branches qui s'y livrent par un lien commun de confiance et d'affection, par une solidarité de probité et d'honneur, vous conviendrez qu'il était du devoir du Gouvernement de mettre un terme aux funestes conséquences de ce scandaleux désordre.

C'est ce qu'il a eu intention de faire par le projet de loi qu'il vous présente.

Encore bien que ce projet soit applicable à tous les genres d'objets fabriqués, l'exposé des motifs par M. le ministre de l'intérieur dit assez qu'il est aussi destiné à satisfaire à de justes et vives instances, si souvent réitérées par plusieurs villes manufacturières de France, et particulièrement par celles de Louviers et de Sedan, auxquelles se sont empressés de se réunir un grand nombre de fabricants d'Elbeuf.

Ce que je viens de vous dire, Messieurs, relativement aux manœuvres à l'aide desquelles on parvenait à altérer la marque des draps de Louviers et de Sedan, a déterminé votre Commission à introduire dans le premier paragraphe de votre projet les mots *addition* et *retranchement*.

Il lui a paru indispensable d'y comprendre aussi la *raison commerciale*, qui peut contenir et contient quelquefois un nom autre que celui du fabricant.

Il était également nécessaire de disposer, relativement *au lieu de fabrication* ; et un *erratum* au feuilleton de la séance qui a suivi la présentation de la loi vous a appris, Messieurs, que c'était par suite d'une omission du copiste qu'il ne se trouvait point dans le projet distribué.

Votre commission a pensé qu'il fallait aussi désigner le marchand en gros et le commissionnaire, qui sont autres que ce qu'on appelle dans le commerce le simple débitant.

Enfin, craignant que les seuls mots : *exposé en vente*, ne donnassent lieu à quelques interprétations à l'aide desquelles les coupables pourraient se soustraire à la peine, en achetant des marchandises marquées de noms supposés ou altérés, pour les vendre dans un autre endroit, ou les exporter sans les faire entrer dans leurs magasins, votre Commission vous propose encore d'ajouter, dans le second paragraphe de l'article précédent, les mots : *ou mis en circulation.*

Relativement au lieu de fabrication, je dois vous dire, Messieurs, que la confection de certains produits exige un concours d'opérations telles qu'on n'est point encore parvenu à les exécuter toutes dans un seul et même établissement. Cette considération nous a déterminés à exprimer le vœu que le Gouvernement s'occupât de préciser par des dispositions réglementaires les conditions qui donnent droit aux fabricants d'apposer la marque ou le nom de tel ou tel lieu, et de participer en conséquence à l'avantage de la réputation collective de ces produits.

Nul doute, Messieurs que ces dispositions réglementaires devront être telles qu'elles puissent garantir tous les intérêts légitimes, sans laisser à la fraude le moyen d'éluder les effets de la loi.

Ce projet de loi n'ôte rien à la juste sévérité dont le Code pénal frappe la contrefaçon directe. Il fait cesser l'assimilation tout à la fois trop rigoureuse et insuffisante qui résulte de la loi du 22 avril 1803, entre la contrefaçon et la simple manœuvre avec laquelle, sur une marque non contrefaite, on fait passer un nom supposé.

Il complète la définition du délit qu'il s'agit de punir, et embrasse les diverses fraudes possibles que la loi de 1803 n'avait pas prévues ; il atteint celle qui *apposerait* ou ferait *apparaître* par une altération quelconque, sur des produits fabriqués, le nom d'un fabricant autre que le véritable, et d'un lieu autre que celui de sa fabrication.

Il classe ce délit, quant à la peine, avec ceux d'une égale gravité, c'est-à-dire avec les fraudes qui se commettent du vendeur à l'acheteur, et que le Code pénal a réunies dans son art. 423, ainsi conçu :

« (423.) Quiconque aura trompé l'acheteur sur le titre des matières d'or ou d'argent, sur la qualité d'une pierre fausse vendue pour fine, sur la nature de toute marchandise ; quiconque, par usage de faux poids ou de fausses mesures, aura trompé sur la quantité des choses vendues, sera puni de l'emprisonnement pendant trois mois au moins, un an au plus, et d'une amende qui ne pourra excéder le quart des restitutions et dommages et intérêts, ni être au-dessous de 50 fr.

« Les objets du délit ou leur valeur, s'ils appartiennent encore au vendeur, seront confisqués ; les faux poids et les fausses mesures seront aussi confisqués, et de plus seront brisés. »

La peine portée par cet article est suffisante, sans qu'il y ait lieu de craindre qu'on hésite à la prononcer pour excès de rigueur.

Les dernières dispositions de la loi pénale ont averti qu'une distinction était à introduire dans le projet de loi. Le délit a été commis ou préparé par le fabricant, quand il a supposé un nom ou introduit à dessein dans sa marque un mot destiné à favoriser la fraude, au moyen d'une addition, d'un retranchement ou de toute autre altération. Ce fabricant est le principal coupable.

Le marchand peut être complice, soit qu'il ait demandé la fabrication frauduleuse, soit qu'il ait lui-même exécuté les altérations : il subira donc les peines ordinaires de sa complicité ; c'est le droit commun.

Si la marchandise appartient encore aux vendeurs (auteurs ou complices), l'art. 423 du Code en assure la confiscation.

Mais un marchand de bonne foi peut exposer en vente dans son magasin, innocemment, sans être instruit de la fraude, des marchandises dont la marque se trouve falsifiée ou altérée. Il ne faudrait pas laisser un prétexte d'abuser de la lettre de la loi pour prétendre contre *un tel vendeur* la confiscation qui n'a pu être décernée que contre *le vendeur, auteur ou complice*.

On propose donc ici de déclarer que tout marchand, commissionnaire ou débitant ne sera passible des effets de la poursuite, qu'autant qu'il aurait sciemment exposé en vente, ou mis en circulation, les objets marqués de noms supposés ou altérés.

14.

Tels sont, Messieurs, les principaux motifs qui ont déterminé votre Commission à vous proposer d'adopter, avec les modifications de rédaction qu'elle y a introduites, les deux articles de loi qui vous sont présentés ; leurs dispositions, comme vous l'a dit M. le ministre de l'intérieur, n'étaient pas moins conseillées par l'expérience que réclamées par nos villes manufacturières et par les Conseils généraux des départements. Vous les accueillerez, nous n'en doutons pas, avec une égale sollicitude, puisqu'elle doivent avoir pour objet de donner de nouvelles garanties à la fabrication, au débit de nos produits industriels, et d'accroître par là, dans l'étranger, comme dans l'intérieur du royaume, la juste réputation dont ils jouissent.

---

# CHAMBRE DES PAIRS.

### EXPOSÉ DES MOTIFS.

**MESSIEURS,**

Une loi du 12 germinal an XI (12 avril 1803), qui prononce la peine *du faux* contre la contrefaçon des marques particulières, que tout manufacturier ou artisan a droit d'apposer sur les objets de sa fabrication, ajoute, art. 17 : « La marque sera considérée comme contrefaite, quand on y aura inséré ces mots : *façon de* ... et, à la suite le nom d'un autre fabricant ou *d'une autre ville.* »

Un article qui assimile au crime de faux, et qui punit d'une peine infamante la simple mention d'une ville où la marchandise n'a pas été réellement fabriquée, a paru d'une sévérité exorbitante. Les fabriques les plus intéressées contre la fraude ont réclamé de toute part. Elles ont représenté que l'excès de la peine en procurait l'impunité.

Mais il n'est pas moins certain qu'aux yeux de la loi, la supposition du nom de fabrique faussement attribué au produit d'un autre lieu est frauduleuse et punissable. En proposant une loi qui modifie la peine, qui la proportionne mieux au délit, le Gouvernement ne vient donc pas demander un droit nouveau, imposer de nouveaux règlements, ni menacer de restrictions inconnues la liberté de l'industrie française ; il ne vient que rendre exécutables, au profit de la bonne foi, les mesures de protection que la législation existante devait et promettait à chaque fabrique.

La réputation d'une manufacture est, pour le fabricant, une propriété à laquelle il tient justement, et que la législation a non moins justement protégée. Qu'est ce que le droit qu'elle lui donne d'apposer sa marque sur ses produits, si ce n'est la garantie légale et reconnue de cette sorte de propriété ? Que sont les rigueurs décernées contre la contrefaçon, sinon la sanction de ce droit ? Or, personne n'ignore qu'il est des villes où la réputation de la fabrique est *solidaire*, si l'on peut s'exprimer ainsi : la loi l'a reconnu, tantôt en attribuant exclusivement à chaque ville où se fabriquent des tissus, des lisières distinctives, tantôt et plus généralement, comme nous venons de le voir, en assimilant la contrefaçon du nom de lieu à la contrefaçon du nom de fabricant. Cette sanction, cette protection, puisqu'elle existe dans les lois, personne ne voudra sans doute l'en retrancher ; là serait l'innovation devant laquelle il faudrait s'arrêter.

Mais, en proposant d'ôter à l'art. 17 de la loi de 1803 une rigueur déplacée, on a dû encore modifier cette disposition pour la mieux conformer à l'esprit de cette loi : elle ne veut pas qu'on suppose un nom de ville ; mais, en spécifiant *les mots* par lesquels elle a prévu que se ferait cette supposition, elle a ouvert la porte à un autre abus, celui de commettre la même fraude en évitant de se servir des mots prévus par la loi. Ainsi il est dit qu'une marque sera contrefaite, si l'objet fabriqué porte *façon*... (de Lyon, par exemple, sur tissu d'Avignon), et l'on n'avait pas même dit qu'on punirait à plus forte raison celui qui y aurait écrit : *fabrique de Lyon*. Cette imprévoyance a donné lieu à beaucoup de scandale : les tribunaux ont vu des fabricants apposer des marques frauduleuses, où le nom de Louviers avait été amené sous un prétexte, par exemple, comme le nom d'une rue dans leur propre ville ; et des marchands, au moyen de cette complicité, altérant ou coupant sur le drap les paroles artificieusement arrangées pour leur donner un sens innocent en apparence, y ont fait paraître le nom seul de *Louviers*, comme marque du lieu de fabrication. Ce n'est donc pas innover, c'est rendre à la loi de 1803 sa rédaction naturelle, que de défendre toutes ces supercheries. La Chambre des députés a cru devoir ajouter au texte du projet de loi quelques explications, pour mieux embrasser toutes ces fraudes ; en un mot, pour que le produit d'un lieu ne fût pas marqué faussement du nom d'un autre : c'est toute la loi.

C'est dans cet état que le projet en est soumis à Vos Seigneuries.

Quelques personnes auraient désiré que l'on désignât les conditions sous lesquelles le fabricant, qui fait exécuter dans la campagne une partie des opérations de sa fabrique, sera néanmoins en droit d'user, dans la marque, du nom de la ville où il est domicilié.

D'autres ont paru croire que ce nom de la ville ne pourra plus être employé par les fabricants de la banlieue qui s'en servaient par le passé : ces craintes sont vaines ; les tribunaux qui, dans le même cas, avaient à se prononcer, sous l'ancienne loi, sur l'usurpation vraie ou prétendue *d'un nom de lieu de fabrication*, continueront à juger de même ; et, quand il le faudra, le Gouvernement ne manquera pas au devoir de promulguer les règlements qui, en rappelant les dispositions légales, en assureront partout l'exécution.

Le but de la loi proposée est si simple, qu'on peut être assuré de l'assentiment des fabriques : c'est depuis 1810 qu'à plusieurs reprises, elles ont réclamé le changement aujourd'hui proposé.

Après un grand nombre de consultations, le Conseil général des manufactures en a délibéré dès 1822. Des députations des fabricants de Sedan et de Louviers sont venues porter leurs observations, et toutes les précautions ont été prises pour arriver à un bon résultat.

## RAPPORT.

Messieurs,

L'art. 1^er du projet de loi qui est soumis à Vos Seigneuries contient toute la loi ; il prononce la peine de l'emprisonnement et celle de l'amende contre tout individu qui aurait apposé sur des produits fabriqués le nom d'un fabricant autre que celui qui en est l'auteur, ou le nom d'un lieu autre que celui de la fabrication.

Ces dispositions sont justes, elles sont nécessaires.

Elles sont justes en ce qu'elles donnent une garantie à la propriété industrielle. Je dis : propriété ! et en est-il de plus sacrée que le nom d'un fabricant qui, par un travail assidu, une conduite sans tache et des découvertes utiles, s'est placé honorablement parmi les bienfaiteurs de son pays et les créateurs de son industrie ? S'il est glorieux de porter des noms illustres dans la carrière des armes, de la magistrature, de l'administration, il est pareillement honorable de consacrer le sien par de grands services rendus à l'industrie, une des principales sources de la richesse et de la prospérité d'un Etat.

Ce que je dis ici des individus, je le dirai des villes où des fabricants sont parvenus à créer des genres d'industrie, que la supériorité et la quantité constante des produits ont fait apprécier de tous les peuples consommateurs : souvent le nom de la ville apposé sur tous les produits commande seul la confiance et forme une garantie aux yeux de l'acheteur ; et s'il était permis de revêtir de ces noms des produits inférieurs, la confiance serait bientôt retirée, et la France perdrait infailliblement plusieurs genres d'industrie qu'il importe à sa gloire et à sa prospérité de conserver.

Le nom d'un fabricant devenu célèbre par la supériorité constante de ses produits, la fidélité et la bonne foi dans ses relations commerciales, de même que celui d'une ville qui a créé un genre d'industrie connu et réputé dans toutes les parties du monde, sont donc plus qu'une propriété privée ; ils forment une propriété publique et nationale. Les produits revêtus de ces noms sont admis partout avec confiance ; et elle est telle, cette confiance, que, dans plusieurs lieux de grande consommation, on les reçoit sans *rompre balle*.

Eh bien ! qu'on tolère tacitement de fausses inscriptions sur les étoffes ; que la loi reste muette sur ces usurpations de noms ; que le consommateur n'ait plus aucune garantie sur laquelle puisse reposer sa confiance, dès ce moment nos relations commerciales avec les étrangers sont dissoutes. C'est donc un véritable délit qu'il appartient à la loi de réprimer. Et qu'on ne dise pas que le consommateur saura bien distinguer à l'achat les degrés de qualité d'une étoffe : non, Messieurs, le consommateur ne peut pas les apprécier ; il ne juge que ce qui tombe sous le sens ; l'œil et le tact suffisent-ils pour prononcer sur la solidité des couleurs, pour déterminer avec précision le degré de finesse d'une étoffe, la nature et la bonté des apprêts ? Dans les premières années de la Révolution, les bonnes couleurs de la fabrique de Lyon s'étaient altérées, et le Nord repoussa bientôt nos soieries. Ce n'est qu'en revenant à ses couleurs solides que cette importante fabrique a pu retrouver ses anciennes relations.

Sans doute l'industrie doit être libre : c'est le seul moyen d'en hâter les progrès et d'exciter l'émulation ; mais il ne doit pas être permis d'usurper un nom respectable pour colporter impunément la fraude, pour décrier un manufacturier, pour déshonorer un nom jusque-là révéré, et fermer des débouchés au commerce d'une nation.

Qu'on ne dise pas non plus qu'on établit par la loi un monopole ou un privilége entre les mains de quelques fabricants : non, Messieurs, il n'y a ni monopole ni privilége, toutes les fois qu'il est permis à un fabricant d'imiter et de copier les méthodes et les procédés d'une manière quelconque. Il ne s'agit ici que de donner une garantie légale à la propriété des noms qu'il n'est pas permis d'usurper.

Dans tous les temps, le Gouvernement s'est occupé de l'objet qui est maintenant soumis à vos délibérations.

Les statuts accordés à la fabrique de Carcassonne, le 26 octobre 1666, portaient la peine du carcan, pendant six heures, contre tout manufacturier qui apposerait sur ses draps la marque d'une autre ville ou d'un autre fabricant.

La loi du 12 avril 1802 assimile au crime de faux et prononce des peines infamantes contre les contrefacteurs du genre dont il s'agit.

La sévérité seule de ces lois les a fait tomber en désuétude. Les fabricants les plus intéressés à la répression du délit n'ont pas voulu en poursuivre l'exécution, tant il est vrai que toujours la peine doit être proportionnée au délit, et qu'il est un sentiment naturel plus fort que l'intérêt personnel, et antérieur à toutes les lois, qui repousse tout ce qui ne paraît pas juste.

Le projet de loi qui vous est soumis ne prononce que des peines correctionnelles contre le même délit, et sous ce rapport il atteint le même but, sans compromettre le sort de la loi.

Ce projet de loi consacre un principe : la garantie des noms des fabricants et des villes de fabrique. Il restera après son adoption à en régler l'exécution.

Ici se présentent de graves difficultés, qui ne pourront être résolues que par des ordonnances interprétatives et réglementaires.

Les fabricants établis dans l'enceinte tracée et limitée d'une ville de fabrique doivent-ils jouir seuls du droit d'apposer le nom de la ville sur leurs produits? Ceux qui se sont établis dans le voisinage pour profiter d'un cours d'eau, du plus bas prix de main-d'œuvre, de bâtiments plus commodes et plus spacieux, mais qui emploient dans leur fabrication les mêmes matières, les mêmes procédés, les mêmes apprêts, et dont les produits sont de même nature que ceux que l'on fabrique à l'intérieur, seront-ils déshérités du droit d'apposer sur leurs étoffes le nom de la ville? Cela ne paraît ni juste ni conforme à l'intérêt de l'industrie. Par exemple, Sedan est une ville militaire, son enceinte est très-circonscrite et très-restreinte; à mesure que la fabrique s'est étendue; elle a dû sortir des limites tracées pour la défense de la place; les principaux fabricants se sont établis hors des murs; pourrait-on aujourd'hui leur contester le droit de continuer à marquer leurs tissus du nom de *drap de Sedan*.

L'ordonnance doit prévoir ces difficultés et les résoudre d'avances pour éviter toute contestation entre les fabricants.

Une autre difficulté se présente, et celle-ci n'est pas la moins grave.

Depuis qu'on a donné toute liberté à l'industrie manufacturière, les fabriques de Sedan, d'Elbeuf, de Louviers, qui ne pouvaient fabriquer chacune qu'une sorte d'étoffe, ont varié à l'infini la qualité de leurs produits et ont fabriqué dans la seule ville d'Elbeuf vingt sortes de drap, dont les prix varient depuis 8 et 12 fr. jusqu'à 30 et 40 fr. l'aune.

Cette liberté a produit plusieurs bons effets : le premier, d'employer à une bonne fabrication l'énorme variété de laines que produit aujourd'hui notre agriculture; le second, de nous mettre en mesure de rivaliser avec les fabriques étrangères et de repousser leurs produits analogues; le troisième, d'associer la fabrication à tous les goûts et à toutes les fortunes.

Mais vous ne pouvez pas empêcher qu'un fabricant d'Elbeuf, de Sedan ou de Louviers, ne marque son drap, quelle que soit sa qualité, du lieu où il a été fabriqué; le projet de loi qui vous est soumis l'y autorise expressément.

Je dis plus, vous ne pouvez pas empêcher que d'autres fabricants ne s'établissent dans ces trois villes, pour acquérir le droit de revêtir des produits quelconques du nom d'une ville célèbre par sa fabrication.

Ainsi la loi serait incomplète sous ce rapport et l'effet en serait illusoire.

Que désirent les fabricants de Sedan et de Louviers qui ont fait la demande de la loi qui est soumise à votre délibération ? Ils veulent que leur draperie fine, qui, colportée dans le monde entier, sous le nom de *draps de Sedan* ou *de Louviers*, a acquis partout une réputation méritée, puisse la reprendre. Leurs efforts sont louables. Leurs vœux sont légitimes ; mais ils ne parviendront à leur but qu'autant que, par une ordonnance , il sera réservé aux seuls fabricants de la bonne draperie, anciennement connue sous le nom de *draps de Louviers* ou *de Sedan*, d'ajouter à cette dénomination celle de *première qualité*. Sans cela, les noms de *drap d'Elbeuf, de Sedan* ou *de Louviers*, n'offriront aucune garantie au consommateur.

La commission vous propose l'adoption de la loi.

# FORMULAIRE.

### PROCÈS-VERBAL DE DÉPÔT DE MARQUE DE FABRIQUE.

Le (*jour, mois, année, heure*) a comparu au greffe et devant nous greffier soussigné, le sieur (*nom et prénoms*), demeurant à (*domicile*),

Lequel (*en son nom ou au nom de la société dont il fait partie, ou comme mandataire*) a déposé entre nos mains, comme marque de fabrique (*description de la marque*),

Duquel dépôt, qu'il déclare faire pour conserver la propriété de ladite marque, le comparant a requis acte à lui octroyé et a signé après nous, greffier, après lecture.

(***Signatures du greffier et du déposant.***)

### MANDAT OU POUVOIR A ANNEXER AU PROCÈS-VERBAL

### DE DÉPÔT.

Je soussigné (*nom, prénoms, profession et domicile du mandant*), déclare par les présentes donner pouvoir à (*nom, prénoms, profession et domicile du mandataire*), de, pour moi et en mon nom, opérer au greffe tout dépôt de marque de fabrique, en conséquence, demander acte desdits dépôts, présenter, requérir et signer toute demande, procès-verbaux et pièces généralement quelconques y relatives, verser la taxe exigée et faire tout ce qui sera nécessaire pour opérer lesdits dépôts conformément à la loi, en obtenir expédition et même en faire le renouvellement.

Bon pour pouvoir :

Fait à..... le (*jour, mois, année*).

Nota. La signature du mandant doit être légalisée ; le pouvoir doit être certifié véritable par le mandataire ; il doit, en outre, être enregistré.

### REQUÊTE A FIN DE SAISIE ET DESCRIPTION.

A Monsieur le président du tribunal de première instance de......, en son cabinet sis à.....

Le sieur (*nom, prénoms, profession et domicile du requérant*), ayant Mᵉ (*nom*) pour avoué, a l'honneur de vous exposer qu'il est propriétaire d'une marque qu'il appose sur (*indiquer le genre de produits*), et que, pour s'assurer la propriété de cette marque, il en a opéré le dépôt au greffe du tribunal de commerce de....., à la date du (*date du dépôt*) ;

Qu'il a appris que le sieur (*nom, prénoms, profession, domicile du contrefacteur*), se livre à la contrefaçon de cette marque (*fabrique, fait fabriquer, vend, a introduit, des marques identiques ou semblables aux siennes*) ;

Pourquoi l'exposant requiert qu'il vous plaise, M. le président, l'autoriser à faire saisir ou décrire lesdites marques contrefaites, ensemble les objets qui en sont revêtus, les appareils ou instruments qui ont servi à la fabrication de ces marques ; faire toutes les constatations qui seront nécessaires, et, au besoin, compulser les livres du contrefacteur ; dire que l'huissier procédera auxdites saisie, description et constatation chez le sieur..... et chez tous autres où des marques contrefaites pourraient se trouver ; dire que l'huissier pourra se faire assister par un commissaire de police.

Et ce sera justice.

Noᴛᴀ. La requête doit être présentée au juge de paix du canton, à défaut de tribunal dans le lieu où se trouvent les produits à décrire ou à saisir.

### ORDONNANCE.

Nous, président, vu la requête et les pièces, autorisons l'exposant à faire procéder à la saisie (*ou description*) des marques dont s'agit chez les sieurs (*nom des contrefacteurs*), et, en cas de résistance, à se faire assister du commissaire de police et de la force armée ; disons que le dépôt des objets saisis (*ou d'échantillons*) sera fait au greffe ; disons également qu'il nous en sera référé en cas de difficulté.

Noᴛᴀ. Le président peut ordonner le dépôt préalable d'un cautionnement par le saisissant, quand il le juge utile ; il doit toujours l'imposer, si le demandeur est étranger.

### PROCÈS-VERBAL DE SAISIE.

L'an mil huit cent..., le..., à la requête de M. (*nom, prénoms, profession et domicile*), élisant domicile en ma demeure, et en vertu d'une ordonnance rendue par M. le président du tribunal civil de..., en date du..., enregistrée à..., le..., par... qui a reçu..., étant au bas d'une requête à lui présentée le même jour, desquelles requête et ordonnance copie est donnée en tête de celle des présentes, je (*nom, prénoms, profession, domicile*), soussigné, me suis transporté chez M. (*nom, prénoms, profession, domicile*) ou étant et parlant à..., j'ai déclaré que j'allais, conformément à l'ordonnance susénoncée, procéder à la saisie (*ou description*) des objets argués de contrefaçon; lequel a protesté contre les présentes poursuites, et de fait j'ai constaté (*suivent les constatations des objets argués de contrefaçon, qui sont confiés à un gardien, ou emportés pour être déposés au greffe, après avoir été scellés et cachetés*). — Et de tout ce que dessus, j'ai fait et rédigé le présent procès-verbal duquel, ainsi que des requête et ordonnance, j'ai au sieur..., domicile et parlant comme dessus, laissé copie, le tout fait en présence du gardien et de MM....., praticiens, demeurant à..., et de M...., commissaire de police, auquel j'ai remis cinq francs pour sa vacation, lesquels susnommés ont signé.—Coût...

### PROCÈS-VERBAL DE DÉPÔT DES OBJETS SAISIS.

L'an... à la requête de (*nom, prénoms, profession et domicile*), pour lequel domicile est élu en mon étude, agissant en vertu d'une ordonnance rendue par M. le président du tribunal civil de..., en date du..., enregistrée à..., le.... par..., qui a reçu..., étant au bas d'une requête à lui présentée le même jour, laquelle ordonnance a autorisé le requérant à procéder à la saisie (*ou description*) des objets revêtus de marques contrefaites; et, en conséquence d'un procès-verbal de mon ministère, en date du..., enregistré, j'ai (*nom, prénoms, profession, domicile*), soussigné, comparu au greffe du tribunal de police correctionnelle de..., sis en ladite ville, au Palais de Justice, où étant et parlant à..., j'ai déposé entre les mains dudit greffier les objets par moi saisis comme portant une marque contrefaite, pour lesdits objets demeurer au greffe, et servir de pièces de conviction dans la pour-suite en contrefaçon que le requérant se propose d'intenter contre le sieur... Et de tout ce que dessus j'ai dressé, le pré-sent procès-verbal, duquel j'ai, parlant comme dessus, laissé copie, ainsi que des requête, ordonnance et procès-verbal susénoncés.—Coût...

### ASSIGNATION DEVANT LE TRIBUNAL CIVIL.

L'an mil huit cent..., le..., à la requête du sieur (*nom, prénoms, profession et domicile*), pour lequel domicile est élu en l'étude de M^c..., avoué près le tribunal civil de pre-mière instance de..., lequel se constitue et occupera pour lui sur l'assignation ci-après, j'ai (*nom, prénoms, profes-sion, domicile*), soussigné, signifié et avec ces présentes, laissé copie à M. (*nom, prénoms, profession, domicile du contre-facteur*), où étant et parlant à... d'un procès-verbal de mon ministère, en date du..., enregistré, contenant la saisie (*ou description*) des objets revêtus de marques faites en contre-façon de celles appartenant au requérant ;

A ce qu'il n'en ignore, et je lui ai, à mêmes requête, pour-suite et constitution d'avoué que dessus, donné assignation à comparaître d'hui à huitaine franche, outre le délai à rai-son de la distance, à l'audience et par-devant MM. les pré-sident et juges composant le tribunal civil de première in-stance de..., séant au Palais de Justice, à..., pour... ;

Attendu que le requérant est propriétaire d'une marque au moyen de laquelle se distinguent les produits qu'il fabri-que (ou *qu'il met en vente*) et que, pour s'assurer le droit exclusif à l'emploi de cette marque, il a opéré le dépôt au greffe du tribunal de commerce de..., à la date du..., d'un exemplaire de ladite marque, conformément à la loi du 28 juin 1857 ;

Attendu que le requérant, ayant appris que le sieur.... se livrait à la contrefaçon de cette marque, a..., en vertu d'une ordonnance rendue par M. le président du tribunal de ..., le ..., enregistrée, fait procéder par le ministère de..., huis-sier, à la description des marques contrefaites ;

Attendu qu'il résulte du procès-verbal de saisie dressé à la date du..., que (*rapporter les faits constatés*); ce qui con-stitue la contrefaçon de marque de fabrique ;

Que, dans ces circonstances, le requérant est fondé à faire interdire au susnommé l'usage de ladite marque, et à lui réclamer des dommages-intérêts en rapport avec le préjudice qu'il lui a causé ;

Voir reconnaître le requérant propriétaire exclusif de la marque déposée au greffe du tribunal de commerce de..., le... ;

Voir dire que c'est sans droit que le susnommé a usurpé cette marque ;

En conséquence, se voir faire défense le susnommé de faire usage de ladite marque ;

Voir ordonner la confiscation des produits saisis ou décrits, lesquels seront remis au requérant, et la destruction de toutes les marques reconnues contrefaites, notamment de celles qui ont été trouvées chez le sieur..., ainsi qu'il résulte du procès-verbal de saisie du... ;

S'entendre condamner par corps à payer au requérant la somme de..., à titre de dommages-intérêts, et entendre fixer la durée de la contrainte par corps ;

Voir en outre ordonner l'insertion du jugement à intervenir dans... journaux, au choix du requérant et aux frais de l'assigné ;

S'entendre en outre condamner aux dépens ;

A ce que le susnommé n'en ignore, et je lui ai, domicile et parlant comme dessus, laissé cette copie.—Coût...

Nota. — Lorsqu'il s'agit d'une *citation directe devant le tribunal correctionnel*, il suffit d'apporter au modèle qui précède les modifications que commande la différence de juridiction. La constitution d'avoué n'est plus obligatoire; il n'y a plus lieu de demander au tribunal de déclarer que le plaignant est propriétaire de la marque, il faut lui demander de dire que le prévenu s'est rendu coupable du délit de contrefaçon de marque, et, par suite, de le condamner aux peines édictées par la loi, ainsi qu'aux réparations dues au plaignant.

# LÉGISLATIONS ÉTRANGÈRES

et

## Traités internaticnaux pour la protection des Marques de fabrique.

—

### AMÉRIQUE.

(Actes du 29 août 1842 et du 4 mars 1861.)

La marque est obligatoire pour les produits brevetés. Ces produits doivent porter l'indication de la date de la patente, et dans le cas où, par leur nature, il serait matériellement impossible d'imprimer ou de graver cette date sur les objets eux-mêmes, on doit l'imprimer sur la boîte qui les contient.

L'inaccomplissement de ces formalités était puni d'une amende par l'acte de 1842 ; le législateur de 1861 s'est borné à déclarer, dans ce cas, le patenté non recevable dans ses poursuites contre les contrefacteurs.

Celui qui usurpe la marque d'autrui est puni d'un emprisonnement qui ne peut excéder six mois, et d'une amende qui ne doit pas dépasser 100 dollars (1).

### ANGLETERRE.

( Loi du 1er janvier 1864. )

Les noms et les marques sont protégés par la loi anglaise.

Il n'est pas nécessaire d'en opérer le dépôt ; en cas de contestation, la propriété peut s'établir par tous les modes de preuve reconnus par le droit commun.

Le contrefacteur, s'il est de mauvaise foi, est condamné à l'amende, à la confiscation des objets contrefaits et à des dommages-intérêts (2).

---

(1) Le texte de la loi du 4 mars 1861 se trouve dans une brochure de M. Emile Barrault, ingénieur, sous ce titre : *Les inventeurs et la loi des Etats-Unis.*

(2) Voir, pour le texte, les *Annales de la Propriété Industrielle,* 1864, p. 50.

Les Français ont le droit de poursuivre en Angleterre la contrefaçon de leurs marques en vertu de l'art. 12 du traité du 23 janvier 1860.

## AUTRICHE.

### (Loi du 7 décembre 1858.)

La marque de fabrique est protégée par la loi autrichienne.

Il faut, pour s'assurer cette protection, déposer un double exemplaire de la marque à la chambre de commerce du district.

En cas d'usurpation de la marque, le contrefacteur est condamné à des dommages-intérêts et à une amende. En outre, la destruction des appareils qui servent à la fabrication des marques contrefaites peut être ordonnée (1).

## BADE (GRAND-DUCHÉ DE).

### (Loi du 1er mars 1857.)

Aux termes de l'art. 444, Cod. pénal, quiconque se sera servi frauduleusement des étiquettes des marchandises ou des marques de fabrique d'un fabricant du grand-duché, et quiconque aura vendu les marchandises portant une fausse marque, sera condamné, sur la dénonciation du fabricant intéressé, à la peine d'un emprisonnement qui pourra s'élever jusqu'à trois mois ou à une amende. La même peine sera prononcée en cas d'usage frauduleux des étiquettes de marchandises ou des marques de fabrique des fabricants des Etats étrangers, avec lesquels des conventions de réciprocité auront été conclues à cet égard (2).

Il existe entre la France et le duché de Bade une convention diplomatique pour la protection réciproque des marques de fabrique. Cette convention a été passée les 2 juillet et 7 septembre 1857.

---

(1) On trouvera le texte de cette loi dans le traité de M. Calmels, *des Noms et Marques de fabrique.*

(2) Calmels, *des Noms et Marques de fabrique*, p. 226.

## BAVIÈRE.

### (Loi du 6 mars 1840.)

Celui qui veut se réserver la propriété d'une marque de fabrique doit en opérer le dépôt à la police du district.

A cette condition, il a une action contre ceux qui contrefont cette marque, et aussi contre ceux qui débitent des marchandises revêtues de la marque contrefaite. Les contrefacteurs sont punis d'une amende qui ne peut être moindre de 10 florins, et qui ne peut excéder 50 florins (1).

## BELGIQUE.

### (Code pénal du 2 février 1810.)

La Belgique est encore régie, en ce qui concerne les marques, par l'art. 142 de notre Code pénal. D'après cet article, ceux qui contrefont le sceau, timbre ou marque d'un établissement particulier de banque ou de commerce, ou qui font usage de sceaux, timbres ou marques contrefaits, sont punis de la reclusion.

Les marques destinées aux ouvrages de quincaillerie ou de coutellerie sont régies par l'arrêté des consuls du 23 nivôse an IX et par un décret du 5 septembre 1810.

Il y a, en outre, un arrêté du 25 décembre 1818, relatif aux fabriques de pipes, et un arrêté du 1er juin 1820, pour les fabriques de draps.

La Belgique a fait avec la France, le 1er mai 1861, un traité pour la protection de la propriété des marques (2).

## BRÈME (VILLE LIBRE DE).

### (Ordonnances des 7 et 10 novembre 1842.)

La marque apposée sur les produits fabriqués, et même sur certains produits naturels, est protégée par la loi.

---

(1) Le texte de cette loi se trouve dans le *Code général de la propriété industrielle, littéraire et artistique*, par MM. Etienne Blanc et Beaume, p. 183.

(2) Voir *Annales de la Propriété Industrielle*, 1861, p. 194.

Le contrefacteur est puni d'une amende et de dommages-
ntérêts.

La poursuite peut être intentée, soit par le ministère public, soit par la partie lésée.

## ESPAGNE.

### (Art. 217 du Code pénal.)

L'imitation frauduleuse des sceaux, marques et contre-
seings adoptés par les établissements de commerce ou d'industrie est punie de la peine de l'emprisonnement et d'une
amende de 50 à 500 douros.

Un règlement spécial aux fabriques de drap, en date du
30 janvier 1832, impose aux fabricants l'obligation de faire
marquer leurs draps de première, deuxième et troisième
qualité. La marque doit contenir l'énonciation de la qualité
du drap, des nom et raison sociale du fabricant et du lieu où
se trouve l'établissement (1).

## ITALIE.

Le 9 juin 1862, une convention a été conclue entre la
France et le royaume d'Italie pour la protection réciproque
des marques de fabrique (2).

## PORTUGAL.

Il existe une convention de même nature entre la France
et le Portugal. Cette convention porte la date du 12 avril
1851.

## PRUSSE.

### (Art. 269 du Code pénal.)

Cet article est ainsi conçu : « Celui qui imprime sur les
marchandises ou sur les enveloppes le nom, la raison sociale
ou le domicile d'un autre fabricant, ou qui met sciemment
dans le commerce des marchandises portant de fausses marques, sera puni d'une amende de 50 à 1,000 thalers. La
même peine est encourue, lorsque la marque d'un fabricant

---

(1) V. le *Code général de la Propriété Industrielle*, par Blanc et
Beaume.

(2) V. le texte de cette convention dans les *Annales de la Propriété
Industrielle*, 1862, p. 324.

15.

étranger a été contrefaite par un Prussien, mais seulement dans le cas où la réciprocité est garantie par des traités ou par les lois du pays de cet étranger.. »

La marque nominale est seule protégée ; aucun dépôt n'est nécessaire.

Le traité de commerce qui vient d'être conclu le 9 mai 1865, entre la France et la Prusse, tant en son nom personnel qu'au nom des Etats du Zollverein, stipule, au profit des parties contractantes, la protection réciproque de leurs marques de fabrique (1).

## RUSSIE.

### (Digeste des ordonnances de police.)

Art. 1158. L'application frauduleuse, sur des produits russes, des marques appartenant à d'autres fabricants sujets de l'empire, est punie, conformément aux principes généraux du droit, des peines portées contre le faux, et la marchandise revêtue de la marque d'autrui est adjugée au fabricant dont la marque a été contrefaite.

1159. L'application frauduleuse des marques russes sur des marchandises étrangères entraîne la confiscation de ces marchandises et une condamnation à l'amende, et les coupables sont, en outre, passibles de la peine portée contre les contrefacteurs des plombs de la douane.

1160. Il sera procédé de la même manière dans le cas où l'on aura appliqué, sur des produits russes, de faux plombs imitant ceux de la douane, afin de faire passer ces produits pour des marchandises de provenance étrangère.

1161. Ni les sujets russes, ni les étrangers ne pourront alléguer pour excuse l'ignorance de la loi.

Le 14 juin 1857, la France et la Russie ont fait un traité pour la protection réciproque des marques de fabrique (2).

## SAXE.

### (Code pénal, art. 251 et 252.)

La contrefaçon d'une marque est punie d'une amende proportionnée.

---

(1) V. *Moniteur* du 13 mai 1865.

(2) Ce traité a été publié dans les *Annales de la Propriété Industrielle*, 1857, p. 295.

La même peine est appliquée à celui qui fait usage d'une marque contrefaite pour tromper dans le commerce.

La poursuite ne peut être intentée qu'à la requête d'une personne intéressée.

Les marques françaises sont protégées en Saxe et réciproquement les marques des Saxons sont protégées en France, en vertu d'une convention du 12 mars 1855 (1).

## SUÈDE.

La Suède impose aux fabricants et commerçants l'obligation de la marque.

Il faut que les produits, avant d'être livrés au commerce, soient revêtus d'un timbre officiel. Quant aux produits étrangers que l'on importe en Suède, ils doivent également recevoir un timbre qui est celui de la douane.

Les infractions sont punies d'une amende (2).

## SUISSE.

Il a été conclu, le 30 juin 1864, une convention entre la France et la Suisse pour la protection réciproque des marques de fabrique de leurs nationaux (3).

## WURTEMBERG.

(Règlement du 5 août 1836.

La marque est obligatoire dans le royaume de Wurtemberg, comme en Suède.

Celui qui veut revendiquer la propriété de sa marque doit en opérer préablement le dépôt.

Les contrefacteurs sont considérés comme des faussaire et punis des mêmes peines (4).

---

(1) V. *Annales de la Propriété Industrielle*, 1855, p. 161.
(2) V. le *Code international* de MM. Pataille et Huguet.
(3) V. *Annales de la Propriété Industrielle*, 1864, p. 447.
(4) V. Calmels, *des Noms et des Marques*, p. 253.

# TABLE ALPHABÉTIQUE.

## A

# B



# C

# D

# E

# F

# G



# H

# I

IMITATION (*Marques de fabrique*). — De l'imitation qui constitue la contrefaçon. V. art. 7, n. 1 et s., p. 28. — V. aussi art. 8, n. 1 et s., p. 36. —(*Des noms apposés sur les produits.*) — L'imitation d'un nom constitue l'usurpation de ce nom, aussi bien que sa reproduction servile. V. 2ᵉ part., n. 63 et s., p. 90. —(*Concurrence déloyale.*)—Imitation coupable des enseignes et désignations. V. 3ᵉ part., p. 117, n. 112 et s.—Des étiquettes, prospectus, devantures de boutiques, etc. V. p. 133, n. 215 et s. — V. *Confusion*.

IMPRIMEUR (*Marques de fabrique*). — Comment peut-il conserver la propriété des vignettes ou étiquettes dont il est l'auteur? V. *Vignette*. — Il peut être condamné à des dommages-intérêts en cas de contrefaçon. V. art. 7, n. 25, p. 32. (*Concurrence déloyale*). — L'imprimeur qui imprime des étiquettes semblables à celles d'un commerçant, sur l'ordre et pour le compte d'un concurrent, est passible de dommages-intérêts. V. p. 140, n. 262.—Il en est de même de l'imprimeur qui fait servir pour un concurrent une composition payée par un autre. V. p. 140, n. 265.

INCOMPÉTENCE. — V. *Compétence*.

INDUSTRIE (*Concurrence déloyale*.)— Des industries analogues ne peuvent employer des enseignes ou des désignations semblables. V. 3ᵉ part., n. 20 et s., p. 102.

INITIALES (*Marques de fabrique*). — Il est inutile qu'elles soient jointes à la marque. V. art. 1ᵉʳ, n. 4, p. 12. — Les initiales constituent-elles une marque ou un nom? V. art. 1ᵉʳ, n. 15 et s., p. 14. — V. aussi 2ᵉ part., n. 8 et s., p. 80.

INSERTION (*Marques de fabrique*). —L'insertion du jugement dans les journaux est-elle une peine ou une réparation civile? V. art. 13, n. 1 et s., p. 43.—Comment doit être exécutée cette disposition du jugement? V. art. 13, n. 3 et 6, p. 43.

INSTRUCTION (*Marques de fabrique*). — De la saisie ordonnée par un juge comme mesure d'instruction. V. art. 17, n. 24, p. 67.

INTÉRÊT (*Marques de fabrique*). — Une ville est sans intérêt à s'opposer à ce que ses armoiries soient prises, comme marque, par un industriel. V. 1ʳᵉ part., art. 1ᵉʳ, n. 14, p. 13.—(*Concurrence déloyale.*) — Le droit exclusif des possesseurs d'enseignes et de désignations a pour limite leur intérêt. V. 3ᵉ part., p. 102, n. 19 et s.

INTERDICTION. — De s'établir dans un certain lieu pour y faire le commerce. V. 3ᵉ part., p. 111, n. 75 et s. — De faire le même commerce que son patron. V. p. 127, n. 176 et s. — V. *Cession.*

INTERVENTION (*Marques de fabrique*).—L'étranger peut intervenir sur les poursuites du ministère public à raison de tromperie sur la nature de la marchandise. V. 1ʳᵉ part., art. 6, n. 6, p. 27.— Intervention du cédant, des tiers, du commettant. V. art. 16, n. 39 et s., p. 59. — Du syndic, des tiers saisis, de l'étranger associé. V. art. 16, n. 48 et s., p. 60. — (*Des noms apposés sur les produits.*) — Intervention du fabricant dont le nom a été usurpé sur les poursuites du ministère public pour tromperie. V. 2ᵉ part., n. 80, p. 92.

INVENTEUR (*Des noms*).—Usurpation du nom de l'inventeur. V. 2ᵉ part., n. 14 et s., p. 81. — Inventeur d'un remède secret. V. n. 25 et s., p. 83.— (*Concurrence déloyale.*) — Dénomination donnée par l'inventeur à un produit. V. 3ᵉ part., p. 114, n. 94 et s.— (*Divulgation de secrets de fabrique.*) —Le patron qui travaille avec ses ouvriers doit-il être considéré comme l'inventeur des secrets trouvés en commun ? V. 4ᵉ part., p. 156, n. 23 et s. — V. *Brevet.*

# J

JOURNAL. — Le gérant d'un journal est responsable du préjudice causé par les annonces dont il a permis l'insertion. V. p. 140, n. 260 et s. — V. *Annonce.*

JURIDICTION. — V. *Compétence.*

# L

LETTRE (*Marques de fabrique*). — L'imitation des lettres inscrites sur un cachet peut constituer la contrefaçon. V. 1ʳᵉ part., art. 8, n. 1, p. 36.—(*Concurrence déloyale.*)—Consentement par lettre donné au successeur de se servir du nom de son prédécesseur. V. 3ᵉ part., p. 108, n. 62. — L'acquéreur n'a pas le droit de décacheter les lettres adressées à son prédécesseur. V. p. 113, n. 85. — Lettres diffamatoires. V. p. 136, n. 236 et s. — V. *Correspondance, Initiales, Preuve.*

LIBERTÉ. — Du travail. V. p. 111, n. 78, p. 127, n. 179 et s.

LICENCE. — V. *Cession.*

LISÉRÉ. — Un liséré peut constituer une marque de fabrique. V. art. 1ᵉʳ, n. 32, p. 17.

LITISPENDANCE. — V. art. 16, n. 59, p. 62.

# M

# N

# O



# P

cumul des peines. V. art. 10, p. 41.—L'insertion et l'affiche ont-elles un caractère pénal ? V. art. 13, n. 1 et s., p. 43. — *Quid* de la confiscation ? V. art. 14, n. 1 et s., p. 45 —(*Concurrence déloyale.*) —En cas d'usurpation d'enseigne ou désignation, le propriétaire n'a qu'une action en dommages-intérêts, mais il ne peut faire condamner l'usurpateur à aucune peine. V. 3ᵉ part., p. 147, n. 303.

PHARMACIEN (*Des noms*). — A-t-il le droit de fabriquer des médicaments en y apposant le nom de l'inventeur ? V. 2ᵉ part., n. 20 et s., p. 82. — V. *Remède secret.*

PLAQUES (*Marques de fabrique*). — Peuvent-elles constituer une marque ? V. art. 1ᵉʳ, n. 30, p. 17.

POSSESSION. — V. *Usage antérieur, Etranger, Propriété.*

POURSUITE (*Marques de fabrique*). —Par qui la poursuite en contrefaçon peut-elle être intentée? V. 1ʳᵉ part., art. 16, n. 13 et s., p. 54. — Influence de la nullité de la saisie sur la poursuite. V. art. 18, n. 2 et s., p. 68 —(*Noms apposés sur les produits.*)— De la poursuite pour usurpation du nom d'une localité par un seul fabricant de cette localité. V. 2ᵉ part., n. 86, p. 93. (*Concurrence déloyale.*)—Poursuite pour usurpation d'enseigne, ou de désignation, ou pour concurrence déloyale. V. 3ᵉ part., n. 275 à 305, p. 142. — V. *Action, Compétence, Ministère public, Etranger.*

POURVOI (*Marques de fabrique*). — V. 1ʳᵉ part., art. 17, n. 22 et s., p. 66.

PRÉDÉCESSEUR (*Concurrence déloyale*). — L'acheteur d'un fonds a-t-il le droit de mettre sur ses enseignes et factures le nom de son prédécesseur ? V. 3ᵉ part., p. 107, n. 56. — Peut-il se rétablir? V. p. 109, n. 69 et s. — Peut-il interdire à son successeur de décacheter ses lettres ? V. p. 113, n. 85 et s.— V. *Cession.*

PRÉJUDICE. — V. *Dommages-intérêts.*

PRESCRIPTION (*Marques de fabrique*). — De la prescription en matière de contrefaçon. V. 1ʳᵉ part., art. 7, n. 37 et s., p. 34.

PRÉSOMPTION (*Marques de fabrique*). — Le dépôt n'est qu'une présomption de propriété ; il n'en est pas la preuve. V. art. 2, n. 5, p. 21. — V. *Preuve.*

PREUVE (*Marques de fabrique*). — Preuve de la propriété de la marque. V. art. 2, n. 17, p. 23. — De la mauvaise foi du contrefacteur. V. art. 7, n. 5 et s., p. 29 et n. 26, p. 32. —La preuve testimoniale peut suppléer à la saisie. V. art. 17, n. 3, p. 64.— (*Concurrence déloyale.*) —La correspondance peut être invoquée comme preuve. V. 3ᵉ part., p. 145, n. 291. —(*Divulgation de secrets de fabrique.*)—Preuve de la priorité de

cas de tromperie sur la nature de la marchandise. V. art. 8, n. 13 et s., p. 38. — (*Des noms apposés sur les produits.*) — Tromperie par l'usurpation du nom d'un cru. V. 2ᵉ partie, n. 45 et s., p. 87, et n. 78, p. 92. — Indication mensongère du nom d'une ville étrangère. V. n. 47 et s., p. 87. — Eaux minérales. V. n. 77, p. 92. — (*Concurrence déloyale.*) — Tromperie par l'emploi d'une désignation étrangère. V. 3ᵉ partie, n. 16, p. 101. — Qui peut poursuivre pour tromperie sur la nature de la marchandise? N'est-ce que l'acheteur? Est-ce aussi un rival d'industrie? V. p. 142, n. 275 et s.—V. *Médaille.*

# U

Usage (*Marques de fabrique.*) — Effets de l'usage antérieur d'une marque. V. 1ʳᵉ partie, art. 2, n. 6 et s., 11, 12, 14, 16, p. 21 et s. — .... d'une marque étrangère. V. art. 6, n. 1 et s., p. 25. — L'usage personnel constitue-t-il le fait de contrefaçon? V. art. 7, n. 32, p. 33. — Celui qui a fabriqué une marque contrefaite, mais qui n'en a pas fait usage, est-il puni par la loi de 1857? V. art. 8, n. 8, p. 38. — En cas d'usage personnel, la confiscation doit-elle être prononcée? V. art. 14, n. 4 et s., p. 46. — Saisie des objets qui servent à l'usage personnel. V. art. 17, n. 7, p. 64. — (*Concurrence déloyale.*) — Le propriétaire d'une enseigne est celui qui en a le premier fait usage. V. 3ᵉ partie, n. 3 et s., p. 100.—Il en est de même pour les désignations ou emblèmes adoptés par un industriel (*loc. cit.*).—V. *Priorité, Tolérance.*

Usurpation (*Des noms.*) V. 2ᵉ partie, n. 50 et s., p. 88. — (*Concurrence déloyale.*) — Usurpation des enseignes et désignations. V. 3ᵉ partie, n. 99 à 135, p. 115. — V. *Contrefaçon.*

# V

Vente (*Marques de fabrique.*) — Du tribunal compétent en cas de délit connexe par des fabricants et des débitants. V. art. 16, n. 6 et s., p. 53.—V. *Cession, Fonds de commerce, Enseigne, Dénomination, Prédécesseur.*

Veuve. — La femme veuve et remariée a-t-elle le droit de conserver sur ses enseignes le nom de son premier mari? V. 3ᵉ partie, p. 128, n. 182 et s.

Vignette (*Marques de fabrique.*) — Une vignette représentant un monument public peut constituer une marque. V. art. 1ᵉʳ,

n. 26, p. 16. — La vignette peut être protégée par la loi de 1793 sur les œuvres d'art. V. art. 1ᵉʳ, n. 27, p. 16. — Ou par la loi de 1806 sur les dessins de fabrique. V. art. 1ᵉʳ, n. 28, p. 16. — Ou par la loi de 1857, sur les marques. V. art. 1ᵉʳ, n. 30, p. 17. V. aussi art. 2, n. 18, p. 24. — (*Concurrence déloyale.*) — L'emploi d'une vignette semblable à celle d'un concurrent peut constituer une concurrence déloyale. V. 3ᵉ partie, n. 202 et s., p. 132.

Vin (*Marques de fabrique.*) — Droits du propriétaire d'un cru. V. 1ʳᵉ partie, art. 20, p. 72. — (*Des noms apposés sur les produits.*) — La loi de 1824 est applicable aux vins. V. 2ᵉ partie, n. 6, p. 80. — Usurpation du nom d'un cru. V. n. 45 et s., p. 87. — Cas où elle constitue une tromperie. V. n. 78 et s., p. 92.

Voisinage. — L'adoption par un industriel d'une enseigne semblable à celle d'un rival d'industrie ne constitue un acte de concurrence déloyale qu'autant que les deux établissements sont dans le voisinage l'un de l'autre. V. 3ᵉ partie, p. 116, n. 103 et s.

**FIN DU VOLUME ET DE LA TABLE.**

# TABLE DES MATIÈRES.

# CINQUIÈME PARTIE.

### APPENDICE.



## FIN DU VOLUME.